新时代家风之传统家世家学研究

赵春辉 著

哈尔滨工业大学出版社

内容简介

本书以习近平新时代家风建设思想为指导,主要对构成家风内容的中国传统典范元素——传统家世、家学进行探究与考论。运用实证分析的方法,具体考证了唐代以来直到近代的十二个不同文化世家的家世和家学,力求为弘扬中华优秀传统文化、为新时代新家风建设提供优质文化资源支持。

本书的读者对象为中国历史文化的研究者和爱好者。

图书在版编目(CIP)数据

新时代家风之传统家世家学研究/赵春辉著. —哈尔滨:哈尔滨工业大学出版社,2019.1

ISBN 978-7-5603-7722-3

Ⅰ.①新… Ⅱ.①赵… Ⅲ.①家庭道德-研究-中国 Ⅳ.①B823.1

中国版本图书馆 CIP 数据核字(2018)第 243505 号

XIN SHIDAI JIAFENG ZHI CHUANTONG JIASHI JIAXUE YANJIU
新时代家风之传统家世家学研究

策划编辑	李艳文　范业婷
责任编辑	王晓丹
出版发行	哈尔滨工业大学出版社
社　　址	哈尔滨市南岗区复华四道街10号　邮编150006
传　　真	0451-86414749
网　　址	http://hitpress.hit.edu.cn
印　　刷	黑龙江艺德印刷有限责任公司
开　　本	787mm×1092mm　1/16　印张11.5　字数193千字
版　　次	2019年1月第1版　2019年1月第1次印刷
书　　号	ISBN 978-7-5603-7722-3
定　　价	48.00元

(如因印装质量问题影响阅读,我社负责调换)

自　　序

　　进入新时代,由于对传统文化的阐释和弘扬愈发深入、广泛与持久,其对构成社会秩序的生产方式、生活方式的积极作用越来越突显,越来越重要,几乎贯穿于社会的政治秩序、经济秩序、文化秩序和人与自然的关系等方方面面。这种令人欣喜的局面,可说是中国传统文化史研究的理想目标与美好目的所在。这就要求,必须确立传统文化在现代社会的创造性再生原则,准确设定传统文化在未来的地位。因此,必须坚持做到"深入挖掘中华优秀传统文化蕴含的思想观念、人文精神、道德规范,结合时代要求继承创新,让中华文化展现出永久魅力和时代风采"①。无疑,中华优秀传统文化蕴含的观念、精神与规范等向度,就包含着传统家风向新时代家风创造性转型、创新性发展的概念、观点与理论等范畴。

　　当传统社会主动或被动向现代社会转化时,所受冲击与影响最巨的,莫过于传统家庭结构。传统家庭结构,因受所处时代生产、生活样式及其制度形态的影响,呈现着与现代社会彼此或隐或显的不同却又始终相连的构成要件、元素及组合方式。这些形成传统家庭结构的文化要件、元素及组合方式,在塑造传统家风气质、品格与面貌或样态上,具有举足轻重的作用,也是必不可少的。比如五世同堂、构屋必先营庙、立家塾等,当然更重要的,与本书主旨密切相关的是包括家训、家规在内的家学及家世等。同时,无论时代如何变化,无论生活格局如何变化,这些传统要件、元素及组合方式都可以通过不同方式得到追溯、还原与回忆。直到现在,有的要件与元素还活泼泼地流传着,而且年代愈久远,其精神愈广大悠长,其色彩愈斑斓灿烂,其内涵愈深刻精微,比如家谱、家训、家规等文化质素与向度,就是这样。

　　本书辑录,皆为历年来围绕形成传统家风的诸种面相这一专题所构撰的论文,共有十二章,拟名《新时代家风之传统家世家学研究》。之所以拟定这样的书名,并不是单纯要在普通意义上考释新时代家风与传统家风这两者之间的内在关系。其真实命意一方面是呈现构成传统家风面

---

① 习近平著《决胜全面建成小康社会　夺取新时代中国特色社会主义伟大胜利》,《人民日报》2017年10月28日第1版。

相的文化元素、核心价值及组合方式等;另一方面是通过描述历史上十二个著名的家庭在不同朝代的特殊面相,即各自家庭的文化积累、记忆与递演,具体而微地探讨古今家庭、家教及家风之间的联络,试图取得一种长程贯通的效果。因为只有如此,我们才能同时看到中国传统文化的"常中之变"和"变中之常",才能让人深入思考中国家庭传统文化在未来的存留及地位问题。

对于中国文化史的研究,尤其是探讨传统文化,余英时先生曾强调要"带着寻找文化特色的问题进入中国史研究的领域"①。不错,这种问题意识本应是每一个从事中国传统文化研究者的自觉使命。同时,我们还要明确这样一个必要的逻辑:"我们判断一个人不能以他对自己的看法为根据。同样,我们判断一个变革时代也不能以它的意识为根据;相反,这个意识必须从物质生活的矛盾中,从社会生产力和生产关系之间的现实冲突中去解释。"②中华优秀传统文化,经过几千年流变,已经构成一个包含各种成分浑然一体的整体系统。它有足以概括其原本精神的核心价值、非凡气质,但又颇具不同面向、不同旨趣。一般来讲,构成中国传统文化这一系统的各种成分可以组合成三层有机结构:操作成分、核心价值和原本精神。③ 从家庭文化角度来看,可以构成新时代家风建设重要资源的,这三层有机结构均有所涉及,不过它们彼此依赖、影响及其地位有所不同。比如操作成分层面,不仅是表面的结构,也是较易变化的结构。在社会发展的不同时期,人们均会遭遇不同的社会历史境况,这是由各自不同的生产方式与生产关系所决定的。在这个操作层次上,不同的家庭,存在不同的思想与观念,有的甚至大相径庭:商人世家之于儒士世家,或之于工农家庭,其生产方式肯定不同,这就决定了他们各自的生活方式各异,而他们的神采气度也不一样。

与传统文化的操作层面不同的是,核心价值是较深层次的结构,是贯穿于整个传统文化演变过程的基本观念。而原本精神作为总的精神状态,可以说是一定民族在一定的历史-社会-文化条件下形成的,这种精神状态植根于一定的社会土壤,扎根于人们的观念形态与心理结构。由于操作层面的需要,核心价值在不同的时代被赋予不同的面貌和不同的

---

① 余英时著《余英时作品系列·总序》,北京三联书店2005年版,第1页。
② 马克思著《政治经济学批判导言》,《马克思恩格斯选集》第2卷,人民出版社1995年版,第83页。
③ 王沪宁著《创造性再生:中国传统文化的未来地位》,《复旦学报》(社会科学版)1991年第3期,第69—70页。

含义，但它却能一以贯之地持续发展，构成传统文化千年传承的重要前提。中国传统家庭的核心价值，包括忠、信、孝、悌、仁、义、廉、耻、公、诚等十德观念，至于今日，在形成家庭秩序、和谐社会方面具有不可替代的作用与价值，与科技、理性一样，与现代自由、平等、民主等核心价值观一样，都是构成人类社会秩序与起源的基础。同时，上述十德观念，均与中国文化的原本精神紧密联系、相互依存。这种文化原本精神，可说是一种"道"，或者说成是道统。著名历史学家钱穆先生在《中国文化史导论》中说："家族是中国文化最重要的一个柱石。我们几乎可以说，中国文化全部都从家族观念上建起。先有人道观念，乃有其他一切！"①钱穆指出了家庭文化与中国文化原本精神——人道的关联，甚至可说是中国文化的基础。蔡元培先生亦曾仔细剖辨中国文化的民族特性，得出精到的观点。认为："予以一氏族与一民族之历史同，必有可以推见特性者。虽其中传记者所著足以见其人之行习性情者，仅及于历世最著之贤哲，然即此代表之数贤哲而推暨之，又征之于其所传诵之家训、普守之规条，则所谓特性者尤足以抽象而得之。"②蔡元培先生的观点，指明了中国文化的民族特性，即道，也就是原本精神，它是离不开家庭文化的，尤其是离不开家训、家规及家世、家学渊源。

从人与社会的角度来看，传统文化中核心价值与原本精神对人的规定性养成是最有价值的。无论是传统家风，还是新时代家风建设，都是为了建设一种社会的良性运行秩序与机制，而说到底，良性运行的秩序与机制的形成都与人的规定性分不开，二者具有统一性、一致性。可以说，正是人的规定性的现代化，即人的伦理现代化，才会形成工作伦理现代化与社会治理的现代化。而人的规定性与伦理的现代化，首先取决于家庭的伦理现代化。这是毋庸置疑的。从这个意义上说，中国传统家庭文化包蕴的核心价值与原本精神对未来具有不可低估的价值，它意味着应当把人视为未来发展的中心，而非其他。一个明显的事实是，物化的世界不会持久不衰，未来将更是人化的世界。同时，也将会是人与人冲突更为激烈的时代。虽然这是通往一个新时代的必由之路，但在此之前，我们必须准备平衡好各种矛盾和冲突的方法与机制：一个是从内部入手，另一个就是从外部着手。究竟是向内用力，还是向外用力，这完全取决于人们对传统

---

① 钱穆著《中国文化史导论》，商务印书馆2009年版，第50页。
② 蔡元培著《胡氏宗谱序》，《张川胡氏宗谱》卷首，胡钟生纂修，光绪三十一年敦睦堂刻本。

文化的核心价值与原本精神的判断。

从文献角度来看,上述传统文化核心价值及原本精神,遍及经、史、子、集四部,涉及家训、家规,包括家世和家学以及家谱、家庙等重要元素。其中家世所涉及的文化有始祖、世系、仕宦、受姓渊源及宗祠礼仪等;家学则涉及家谱、艺文、墓志、行状、传记等样式。正是这些具有中华传统文化鲜明胎记的质素作为传统家风建设的丰富资源,其创造性转型与创新性发展,才会使得新时代家风建设产生不同的价值指向与精神向度。

因此,本书以习近平新时代家风建设思想为指导,主要对构成家风内容的中国传统典范元素——传统家世、家学进行探究与考论。运用实证分析的方法,具体考证了唐代以来直到近代的十二个不同文化世家的家世和家学。本书内容尽管分为十二章,但各章之间并不是彼此孤立的,在内容上有很多地方互相关涉,且有一条明显的线索贯通上下,那就是孔孟儒学与宋元理学思想的传承。同时,又是带着共同的寻找民族文化特色的问题进入每一个研究领域的。

第一章分析唐代著名传奇小说《霍小玉传》的作者蒋防的家世与文学创作。蒋防家庭隶属于江苏宜兴名门望族——蒋氏世家。主要依据《蒋氏家谱》及家谱中记载的《蒋防墓志铭》和《蒋公庙碑记》等珍贵史料,详细考证这位著名传奇小说作家蒋防的家庭、家世、家学,以见其史学与文学家风;同时,还考证蒋防的生卒年、生平及著述等,廓清了中国古代文学史的错误认识。

第二章分析明代江苏常熟名宦赵用贤家庭、家世与家学。主要通过赵用贤与汤显祖的书信往来,考证二人的诗文交游与人生志趣、追求及理想。同时论及赵用贤的家族世系、家学渊源,详列北宋开始,中经元代,再从明到清的家世情形及不同阶段的著述,一方面领略当时社会贤达人士交友的风范,另一方面呈现常熟赵氏宋、元、明、清四个朝代的家教家风。

第三章分析无锡邹氏家族的杰出人物邹弈孝对其曲律家学的传承,及其参与创作《诗经乐谱全书》的过程。具体指明邹弈孝的戏曲家学渊源与文艺家风的无穷魅力;同时,详细考证邹氏家族世系传承、家训家规、诗文著述等,论述这种曲律家学对无锡邹氏儒教乐教家风的深远影响。

第四章分析黑龙江索绰络氏英和的家世文化与文学源流发展,从一个家庭视角揭示一个王朝的文化递演、转型。指明在清初入关的一个满族家族,是怎样接受汉民族儒家文化的影响,以及在此汉化过程中如何取得的"四世五翰林"的突出成就,由此成为满族"士族之冠"。

第五章分析清代著名小说家屠绅的家世与《屠氏澄江支续谱》的关联,指明屠绅的家世出身实为贫家子弟,具体介绍了屠绅是如何读书中举、中进士和步入仕途的,并进一步考证屠绅是在母亲去世守丧时期,完成中国历史上唯一一篇文言长篇小说《蟫史》的创作。

第六章分析清代著名弹词小说《再生缘》的作者陈端生的家世家学。探讨了著名女作家陈端生的文学世家以及个人的悲惨经历,这些均构成了其创作小说的动因与家庭化素材。

第七章分析清代伟大小说家吴敬梓的家世家学与《儒林外史》创作本旨。主要通过研究安徽全椒吴氏由明入清的世系传承及如何通过读书科考振起家声的过程,明确指出吴敬梓《诗学》的家学传承和他创作《儒林外史》的家族文化渊源。

第八章分析《红楼梦说梦》作者二知道人蔡家琬的家世与家学。主要考证了二知道人即是安徽合肥人蔡家琬。同时对蔡氏的理学家学进行了详细考证,认为是受到明代理学家蔡悉的影响。蔡悉理学思想,不仅对近现代蔡氏家风产生重大作用,而且为合肥肥东县的地域文化也增光添彩。

第九章分析《红楼梦赋》作者沈谦及其家世家学。主要研究了沈谦的仕宦经历及其家世家学传承。同时,重点探讨了沈谦非常喜欢阅读《红楼梦》,并以赋文的形式创作红学文论的缘由。

第十章分析了江苏苏州王希廉兄弟刊刻小说名著及其先世货殖的问题,主要研究了苏州王希廉家庭从明入清再到民国时期的亦商亦儒的家风。

第十一章分析清代著名小说家《镜花缘》的作者李汝珍家世生平。主要内容是考证李汝珍从北京大兴迁徙至江苏海州的经历,包括李汝珍多方交游、试用县丞及其学习与阅读《四库全书》的经历,并考证其创作才学小说《镜花缘》缘由。

第十二章分析近代著名社会活动家黄炎培的家世与家学渊源。主要研究黄炎培家庭在北宋末年南迁,再从明入清的家世与家学,具体考证黄氏家风的主要特点是受儒家思想影响,一方面表现为忠贞爱国,另一方面表现为商才儒魂。这对黄炎培的思想影响是非常重要的。

由是观之,本书的创新之处,将要最大限度地厘清与还原传统家世、家学在中国文化史上的生存状态。从研究实际来看,主要内容是探求家世源流与发展脉络;弄清家学在各自不同时代的儒学传统、经史等学术走势;分析家庭重要成员的个人诉求、救世情结、时代思潮及对传统文化的接纳。从研究方法来看,研究以上十二个著名家庭重要成员的生平、交游以及著述,充分利用中国第一历史档案馆的明清上谕档、朱批奏折及台湾内阁大库的题本、文会史料,还有清代诗文集汇编,尽量参合正史、稗史、杂记,包括家乘与方志材料等。

从文化意蕴方面来看,本书的学术价值表现在能够丰富、拓展习近平新时代家风建设思想的传统文化内涵,使之不断向纵深化、全面化发展,成为一个更完备、更严密、更科学的概念系统,推动经验与真实情境的研究不断升华。应用价值则表现为有利于弘扬中华优秀传统文化,并为新时代家风建设提供优质文化资源支持。

本书各章研究的基本方法是宏观着眼、微观入手,根据论从史出、考论结合、亦考亦论的原则,融通文献、文本与文化,走整合一体研究的路子。李希凡先生在《世纪末面向21世纪红学的寄语》说:"'面向21世纪,《红楼梦》研究文献、文本、文化的融通和创新',包蕴很丰富。这是一种整合研究的想法,是要在红学'门槛'上有所突破。自然不能说过去的红学没有整合的研究,我看近年来陆续问世的张锦池的四部古典名著的《考论》,就是想走整合一体的研究路子。"① 业师张锦池先生的这种"融通文本、文献、文化,将三者做整合一体"的研究方法,对于研究传统家庭文化和新时代家风建设是足资借鉴的。

本书从无到有的原动力是李艳文和范业婷两位朋友,在她们的合力敦促之下,我才开始构思怎样编选一部著作以答雅意;结果便产生了这部《新时代家风之传统家世家学研究》。我必须向她们两位致以最诚挚的谢意!

我还要感谢在每篇文章的写作和发表时曾帮助过我的人,感谢一切支持和帮助过我的人。我感谢我的恩师张锦池先生、关四平先生、许隽超先生,是他们的启蒙与栽培让我撰写了第一篇学术论文;感谢杜桂萍、张庆善、张国星、萧相恺、曹金钟、蔡继钊、郑红翠、林宪亮、孙树勇、李永泉、武全全、关庆涛等前辈、时贤与同门的各种帮助;感谢哈尔滨工业大学出版社的责任编辑和封面设计老师,没有来自那里的支持和鼓励,就没有这本书。

任何批评和建议都会受到最热烈的欢迎!

赵春辉

2018年11月15日夜

---

① 李希凡著《有感于"文献·文本·文化"的命题》,《红楼梦学刊》2000年第1辑,第4页。

目　　录

第一章　《霍小玉传》作者蒋防家世与文学创作考 …………… 1
　　第一节　《岗峒蒋氏家乘》与《蒋防墓志铭》 …………… 1
　　第二节　蒋防家庭、家世与家学 …………………………… 4
　　第三节　蒋防生平仕宦与文学创作 ………………………… 9

第二章　赵用贤与汤显祖交游及其家学渊源考 ………………… 12
　　第一节　汤显祖考中进士及其与赵用贤交游 ……………… 13
　　第二节　汤显祖对赵用贤为政的期许 ……………………… 16
　　第三节　赵用贤家庭、家学渊源 …………………………… 21

第三章　邹弈孝的曲律家学与《诗经乐谱全书》考 …………… 29
　　第一节　邹弈孝奉旨纂修《诗经乐谱全书》 ……………… 30
　　第二节　邹弈孝生平家世与曲律家学渊源 ………………… 33
　　第三节　《诗经乐谱全书》谱乐的原则与成就 …………… 36

第四章　索绰络氏英和家世文化与文学考 ……………………… 41
　　第一节　由黑龙江弗阿辣迁吉林索绰络 …………………… 42
　　第二节　移居北京并获赐汉姓石氏 ………………………… 43
　　第三节　索绰络氏都图支世系 ……………………………… 45
　　第四节　索绰络氏家族诗文著述 …………………………… 50

第五章　屠绅家世与《屠氏澄江支续谱》考 …………………… 55
　　第一节　《屠氏澄江支续谱》载于《屠氏族谱》 ………… 55
　　第二节　《屠氏澄江支续谱》所载屠绅家庭世系 ………… 58
　　第三节　屠绅宦滇时期与屠述濂交游考 …………………… 60

第六章　《再生缘》作者陈端生家世家学考 …………………… 67
　　第一节　《云柯宗谱》的编纂及价值 ……………………… 68
　　第二节　陈端生家庭先祖与家学 …………………………… 72
　　第三节　陈氏云柯东宅迁徙 ………………………………… 74
　　第四节　陈端生家庭相关佚事 ……………………………… 78

第七章　吴敬梓家世家学与《儒林外史》创作本旨考 …… 82
第一节　吴敬梓家学及其治经说诗 …… 82
第二节　《七子之母》与《儒林外史》的孝道观念 …… 85
第三节　《女曰鸡鸣》与《儒林外史》的功名富贵观念 …… 88
第四节　结论与余论 …… 91

第八章　《红楼梦说梦》作者二知道人家世与家学考 …… 94
第一节　二知道人蔡家琬祖先迁徙情形 …… 94
第二节　二知道人蔡家琬近祖世系 …… 98
第三节　理学家蔡悉理学渊流 …… 102
第四节　蔡家琬创作《红楼梦说梦》缘由 …… 104
第五节　蔡家琬创作《红楼梦说梦》时地考 …… 106

第九章　《红楼梦赋》作者沈谦及其家世家学考 …… 111
第一节　沈谦与《长巷沈氏宗谱》 …… 111
第二节　沈谦生平、家庭及宦迹情形 …… 114
第三节　《红楼梦赋》的文论价值 …… 116

第十章　王希廉、王朝忠兄弟刊刻小说名著及其先世货殖考 …… 120
第一节　王希廉、王朝忠兄弟家庭先祖考 …… 121
第二节　王希廉、王朝忠兄弟家庭先祖货殖情形 …… 125
第三节　王希廉、王朝忠兄弟刊刻小说名著 …… 127

第十一章　《镜花缘》作者李汝珍家世生平考实 …… 131
第一节　李汝珍家世新考 …… 132
第二节　李汝珍投效河工新考 …… 141
第三节　李汝珍候补县丞新考 …… 149
第四节　李汝珍再官河南新考 …… 151

第十二章　黄炎培家世与家学渊源考略 …… 155
第一节　黄炎培与《雪谷公支谱》的编纂 …… 155
第二节　黄炎培家庭的先祖世系考证 …… 157
第三节　黄炎培家庭的家学渊源与发展 …… 160

参考文献 …… 165

第一章 《霍小玉传》作者蒋防家世与文学创作考

唐代贞元中期至长庆末,传奇小说领域崛起了白行简(776—826)、元稹(779—831)和蒋防三位大家。白行简著有《李娃传》,元稹著有《莺莺传》,蒋防所著《霍小玉传》曾被誉为"中唐传奇的压卷之作"①。此篇传奇小说尤为明代大戏剧家汤显祖所激赏,曾先后两次被改编为戏曲剧本搬上舞台,即《紫箫记》和《紫钗记》,其中《紫钗记》为"临川四梦"之第一梦。

然而,目前学界对于蒋防家庭、家世与生平的研究,囿于文献资料的缺乏而停滞不前,甚至连他的生卒年、字号还不甚清楚。论者或谓其"行迹失考"②,或谓其"年寿不详"③。笔者检书,觅得唐代兵部尚书唐彦随所撰《翰林学士中书舍人前秘书少监防公墓志铭》和唐秘书少监集贤院大学士齐光乂所撰《重建后汉函亭乡侯蒋公庙碑记》两则珍贵史料,故,详考蒋防的家庭、家世、家学,以见其家风;还将考证蒋防的生卒年、生平及著述等,廓清学界错误认识。不仅可以为当前蒋氏家风建设提供新资源,还能从家学传承的角度,为新时代家风建设开拓新路径、新方法。

第一节 《岗峒蒋氏家乘》与《蒋防墓志铭》

唐彦随为唐末人,曾在杨行密(852—905)部下任职。明代郑若曾(1503—1570)《常州府城池考》云:"唐景福元年(892),杨行密遣唐彦随权领州事修筑,立鼓角楼、白露屋,今为府治。"④缪荃孙《重建常州府署记》云:"隋开皇三年,改晋陵郡曰常州,明洪武三年改长春府曰常州府,迄今未易名。府领县八,上承镇东,下通省会;舟车辐辏,士民秀颖。固江

---

① 袁行霈主编《中国文学史》,高等教育出版社 2005 年版,第 324 页。
② 侯忠义著《隋唐五代小说史》,浙江古籍出版社 1997 年版,第 88 页。
③ 程毅中著《唐代小说史》,人民文学出版社 2003 年版,第 158 页。
④ (明)郑若曾著《江南经略》卷五,《文渊阁四库全书》第七二八册,台湾商务印书馆 1986 年影印,第 308 页。

南之雄郡也。自杨吴权州事,唐彦随建府治,宋明因之。"①这两则史料指明唐彦随曾任常州刺史,并建府治,而唐彦随迁兵部尚书,则应是景福元年(892)至天祐四年(907)的事情。

无疑,唐彦随所撰《翰林学士中书舍人前秘书少监防公墓志铭》,即《蒋防墓志铭》是考证蒋防生卒年及家世生平的第一手史料,弥足珍贵。其文云:

> 蒋公讳防,字如城,雩都尉诚公之子也。(七世)祖晁,元(玄)宗时为监察御史。世居回图,为邑著姓。历受侯封,累膺爵赏。祖德宗功,迄今耿耿。公享年七十有一,以同光二年甲申十月十有四日卒。其子宿持公行状,乞余撰铭。余以舍人公声闻风扬,不待志而始著。敢因其请僭为一言,以永公之休?
>
> 公方幼,颖敏过人,文辄有奇气,父延翰公钟爱之。年十八,作《秋河赋》。其辞曰:"连云梯以迥立,跨星桥而径渡。"公之志为何如哉!是以于简公器重之,以女妻公。锡山左拾遗翰林学士李公命公赋《鞲上鹰》,曰:"几欲高飞天上去,谁人为解绿丝绦?"李公识其意,力荐之。擢秘书少监,历翰林学士、中书舍人。(七世)祖御史晁公及尚书左丞冽建立函亭乡侯碑、蒋氏大宗碑于滆湖之东西滨。公曰:"是碑之所以建于吾祖者,非无为也。盖以存世系,著侯绩也。然有碑而无谱,则碑之所载有限,而阙略者甚多,使吾不能因其旧而修之,则吾祖立碑之意亦孤矣。"于是用心谱事,悉究宗枝,考核订正,删繁补缺。俾统绪之有源,伦次之不丧。德崇者记,爵显者书。群昭群穆,咸萃不失。成帙锓板,以遗诸后人。时咸通二年(861)也,公诚践乃祖之攸行,其志亦少慰矣哉!子宿,字思止,天资高迈,与公等嗜文学,善词赋,名位未可量。孙执古,崭然头角。某年月日营葬公于五牧。
>
> 为铭以传之曰:"观公之志,警拔不群。论公之才,博洽无伦。公膺独荐,廊庙得人。公为学士,推贤举能。德因位显,道以时行。归闲林下,颐养天真。留心宗谱,垂裕后昆。录公之迹,勒石刻铭。公虽逝矣,万古犹存。

---

① (清)缪荃孙著《艺风堂文续集·外集》,《续修四库全书》第一五七四册,上海古籍出版社2002年版,第286页。

唐彦随撰写的《蒋防墓志铭》收录于《岗岫蒋氏家乘》(下文称《蒋氏家乘》),宣统三年(1911)辛亥刊本,蒋宗梧、蒋翼之纂修,共四十四卷,首一卷末一卷。卷一有宋代苏轼作于宋崇宁二年(1103)、陈康伯作于绍兴二十九年(1159)、赵逵作于绍兴二十一年(1151)、何梦熊作于嘉定十六年(1223)的《序》四篇和陈康伯作于绍兴八年(1138)的《题蒋氏谱系》一篇,以及蒋之奇所作的《谱系序》《函亭侯谱系赞》《远祖总要》《近祖总要》《蒋氏姓源辨说》等;还有明代陈沂、孙存、蒋州撰的《序》三篇和清代史震林、蒋麟徵、杨宜崙、李瑞岗、蒋鸣玉、吴赞元、储龙光、薛秉枢、蒋瑗撰的《序》九篇。其中苏轼《序》云:"宋祥符五年,希鲁公讳堂以六经第徐奭榜进士,占本邑之开科,擅儒林之硕望,修宗祠四十九间,辑《宗史》二十二卷。逮颖叔先生益修祖业,再集家章,更设义学若干楹,义田若干亩,重树大宗于祠之东庑,函亭碑于祠之西庑。持其已谱未谱者,属成于余。"①苏轼谈及的颖叔先生即指蒋之奇(1031—1104),字颖叔,嘉祐二年(1057)进士,与苏轼同年,封魏国公。著述等身,除经史著述外,尚有《校修世谱七卷》。

按理,《蒋防墓志铭》所记载的蒋防卒年月日,即"同光二年甲申十月十有四日",不应该有错误,但说蒋防的卒年是同光二年(924)的甲申,由此上推七十一年,则其生年是唐宣宗大中八年(854),实在说不通,因为这已是晚唐了。"甲申十月十四日"这个卒月卒日不会有误,问题就出在"同光二年"这个卒年上。

"同光"是后唐庄宗李存勗的年号,同光二年(924),距唐灭亡已十七年。唐彦随是在景福元年(892)担任常州刺史的,后升任兵部尚书,《蒋防墓志铭》即题署"唐兵部尚书唐彦随撰",则其任兵部尚书最迟也应在907年唐为朱温灭亡以前,《蒋防墓志铭》无论如何也不可能在传主逝世之前十八年就已写好了。蒋防有子蒋宿,《蒋氏家乘》卷三《先烈考》将蒋防、蒋宿合传,其文有云:"子宿,字思止。天祐中,为河南守,宽和为政。郡有冤狱,以《春秋》大义断之,百姓悦服。"②天祐是唐哀帝(901—904)年号,则唐彦随撰写蒋防《墓志铭》的时间应在蒋宿出守河南之前,因为《蒋防墓志铭》中涉及蒋宿的文字,只说"天资高迈,与公等嗜文学,善词赋,名位未可量",丝毫未提及蒋宿出仕的情形。

---

① (清)蒋宗梧、蒋翼之纂修《岗岫蒋氏家乘》卷首,宣统三年刻本。
② (清)蒋宗梧、蒋翼之纂修《岗岫蒋氏家乘》卷三,宣统三年刻本。

更为重要的,《蒋防墓志铭》中提到蒋防晚年居家时致力宗谱事,云"归闲林下,颐养天真。留心宗谱,垂裕后昆",并称蒋防纂成宗谱时在"咸通二年",即861年。这就给我们一个启发,既然蒋防享年七十一,他晚年"归闲林下"又是在咸通二年前后,那么他的卒年大致应在这以后的五年之内或十年之内,而且时间还应该是"甲申十月十有四日"。如果这样推论合理的话,则蒋防的卒年应是咸通五年的"甲申十月十有四日",即公元864年10月14日,而绝不应该是公元924年的同光二年的"甲申十月十有四日"。现在,将这两个"卒年"比较一下,前后整整相差六十年。故可推测,纂修《蒋氏家乘》将《蒋防墓志铭》收入时,原来纪年前没有"同光二年"字样,而纂修族谱的人计算干支纪年,误将咸通五年的"甲申十月十有四日"推算成同光二年的"甲申十月十有四日",以至蒋防的生卒年往后延了六十年。

蒋防享年七十一岁,则知其生年应为794年,即唐德宗贞元十年。这样,他比"中唐三大家"当中的白行简(776—826)小十八岁,比元稹(779—831)小十五岁,而比赏识力举他的李绅(772—846)小了二十二岁。如此,则蒋防生卒、生平事迹始与事理密合。

蒋防,字子微,一字子徵。按《蒋防墓志铭》,又字"如城"。考"如城"一语,当出自《法句经·心意品》,其有文云:"藏六如龟,防意如城。"①则谓人有六根,正如龟有首与四足及尾。若以首喻人之眼根,四足喻人之耳、鼻、舌、身四根,则尾喻人之意根。尾藏于甲中,犹言收摄意根。佛家认为人的心意"虽空无形",而道德精神"造作无端",正所谓"人心惟危,道心惟微",故当筑城以防之。由此可见,蒋防的名"防"与字"如城"及"子微"的寓意亦深矣。正如蒋防自己说的"乘金气而来,居然正色;因月轮而下,大叶祥经。岂不以应至道之神化,彰吾君之德馨"②。所谓"子徵",实是因字形相近而出现错误。

第二节　蒋防家庭、家世与家学

《重修毗陵志》云"蒋防,澄之后",而《蒋防墓志铭》亦云其先祖蒋晁

---

① [印度]尊者法救撰,(三国)维祇难等译《法句经》,《乾隆大藏经》第一〇九册,全国图书馆文献缩微复制中心2004年版,第116页。

② (唐)蒋防《白兔赋》,《御定历代赋汇》卷一百三十六,《文渊阁四库全书》第一四二一册,台湾商务印书馆1986年影印,第774页。

建函亭乡侯碑事。则函亭乡侯,即蒋澄,本是东汉大将军蒋横之子,共有兄弟九人,蒋澄行九。蒋横平定赤眉军起义,依军功封为逡遒侯,后为羌路陷害而被杀,其子亦被流放。后来光武帝知道错杀蒋横,念其功绩,便将他的几个儿子就地封侯。因蒋澄居于宜兴函亭乡,故被封为函亭乡侯。汉明帝时,还命郡邑兴建函亭乡侯祠。唐至德年间,蒋防先祖蒋晃曾为函亭乡侯祠立碑,并请集贤院大学士齐光乂撰写了《重建后汉函亭乡侯蒋公庙碑记》。其文云:

> 函亭乡侯蒋公乃周公第三子伯龄苗裔也,伯龄封国于蒋,终灭于楚,子孙以国为姓。散居杜陵,至汉而族始炽。若蒋公诩,耻辱身于逆莽,好遁不污,汉史可征也。及世祖中兴,诩四世孙逡道侯横赤心匡翊,平赤眉之乱,克成厥勋,为羌路所谮被诛,九子降徙江南。函亭侯乃第九子也,来居阳羡滆湖之西。每怀王裒之感,未伸伍员之愤。月上花林,无奈鹃声之苦;风号竹径,不禁鹤梦之惊。幸而帝心悔悟,遂覆羌路之族。侯封九子,少酬逡道侯之功耳。……孝明帝以先朝之报未尽,爰命郡县立庙于回图,有司岁时奉祀。五子并显,迁于蒋宅村。第三子休袭父封,以侯庙不可远也,复居回图。①

齐光乂的《重建后汉函亭乡侯蒋公庙碑记》,较详细地记载了蒋防的家世。除蒋横为人构陷与蒋澄迁江南并封函亭乡侯的事迹外,其远祖则为周公旦第三子伯龄,属姬姓后裔,所谓"文王之孙,周公之子"。因伯龄封国于蒋,遂以国为氏。唐天宝十五年蒋冽撰《蒋氏大宗碑记》,亦述及先祖事,蒋汝诚、蒋云车尝为之作注。蒋冽,蒋横第八子蒋默(封云阳侯)二十八世孙,举进士,官至尚书左丞。其《蒋氏大宗碑记》有文云:"追夫兖州之后三叶,至于大将军逡道侯遭遇谗愿,功业夭柱。九子浮于广陵,两祖托于阳羡。"分别注曰:"诩子助,助子晃,晃子横,是为三叶。""逡道今江南庐江府合肥县。""为司隶羌路所谮,延以非罪。""九子颖、郑、川、辉、耀、巡、稔、默、澄。广陵今扬州府,汉曰广陵。""两祖谓默与澄也。阳羡,今宜兴县,秦汉曰阳羡。"①蒋之奇为《重建后汉函亭乡侯蒋公碑》作《序》,有文云:"蒋氏世家,宜兴有二碑焉。其一《蒋氏大宗碑》在滆湖之东,天宝十五载文部侍郎冽为其父延州都督挺之所作也;其一《后汉函亭乡侯碑》在滆湖之西,监察御史晃为其远祖函亭乡侯澄所建也。……至

---

① (清)蒋宗梧、蒋翼之纂修《岗岫蒋氏家乘》卷一,宣统三年刻本。

诩之曾孙逡遒侯横有九子，散之四方。第八子默、第九子澄来居阳羡。默居滆湖之东，而澄居其西。至唐湖东枝有洌为尚书左函，涣为礼部尚书；湖西枝有乂为秘书监，防为中书舍人。"①可见，宜兴蒋氏实有蒋默与蒋澄两支，分居于滆湖湖东与湖西，蒋防则属湖西蒋澄之后。

《蒋氏家乘》卷十有《远祖世系》，伯龄列第一世，蒋诩列四十四世，蒋横列第四十七世，蒋澄则列第四十八世，蒋晃列七十四世，蒋诚列八十世，蒋防则列第八十一世。《墓志铭》所谓蒋晃为蒋防七世祖，而其六世祖以下则分别为蒋环、蒋将明、蒋乂（高祖）、蒋係（曾祖）、蒋曙（祖）、蒋诚（父）。蒋防之孙蒋执古有子凝、擬，而凝有子人文、人章、人英、人杰，至宋蒋之奇辈，则为第九十世。《家乘》卷十六《远祖世表》分列以上诸人"世表"。

蒋防的受姓始祖为周公三子伯龄。《始祖世表》云：始祖伯龄公，本姬姓，周公第三子，封于汉阳期思国，号曰蒋，子孙因以为氏。配姜文公女，生二子：本立、本道。"期思即今期思古城，属河南省淮滨县。

第四十四世蒋诩，字元卿，汉平帝元始时为兖州刺史，正值王莽乱政，遂隐居杜陵，王莽三征不起。《世表》云："隐于杜陵，于竹下开三径，日与故人求仲羊、仲燕乐其中，号橐宇巢仙。莽三征不起，及光武即位，赠谥忠肃。"至四十七世蒋横，则为蒋诩四世孙，《世表》记其事较详，其文云：

> 四十七世蒋横，晃公子，字承先，仕汉为大将军，从光武讨赤眉，有功封逡遒九江侯，以司隶羌路谱诛，于是一子留楚，八子悉渡江南，散处。时童谣曰："君用谗愿，忠烈是极。鬼怨神怒，妖氛充塞。"帝悟其诬，覆羌路之族，而录其后九子，旨随地受封。故语曰："江南无二蒋，九子八封侯。"配戴凭公女，生五子：颖、郑、川、辉、渐。继配丁汇公女，生四子：巡、稔、默、澄。

第四十八世蒋澄，即逡遒侯蒋横第九子，字少明，为蒋防三十三世祖，曾任婺州刺史。《世表》列其事迹云：

> 长身玉立，手纹如琴，方正有器度。初仕婺州刺史，建武二年八月，因父被谗诛，与兄等南奔渡江，居金陵之钟山，又独移居阳羡滆湖西函亭乡，地名天芳湖墅。至建开五年，帝因童谣感悟，诸子随地受

---

① （清）蒋宗梧、蒋翼之纂修《岗岬蒋氏家乘》卷一，宣统三年刻本。

封,遂封公为函亭乡侯。食邑二千户,享寿七十有一。谥曰明,葬都山南二里。永平二年,敕封蒋明大帝。建庙于安乐山东庄村,命有司春秋致祭。配北海司马逸公女,封义国夫人,生五子:孟、通、休、政、玄。

再据《蒋氏家乘》载,函亭侯庙有两座,一在函亭乡安乐山,一在五贤乡回图村。唐时蒋氏后裔蒋洌、蒋晃分别立碑,宋明时,蒋氏后裔蒋之奇、蒋重珍、蒋骐等亦均有重建祠庙及置义田活动。苏轼亦尝撰《题蒋氏大宗函亭两碑》,载于《蒋氏家乘》,《苏轼诗集》①未收。其诗云:"巍巍二碣焕文章,文武衣冠绍汉唐。老我余生空碌碌,留题千古共余香。"蒋防之七世祖、六世祖、五世祖、高祖、曾祖、祖、父至其子、孙等,《世表》列其事迹为:

七十四世蒋晃(即蒋防七世祖),岑公(高宗时任大司农)三子,字吉甫,仕唐为监察御史。请以凌霞观为坟刹,立函亭侯碑,大学士齐光乂为之记。配薛氏,生一子:环。

七十五世蒋环(即蒋防六世祖),晃公子,字廷玉,唐肃宗朝为太子洗马,进弘文馆学士,赠吏部尚书。配太史秦暐公女,生一子:将明。

七十六世蒋将明(即蒋防五世祖),环公子,字公亮,自函亭乡天芳迁居从善乡,射策甲科,由国子司业迁集贤院学士,赠司徒。配谏议大夫吴兢(670—749)公女,封楚国夫人,生一子:乂。

七十七世蒋乂(即蒋防高祖),将明公子,字德源,七岁见庾信《哀江南赋》,再读辄成诵。从外祖吴兢学,博通强记,有史才,杨绾(?—777)尤称之。比父在集贤白宰相张说(667—730),引入院校,整图籍,得善书二万卷。唐德宗以凌烟阁左壁文漫剥,召问公曰:"此圣历中侍臣图赞。"口诵不失一辞,帝叹异。又问《神策置军本末条对》,甚详。由史馆修撰迁起居舍人,兼判为集贤院事。父子并为学士,儒者荣之。改秘书少监,封宜兴公。卒谥懿,赠太尉。配张说公女,封郑国夫人,生五子:係、伸、偕、仙、佶。

《旧唐书》亦有蒋乂传。蒋乂是唐代著名史学家吴兢的外孙,尝从吴

---

① (清)王文诰辑注《苏轼诗集》,孔凡礼点校,中华书局1982年版。

兢读书。吴兢去世后,将藏书悉数赠给了蒋乂。蒋乂著有《大唐宰辅录》七十卷、《凌烟阁功臣》和《秦府十八学士史臣》等书。

七十八世蒋係(即蒋防曾祖辈),父公长子,字大中,检校尚书右仆射,节度山南东道,封淮阳郡公,徙东都留守。配兵部侍郎卢元辅公女,封淳国夫人,生一子:曙。

又据《世谱》:"宰相李德裕恶李汉,贬为唐州刺史,以公为汉友婿,亦出为观察使。宣宗召为集贤学士,转吏部侍郎。懿宗初迁检校尚书右仆射,封淮阳郡公。"①蒋防曾祖辈兄弟五人:係、伸、偕、仙、佶,均为唐代名相张说外孙,係、伸、偕三人曾居相位,伸、偕二人曾入翰林。係、伸、偕三人皆曾参与纂修国史,世称良笔。故人称:"蒋氏日历,天下多藏焉。"②又因"兄弟五人皆历郡牧",时人称为"蒋氏五贤",故蒋防所居地亦称五牧,无锡至今尚有五牧村。③

七十九世蒋曙(即蒋防祖父),係公子,字耀之,举进士,历虞工二部员外郎,改起居郎。配尚书庾准公孙女,生一子:诫。

八十世蒋诫(即蒋防父亲),曙公子,字延翰,清介拔俗,性嗜吟诗,有《延翰集》,为雩都尉。配谈氏,生一子:防。

八十二世蒋宿,防公子,字思止,河南守。配节度使罗衮公女,生一子:执古。

八十三世蒋执古,宿公子,字冠先,旌德县尉,加银青光禄大夫。配何氏,生二子:凝、拟。

八十四世蒋凝,执古公长子,字海涵,敏哲过人,姿容如玉,每到朝士家,辄为祥瑞。朝中号玉筍班,仕至侍郎。尚(配)良庆公主,生四子:人文、人章、人英、人杰。

八十四世蒋拟,执古公次子,字海筹。

宜兴蒋氏至第八十七世蒋弘谨、八十八世蒋九皋始仕宋。蒋九皋生十一子,三子为蒋堂,乃蒋防八世孙,字希鲁,祥符五年(1012)壬子以六

---

① (清)蒋衡国等纂修《毗陵蒋氏世谱》,清代同治十三年刻本。藏于国家图书馆古籍部。
② (北宋)刘昫撰《旧唐书》,中华书局1975年版,第4029页。
③ (清)蒋宗梧、蒋翼之纂修《岗峏蒋氏家乘》卷一,宣统三年刻本。

经登徐奭榜进士,曾任礼部侍郎,封安乐伯,有《吴门集》二十卷。四子蒋滂,即蒋之奇之父。可见蒋之奇实为蒋防的九世孙。蒋氏至宋代,家族亦是代出伟人,举巍科者除蒋堂、蒋之奇外,尚有蒋津、蒋之美、蒋天麟、蒋静、蒋瑎、蒋琳、蒋安、蒋芾、蒋重珍等近三十人。难怪宋人陈康伯《题蒋氏族谱序》,有文云:"蒋氏系出周公第三子伯龄,封蒋,子孙以为氏。今自集贤学士乂,目为奕世之祖,历传至我宋,德业辉煌,炳昭宇宙。"①并非虚美。

第三节　蒋防生平仕宦与文学创作

《蒋防墓志铭》中说蒋防作《秋河赋》与《鞲上鹰》二文及为李绅力荐之事迹,《重修毗陵志》亦有记载,其文云:"蒋防,澄之后,年十八,父诫令作《秋河赋》,援笔即成。警句云:'连云梯以迥立,跨星桥而径渡。'于简遂妻以女。李绅即席命赋《鞲上鹰》,诗云:'几欲高飞天上去,谁人为解绿丝绦?'绅识其意,荐之。后历翰林学士、中书舍人。"②

《蒋氏家乘》卷三《先烈考》中的蒋防、蒋宿合传亦云:"防公,宜兴人,函亭侯之后。年十八,父诫令作《秋河赋》,援笔立就,其警句云:'连云梯以迥立,跨星桥而径渡。'于简遂妻以女。李绅即席命赋《鞲上鹰》,诗云:'几欲高飞天上去,谁人为解绿丝绦?'绅识其意,荐之。历翰林学士、中书舍人。子宿,字思止。天祐中,为河南守,宽和为政。郡有冤狱,以《春秋》大义断之。百姓悦服。"③可见,《蒋氏家乘》所述蒋防事迹与《蒋防墓志铭》《重修毗陵志》所记相合,从而看出《蒋氏家乘》史料的可信性。至蒋防子蒋宿,则在天祐中(904—907)为官河南,清明廉正,能断冤狱,颇有声望。

蒋防出身显赫,世代簪缨,本人亦曾出仕。蒋防以童子科知贡举,考中进士,并于长庆元年(821)为宰相李绅举荐而出仕,时年二十七岁,补右拾遗,充翰林学士。关于这一点,《翰苑群书》卷六有《长庆后七人》一文记载甚详,其中蒋防下注云:"长庆元年十一月十六日,自右补阙充;二十八日赐绯。二年十月九日加司封员外郎;三年三月一日加知制诰;四年

---

① (清)蒋宗梧、蒋翼之纂修《岗岭蒋氏家乘》卷一,宣统三年刻本。
② (明)朱昱撰《重修毗陵志》卷二十二,台北成文出版社1983年影印明成化二十年刊本,第1176—1177页。
③ (清)蒋宗梧、蒋翼之纂修《岗岭蒋氏家乘》卷三,宣统三年刻本。

二月六日,贬汀州刺史。"①但是,也有学者认为蒋防是在元和中出仕,后被贬汀州。如明人计有功《唐诗纪事》云:"元和中,李绅及蒋防、庞严为翰林学士,李逢吉诬绅罪,逐之出,严刺信州,防刺汀州。"②此处,计有功认为蒋防是在元和中出仕,又言李绅、蒋防等是在元和中被外放,均有误,应是元和末年长庆初年。

长庆二年(822),蒋防加尚书司员外郎,长庆三年(823)加知制诰,授翰林学士。然而不到一年,即长庆四年(824),穆宗去世,由敬宗继位,因李绅受到新任宰相李逢吉排挤外放,蒋防坐迁汀州刺史。宝历二年(826),改连州刺史。关于李绅与李逢吉之构怨,《旧唐书》记载:"昭愍初即位,李逢吉用事,与翰林学士李绅素不和,遂诬绅以不测之罪,逐于岭外。绅同职驾部郎中知制诰庞严、司封员外郎知制诰蒋防坐绅党,左迁信、汀等州刺史。"③李绅等人被贬后,李逢吉又上书言贬绅太轻,敬宗昭愍竟要杀李绅等人,幸得翰林侍读学士韦处厚上疏,才得免。韦处厚上疏曰:"绅为逢吉之党所谗,绅蒙先朝奖用,借使有罪,宜容假以成三年无改之孝。况无罪乎?"后敬宗又阅禁中文书,发现穆宗所封一箧,竟是裴度、杜元颖、李绅等疏请要立自己为太子。于是敬宗始生悔意,悉焚人所上谮绅书。④ 恐怕蒋防也是受此影响,左迁临汀不久,又改任连州刺史。《临汀志·名宦》云:"蒋防,字子徵(子微),义兴人。长庆中以元稹、李绅荐为翰林学士。为李逢吉所忌,出刺汀州。"⑤《连州志·名宦》云:"蒋防,义兴人。宝历中刺连州,有惠政,尝疏楞伽峡水,民便之甚。"⑥临汀、连州两地都将蒋防列入名宦,表明蒋防为官政绩突出,深得地方百姓爱戴。

清代同治间纂修的《连州志》,其卷三有云:"蒋防,字子微,兴州人。年十八时,父令作《秋河赋》,援笔即成,登进士第,以名章擅名。长庆四年(824)由尚书司封郎中知制诰翰林学士,得罪出守临汀。宝历二年,改连州刺史,有惠政。尝疏楞伽峡水,民便之。著述甚富,今所存者惟《福

---

① (北宋)洪遵编《翰苑群书》,《文渊阁四库全书》第五九五册,台湾商务印书馆1986年影印,第365页。
② (北宋)计有功撰、王仲镛校笺《唐诗纪事校笺》卷四十一,巴蜀书社1989年版,第1140页。
③ (北宋)刘昫撰《旧唐书》,中华书局1975年版,第4009—4010页。
④ (宋)袁枢撰《通鉴纪事本末》卷三十五《朋党之祸》,《文渊阁四库全书》第三四八册,台湾商务印书馆1986年影印,第736—737页。
⑤ (清)谢道承等纂修《福建通志》卷三十二,清代刻本。
⑥ 《大清一统志》卷三百五十二,乾隆时纂修本。

山碑》《飞泳亭铭》。"①《连州志》不仅列出蒋防出守临汀与改任连州的具体时间分别在长庆四年与宝历二年,而且也提到了蒋防举进士一事,完全可以与上述史料互为印证。

蒋防任连州刺史时,除撰《福山碑》《飞泳亭铭》外,亦尝撰《连州静福山廖先生碑铭并序》一文,收入《唐文粹》中。廖先生即廖冲,字清虚,梁大通三年,任连州主簿。蒋防其文有云:"长庆末,余自尚书司封郎中知制诰翰林学士出守临汀,寻改此郡。"②蒋防撰文自言,亦当不会有误。

宜兴蒋氏"世以儒史称,不以文藻为事"③,儒史之学可谓蒋氏家学。但蒋防却偏偏"以文藻为事",专以传奇(小说)、诗文名世。考其著述大略情形,则《御制全唐诗》录其诗十二首,《御定历代赋汇》亦录其赋十六篇。蒋防本人亦因赋"几欲高飞天上去,谁人为解绿丝绦"句,为当朝宰相李绅所力荐。关于蒋防的散文创作,《文苑英华》录其文三篇,即《授李廊门下侍郎平章事制》《授柳公绰襄州节度使制》《吏部议》。除《唐文粹》《连州志》提到的碑铭外,尚有其所撰《刘忠让墓志》一篇,撰于长庆二年(822),陕西省西安市2010年出土,有拓片存于国家图书馆。《蒋氏家乘》卷四中亦录其文四篇,有三篇与《文苑英华》同,另一篇则为《兵部议》,不录。《蒋氏家乘》卷八《著述》中记载蒋防的著述:"《文集》一卷、《诗赋》一卷,载《宋史》;《霍小玉传》,载《太平广记》。"以上所考的九篇散文,是否出其《文集》,不得而知;其诗十二首、赋十六篇大略出自《诗赋》一卷。另外,从唐彦随《蒋防墓志铭》来看,蒋防还应编纂过《蒋氏宗谱》。

蒋防的传奇(小说)除《霍小玉传》外,尚存《幻戏志》一卷,内含三篇小说,分别为《殷七七》《叶法善》和《刘氏子妻》。这三篇小说收入丛书《龙威秘书》第四集《晋唐小说畅观》中,此丛书收录历代杂著达一百六十八种,分八十册,为清人马俊良辑,有乾隆五十九年(1794)石门马氏大酉山房初刻本和世德堂重刻本行世。蒋防的这三篇小说亦收入陈世熙所辑《唐代丛书》中。《唐代丛书》共六集,收一百六十四种小说,有清嘉庆十一年(1806)刊本。民国四年(1915)俞建卿纂辑《晋唐小说六十种》,上海广益书局石印本,亦收入此三篇小说。

---

① (清)袁泳锡等纂修《连州志》,同治九年刻本。
② (北宋)姚铉编《唐文粹》卷六十五,《文渊阁四库全书》第一三四四册,台湾商务印书馆1986年影印,第58—59页。
③ (北宋)刘昫撰《旧唐书》,中华书局1975年版,第4029页。

第二章　赵用贤与汤显祖交游及其家学渊源考

赵用贤(1535—1596),字汝师,号定宇,谥文毅,江苏常熟人,明代著名学者、文学家,后世学者尊称为定宇先生。隆庆五年(1571)考中进士,选取翰林院庶吉士第一名,授职官检讨。著有文集三十卷,诗集六卷,合刻为《松石斋集》,初刊于明万历年间,今亦有清光绪年间常熟赵氏承启堂家刻本;又著有《南北奏议》五卷,即《赵文毅公奏疏》,亦有清光绪家刻本;另著有《三吴文献志》《朝章因革录》等,并考订《管子》《韩子》二书,辑成《管韩合刻》。

赵用贤颇具文名,与王道行等称"续五子"①。《明史·文苑》云:"续五子则阳曲王道行、东明石星、从化黎民表、南昌朱多煃、常熟赵用贤也。"又与胡应麟、屠隆等称"末五子"。《明史·文苑》云:"末五子则京山李维桢、鄞县屠隆、南乐魏允中、兰溪胡应麟,而用贤复与焉。"②清代道光七年(1827),孔继尧曾绘赵用贤像,石蕴玉题赞,将赵用贤列入沧浪亭五百名贤之中。赵用贤的人品、学问对常熟赵氏家学、家风的形成有开拓之功,并对常熟的地区文化产生重大影响。

能见到的直接记录赵用贤与汤显祖交游的传世文字并不多。记载赵用贤与汤显祖交游的文字主要有三篇,即汤显祖致赵用贤信札二通、赠序一篇。其中,赠序载于明代天启刻本《玉茗堂全集·文集》卷一,亦见载于清代光绪九年《暨阳章卿赵氏宗谱》卷二十九《文乘录》;二通信札载于《玉茗堂全集·尺牍》卷一。这三文均收入徐朔方先生编订的《汤显祖全集》。这二通信札和一篇赠序反映了赵用贤与汤显祖二人的交往活动,可以看出汤显祖对赵用贤人格的赞许与被其魅力所吸引,并在一定程度

---

① 明代文学宗派"后七子"的形成分为三个阶段:其始为李攀龙、王世贞于嘉靖二十七年(1548)相结交讨论文学,决定重揭李梦阳、何景明等人复古的旗帜;其继为嘉靖二十九年(1550),徐中行、梁有誉、宗臣中进士,与李、王结成诗社,有"五子"之称;其后又增谢榛、吴国伦,成七子。"续五子"是相对李、王、徐、梁、宗"五子"而言的。

② 《明史》卷二百八十七《王世贞传》,中华书局1974年版,第7381页。

上反映了赵用贤的政治理想与人生价值诉求。

第一节　汤显祖考中进士及其与赵用贤交游

汤显祖致赵用贤第一通信札《答赵赞善》：

> 主国礼者，实厌烦言。然客者①之多言，亦主者之少断。天下前已嚣嚣，而贵臣夭陨，可谓洗削一时。今又坐失，后幸难再。今相国虽未有奇，号为和雅，而名公以才名出其门下，又戚里见知，得有所言，宜莫如足下。以足下之才之亲，不能转一和雅之相，乃向无所施处谈天下事乎？三十六卦，宁止一遁世，且以足下挟傲而去，不益正言之名，意有所念。虽夜半游相国于曲房之中，天下知其无邪心，第幸无以去为言。以戚且知，而仅耿耿以去，谁不可以去也？②

第二通信札《再答赵赞善》：

> 天下事有损之而益者，今日岂宜更留？右武不出关，为还故御史乎？男儿去国，不可不成名。君子爱人以德，以丁生颖绝，何所不立见也？

汤显祖这两通"答赵赞善"的信札，主要是讲论赵用贤与申时行共同执政事，劝阻赵用贤南归。汤显祖给赵用贤第一通信札的写作时间，徐朔方先生笺曰："作于万历十二年（1584）甲申正月。"第二通信札的写作时间，徐朔方先生笺曰："作于万历十二年（1584）甲申三月。"都有错误。依徐朔方先生的论证，这两个结论的根据是《明史》及《明实录》。《明史·赵用贤传》曰："居正死之明年，用贤复故官，进右赞善。"又《明实录》万历十二年春载赵用贤"以病乞归"。③ 显然，这两条文献提及的时间是比较模糊的，而徐朔方先生所谓的"正月""三月"，揆其语气，亦是根据《明史》《明实录》中记载的所谓"明年""春"等时间所做的推测。

---

① 笔者按《玉茗堂尺牍》此处原文为"容者"，似误刻。"容者"实应为"客者"，方与后面"主者"相应。徐朔方校注本亦误。

② （明）汤显祖撰《玉茗堂全集·尺牍》，《续修四库全书》册一三六三，上海古籍出版社2002年影印明天启刻本，第78页。《再答赵赞善》亦同此。

③ 徐朔方校笺《汤显祖全集》，北京古籍出版社1999年版，第1288页。

万历十一年三月，汤显祖春闱中式，成为新科进士；五月，新任辅臣申时行、张四维欲邀之入幕，酬以馆选，汤显祖不应。明代戏曲家邹迪光（1550—1626）曾撰《汤显祖传》，有文曰："至癸未（万历十一年）举进士，而江陵物故矣，诸所为席宠灵附薰炙者，骎且渐没矣。公乃自啸曰：'假令予以依附起，不以依附败乎？'而时相蒲州、苏州两公，其子皆中进士，皆公同门友也。意欲要之入幕，酬以馆选，而公卒不应，亦如其所以拒江陵时者。"①汤显祖此前曾两次拒绝张居正的邀请：一次是在1577年汤显祖第三次参加会试时；另一次是在1580年汤显祖第四次参加会试时。这两次会试，汤显祖均落榜，而张居正的次子张嗣修、三子张懋修分别考中榜眼与状元，长子张敬修亦考中进士。到了万历十年张居正死后，不到一年，张家便被抄，其子或被逼自杀，或被流放。这件事给汤显祖以很大警示。万历十一年，汤显祖考中进士的时候，已是第五次参加会试了。当时新任宰相申时行、张四维的儿子亦与汤显祖同年考中进士。申时行、张四维欲邀汤显祖入幕，这使汤显祖不能不联想到张居正的事情，因此拒绝了他们的邀请。在这种情况下，汤显祖就没有被馆选，也就是没有入职翰林院，得到了在礼部观政的闲职。到了万历十二年八月任南京太常博士，汤显祖才离开北京。可见，汤显祖的两通《答赵赞善》的信札只能写于万历十一年三月考中进士之后至万历十二年八月离开北京之前，那么具体时间是什么时候呢？这要从赵用贤具体起复的时间说起。

赵用贤在1596年去世后，御史李祯曾撰写《文毅公墓志铭》，其文有云："江陵死……是年（万历十年），廷臣累荐公起。癸未（万历十一年）六月升右春坊、右赞善。"②可见，赵用贤是在张居正死后一段时间内赴京起复的。因为"廷臣累荐"不是一次荐举，这是需要一个过程的。当然不会很长，因为赵用贤在万历十一年六月就已升为右春坊、右赞善。由此，汤显祖的《答赵赞善》两通信札一定是写于万历十一年六月以后。赵用贤《乞恩放归兼论大臣不当分党斥及言事诸臣疏》有文云："臣由隆庆五年进士，蒙先帝拔臣为庶吉士第一，入馆授翰林院检讨。万历五年奉旨廷杖，落籍为民。十年十二月经言官累疏起用，十一年六月又该御史曹一鹏论荐升授今职。"③

---

① （明）邹迪光撰《汤显祖传》，《文昌汤氏宗谱》卷首，清代同治年间刻本。
② （明）李祯撰《文毅公墓志铭》，《暨阳章卿宗谱》卷二十四，光绪九年刻本。
③ （明）赵用贤撰《松石斋集》，《四库禁毁丛刊》册四一，北京出版社1997年影印明万历刻本，第10页。

这里说得非常明白,赵用贤是在万历十年的年底,即十二月起用的,到万历十一年六月,经御史曹一鹏举荐升为右春坊、右赞善,而到了万历十一年十一月上疏乞归,不允,并升任经筵讲官。另据《明神宗实录》,赵用贤任经筵讲官,也是在万历十一年十一月的事。当时,申时行为首辅,正值党议兴起,赵用贤一人抗辩朋党,言朋党之祸,同时为表白自己的心迹而上疏乞归。这是赵用贤重新被起用后的第一次上疏乞归。是故,汤显祖《答赵赞善》第一通信,当写于万历十一年十一月,亦即赵用贤升任经筵讲官的时候,而不应该是到了万历十二年的正月。因为这年正月,赵用贤已任皇帝特使赴河南册封。

赵用贤于万历十年十二月重新被起用后,至万历十二年八月汤显祖离开北京之前,共有两次上疏乞归。第一次上疏乞归的情形,前文已经进行了探讨。那么他第二次上疏乞归是在什么时间呢?时间当在甲申册封郑府繁昌王这一事件以后。只有确定这次上疏乞归的时间,才能据此考定汤显祖写作《再答赵赞善》的时间。赵用贤《告养病疏》有文曰:"天恩容令回籍调理事。臣原籍直隶苏州府常熟县人。由隆庆五年进士,改庶吉士,历升今职。臣于万历十二年四月二十八日钦承制命捧节同副使行人刘霖前往河南郑府行册封礼既毕,臣即遵限赴任供职。"①观此,则知徐朔方先生所言的《明实录》万历十二年春以病乞归实是指赵用贤这第二次上疏乞归,时间当在万历十二年四月二十八日以后。御史李祯《文毅公墓志铭》亦有文云:"甲申正月封郑府繁昌王竣,转司经局洗马,管国子监司业事,乞假,部寝奏。乙酉春赴阙,丙戌再分典会试,纂修玉牒。"②明代学者瞿汝稷(1548—1610)《文毅公行状》亦有文云:"即闻司经局洗马,管国子监司业事,擢引疾乞假,部寝其奏,促行。乙酉春赴阙,丙戌再分典会议,旋纂玉牒,升右春坊右庶子,掌坊事。"③从这两则史料来看,赵用贤于万历十二年四月二十八日后引疾乞归时,已经升任司经局洗马,掌管国子监司业。赵用贤这次乞归,无论是真正回乡养病,还是因为万历十一年的党议事,时间不可能是在万历十二年三月,只能是在万历十二年四月二十八日以后,或者是在五月间,至迟当在汤显祖八月离京之前。《明神宗

---

① (明)赵用贤撰《松石斋集》,《四库禁毁丛刊》册四一,北京出版社1997年影印明万历刻本,第12页。

② (明)李祯撰《文毅公墓志铭》,《暨阳章卿宗谱》卷二十四,光绪九年刻本。

③ (明)瞿汝稷撰《文毅公行状》,《暨阳章卿宗谱》卷二十四,光绪九年刻本。

实录》记载的万历十二年"右春坊、右赞善赵用贤以病乞归,不允"①时间也应当是在万历十二年四月二十八日以后。

第二节 汤显祖对赵用贤为政的期许

张居正死后,继任的首辅是嘉靖年间的状元申时行。申时行(1535—1614),字汝默,号瑶泉,长洲人,嘉靖四十一年状元。由于申时行"为人蕴藉、不立崖异",执政又"务为宽大",因而在张居正死后次年即出任首辅。申时行与赵用贤是同里,均为苏州府人。赵用贤又曾在翰林院任检讨,因此二人有师生之谊。赵用贤《松石斋集》卷二十四有三篇写给申时行的书启,分别为《上瑶翁申老师启》《贺申老师启》《谢申老师相公启》。因此,汤显祖在第一通信札中才说赵用贤"以才名出其门下,又戚里见知"。并以此劝阻赵用贤南归,建言与申时行共同辅政。

按理,汤显祖本非趋炎附势之辈,那么为什么在万历十一年十一月至次年五六月间,两次致书被重新起用官至右春坊、右赞善、经筵讲官、国子监司业的赵用贤呢?笔者以为,一是赵用贤的人格魅力吸引着汤显祖;二是汤显祖出于对政治时局的关心。

张居正死后,明朝政坛党争现象愈演愈烈,据《明史》记载:"江东之、李植辈争向之(指赵用贤),物望皆属焉。而用贤性刚,负气傲物,数訾议大臣得失。申时行、许国等忌之,会植、东之攻时行,国遂力诋植、东之,而阴斥用贤、中行。"②对于这种大臣互相攻击的现象,瞿汝稷的《文毅公行状》亦有所记载,其文有云:"夫人各有志,父子兄弟有所不能夺。公直诸君子之一人耳,诸君子之议宁悬公,而盈廷之清议亦宁悬。诸君子乃翕訿务人之徒,望风承响,呼羽吸徵。以推移之指,似眠影以投抵之。于是且夛口,而明以朋党攻。公于是上疏乞归,且极言朋党之祸……引去甚决,不允。顷,进经筵讲官,分校会典。"③赵用贤十分痛恨这种言官与辅臣结党营私的政治局面,因此才上疏极言朋党之祸,同时以"乞归"表明心迹:忠心在国,非为个人升迁荣辱。

---

① 《明神宗实录》卷一四五,台湾"中央研究史语所"1962年影印本,第2707页。
② (清)张廷玉等纂修《明史》卷二百二十九《赵用贤传》,中华书局1974年版,第6001页。
③ (明)瞿汝稷撰《文毅公行状》,《暨阳章卿宗谱》卷二十四,光绪九年刻本。

赵用贤刚直嫉恶,议论风发,有经济大略,尝自比春秋时吴国的伍子胥。邹元标所撰《明嘉议大夫吏部侍郎兼翰林院学士定宇赵公传》载赵用贤被贬后,张居正仍余怒未消,又密谕苏州知府将兴大狱。赵用贤得知后,抚剑长啸曰:"吾得从子胥游,不有余荣哉!"①清人朱珪(1731—1807)曾赞:"眈眈白虎贪天枢,勇者徒搏捋虎须。天椊不死贯索走,良朋赠慰镌犀瑜。"②万历五年,时任首辅的张居正的父亲去世。张居正因正值改革关键时刻,属下官员揆其情便上疏乞留职,于是明神宗拟下诏夺情起复,止俸供职。这引起朝堂一片哗然。赵用贤与时任翰林院编修的吴中行等一起疏劾张居正。赵用贤上《星变陈言疏》,有文曰:"夫辅臣能以君臣之义效忠于数年,而陛下不能使其父子之情少尽于一日,臣不知陛下何忍于此也?……如是,则辅臣即去,犹之其留。陛下不至以孤注视辅臣,而辅臣因是以获推贤让能之誉。顾不愈乎以忧劳萃辅臣之一身,使其乖父子之性而伤天地之和也哉!"③赵用贤的上疏议论大大触怒了张居正,结果赵用贤遭到廷杖之刑,并被逐出朝廷,褫籍为民。此事轰动朝野上下,一时群情共忿。据钱谦益(1582—1664)撰《文毅公神道碑铭》载:"万历五年,江陵张公当国,父丧有诏起复,公抗疏请听终制。杖六十,为编氓。"④到了万历十年,张居正死后,赵用贤已经居家六年,才被言官累荐重新起用,升为右春访、右赞善。

这次赵用贤被起用后,本欲以剔除党祸维护名教、弘扬正气为己任,结果却反被诬为结党营私,于是愤而上疏,极言党祸,并乞归以表忠诚。明代状元唐文献(1549—1605)亦撰《文毅公传》,其有文曰:"公既登朝,正人吉士引绳而起,而公亦以奖护名教、激扬气谊为己任。其欲悉反江陵故辙,苦不能候。终日至于品覈公卿,裁量执政,则又津津有味乎言之也,于是忌者遂以朋党攻公。公上疏极论朋党之祸。乞归,不允。"⑤正是在这样的情况下,新科进士汤显祖目睹大明王朝党争局面业已形成,内心万

---

① 《暨阳章卿赵氏宗谱》卷二十八,光绪九年刻本。
② (清)朱珪撰《兇觥归赵歌为者庭先生作》,《暨阳章卿赵氏宗谱》卷二十九,光绪九年刻本。
③ (明)赵用贤撰《松石斋集》,《四库禁毁丛刊》册四一,北京出版社1997年影印明万历刻本,第8页。
④ (清)钱谦益撰《文毅公神道碑铭》,《暨阳章卿赵氏宗谱》卷二十四,光绪九年刻本。
⑤ (明)唐文献撰《文毅公传》,《暨阳章卿赵氏宗谱》卷二十八,光绪九年刻本。

分忧虑。正如他后来的《论辅臣科臣疏》所言:"辅臣欺蔽如故,科臣贿媚方新。"①汤显祖怀抱一颗忧国之心,却不得施展。因为自己作为礼部观政之士,既无能为力,又不愿违心与张四维、申时行等人合作。因而,他认为从声望、地位、才名上看,赵用贤或可使宇内澄清、政局安定,于是才一再写信劝阻他乞归:"虽夜半游相国于曲房之中,天下知其无邪心,第幸无以去为言。以戚且知,而仅耿耿以去,谁不可以去也?""男儿去国,不可不成名。君子爱人以德,以丁生颖绝,何所不立见也?"

与赵用贤同时为官的邹元标(1551—1624),也曾极力赞美赵用贤为人、为文:"刚方挺直,孝友彬彬;天付与世之龌龊者为敌。其为文睥睨一世,大都如干将出匣,侍其侧者不容近视。"②是故,从汤显祖两次致书来看,完全表达了他对赵用贤人格魅力的向往和对其寄予平息党争的厚望。

汤显祖与赵用贤二人的交游除了这两通书信,还有一篇赠序,更能表现二人的政治愿望。汤显祖致赵用贤的赠序,即为《奉别赵汝师先生序》,其全文如下:

> 宗伯吴、赵公以徵且行,一时卿大夫正人在南者皆喜。有言于予者曰:"赵公,世所谓大人也,必为政。"予曰:"子何以知赵公大人也?"曰:"江陵相知公者也;今两相,其里之密焉者也。皆以正言有逢其怒,莫有逢其视。守道于今,能逆世而立者,必大人。"
>
> 嗟夫,亦未既于赵公所以为大人者矣。公尝谓予曰:"吾见所谓人矣,其名也,偶以出一言正,见一节奇,已而起,则泯泯然而为官。几若此者,皆细人也。予所不为!为其官不忍不为其事;为其事,不忍不为其人。言之莫有听焉,以吾行可也。"
>
> 是故自公起至于今,凡三数徙,未尝不言其官,或言天下利害,不少厌,其无细人之心也。已而吉水邹君三出南,赵公北。公又谓予曰:"邹君名则益高矣,而国重伤。吾之北,必且又然矣。益高吾名而重累国,非吾意也。吾意不欲行。"
>
> 予侃然叹曰:言及此,大人之心,君臣之义也。虽然,公其行矣,大人之行于天下也。时三代之法,诸侯士大夫世其国家,余子得习其政。士无境外之志。至春秋时有之,所之不如而可以去。故有异邦,

---

① 徐朔方校笺《汤显祖全集》,北京古籍出版社1999年版,第1275页。
② (明)邹元标撰《书赵学士传后》,《暨阳章卿赵氏宗谱》卷二十八,光绪九年刻本。

有父母之邦,参相仕也。今一父母之邦而已,未有少不如意而得去之者。非其势,亦非其情。古惟如彼,其地分,其所生人有贤者,则相为重。至于天下一,则大矣,视士若广矣,其势不得不轻。古惟如彼,其士皆世家相亲,有贤肯相为下而相为待也。今则天下之人矣,有政而此不为,则彼为之矣。夫大人者,其心常有以自宽,诚不拘拘焉以政为,然非政莫为也,后之时亦未远于今之时也。何以言之?古惟如彼,其封内有士易以见,法有让而士益以见矣。后虽有大人,急不得而知于其君,其知也必且以相。非其相,则其君之侍人也。夫以侍人而知大人,宜不忍为。然则以相其可也。今可以相而知之,时也,若犹不得存其身,且可因而存其言。言而从,即其身为之。不从,虽不忘为天下之心,而我无逆也。嗟夫,孔子亦大人矣,于季桓子而可,时也。其行于鲁之事,亦无所信。然则孔子固未有行于鲁也,曰:"道之不行,已知之矣。"其不已何也?曰:"吾五十而知天命矣。"则可以耳顺而从心,前此亦未知末命也。有不然之音则逆其耳,有不可之形则立其心,以此为不惑,盖人道也。既知天命,则天下之故皆有以然矣。曾何足以逆吾耳而立吾心。即未有所行,其道固已行矣。如此则为其官而名不益,行其身而国不伤,天之道也。非大人不足以致也。

嗟夫,以赵公之为大人,而予又游之久,最知。然所以望之知命而已!天下事可尽言哉。

汤显祖这篇写给赵用贤的序,其写作时间,徐朔方先生认为:"约在万历十八年,时汤显祖在南京礼部祠祭司主事任。"①亦有误。

汤显祖于万历十一年进士中式后,先在礼部观政,于次年八月授南京太常寺博士。四年后,即万历十六年改官南京詹事府主簿。万历十七年迁南京礼部祠祭司主事,一直到万历二十一年离开南京任广东徐闻典史与浙江遂昌县知县。② 汤显祖于万历十六年改官南京詹事府主簿,显然与赵用贤有关。万历十五年,赵用贤离开北京任南京詹事府詹事兼南京国子监祭酒,万历十六年,又升任南京国子监礼部右侍郎。由此可见,汤显祖说自己与赵用贤"游之久",绝非虚言。

---

① 徐朔方校笺《汤显祖全集》,北京古籍出版社1999年版,第1050页。
② 汤显祖以上仕宦年表,均据徐朔方《汤显祖年谱》,上海古籍出版社1989年版,第57—108页。

钱谦益《文毅公神道碑铭》曰："十五年，以詹事府少詹事管南京国子监祭酒，明年升国子监礼部右侍郎。十九年召为（北京）礼部右侍郎兼翰林院侍读学士，教习庶吉士，二十一年改吏部左侍郎，兼官如故。未几，移疾归里，二十四年三月十五日卒于家，年六十有二。"①则知赵用贤是在万历十九年召为北京礼部右侍郎兼翰林院侍读学士的。那么，汤显祖与赵用贤分别并作序的时间显系在万历十九年，绝不可能提前一年。《文毅公墓志铭》曰："丁亥升南京国子监祭酒，兼詹事府少詹事。大典成，上赐白金镒、文绮二。……升南京礼部右侍郎。……辛卯移（北京）礼部右侍郎兼翰林院学士……壬辰教习庶吉士。癸巳升吏部左侍郎兼官如故。"辛卯年，即万历十九年。

万历十九年，赵用贤为何由南京国子监礼部右侍郎迁北京礼部右侍郎？《明史》载："以吏部郎中赵南星改北部。"②赵用贤在万历十九年，因吏部郎中东林三君子之一的赵南星（1550—1627）推荐，由南京礼部右侍郎改为北部，即到北京任礼部右侍郎。此时，赵用贤颇为犹豫，恰又逢邹元标因故回南，赵用贤以为"邹君名则益高矣，而国重伤。吾之北，必且又然矣"，换句话说，就是不想"以高吾名而重累国"，所以"意不欲行"。其实早在万历十年，张居正死后，赵用贤于年底被重新起用，针对是否北上这一问题，赵用贤就曾颇为犹豫。后来之所以坚定北上，是出于王世贞（1526—1590）的劝导。王世贞《送翰林院检讨赵汝师先生还朝序》，有文云："而先生意忽忽不欲出。余乃言曰：'毋以为也。主上不惮引误，以伸先生高谊，而先生傲焉应之则不恭。且夫所以摘江陵者，为不子耳。先生不行，彼且以为有父子而无君臣。'赵先生曰：'善！'"③而此次之所以北上，显然是由于汤显祖的劝导。汤显祖说："嗟夫，孔子亦大人矣，于季桓子而可，时也。……有不然之音则逆其耳，有不可之形则立其心，以此为不惑，盖人道也。既知天命，则天下之故皆有以然矣。……如此则为其官而名不益，行其身而国不伤，天之道也。非大人不足以致也！"汤显祖以

---

① （清）钱谦益撰《文毅公神道碑铭》，《暨阳章卿赵氏宗谱》卷二十四，光绪九年刻本。

② （清）张廷玉等纂修《明史》卷二百二十九《赵用贤传》，中华书局1974年版，第6002页。

③ （明）王世贞撰《弇州四部稿续稿·文部》卷二十八，《文渊阁四库全书》册一二八二，台北商务印书馆1986年影印，第374页；《暨阳章卿赵氏宗谱》卷二十九，光绪九年刻本。

孔子仕季桓子为例,规劝赵用贤北上为政,认为不仅符合"君臣之义",亦是"时也",亦是"知天命""立吾心"。汤显祖将赵用贤比为孔子,亦足见其对赵用贤的期许和用心良苦。

总而言之,此二通信札及一则序,汤显祖无论是劝阻赵用贤南归,还是劝谕赵用贤北上,都是为赵用贤人格魅力所吸引,同时也对其寄予政治厚望,希冀赵用贤能止息党争,中兴大明,巩固发展大明江山。正如王世贞撰《赵太史用贤》诗所称许的那样:

> 天地有完气,汝师乃钟之。苦心为人纲,九鼎系一丝。杜门从耕牧,欿然不矜持。顺风礼空同,再拜称天师。偃仰思立言,余功犹下帷。百子杂毫端,驿节为我驰。窃窥中兴象,在起八代衰。①

第三节　赵用贤家庭、家学渊源

清人翁方纲(1733—1818)对赵用贤的品格十分赞许,曾赋诗云:"昔书纲目第三编,蒸动馨香彻木天。万古不干麟髓滴,一丸已压豹囊偏。"②翁方纲称赞赵用贤为"麟髓",绝非虚泛之誉。光绪九年,赵用贤后裔续修《赵氏宗谱》,蒋士骥为其撰《序》。其文有曰:"赵氏系出汉邸,其先讳士鹏者,恭宪五世孙也。绍兴中以右朝请大夫守江阴军。子二,长讳不违,徙居章卿。是为江阴支始。明之中叶,朝请十四世孙讳实者就婚鹿苑钱氏,遂家焉。是为常熟分支之始。"③可见,赵用贤先世本居江阴章卿(今张家港市泗港、后塍一带),后迁居常熟。其居江阴始祖为宋代右朝请大夫赵士鹏,赵士鹏是北宋太宗皇帝赵光义长子汉王赵元佐五世孙,因出守江阴军,遂家焉。赵士鹏十四世孙赵实于明代正统年间入赘常熟奚

---

① (明)王世贞撰《弇州四部稿续稿·诗部》卷三,《文渊阁四库全书》册一二八二,台北商务印书馆1986年影印,第33页;《暨阳章卿赵氏宗谱》卷二十九,光绪九年刻本。

② (清)翁方纲撰《者庭先生以觥觵图墨惠寄仍前韵奉酬》,《暨阳常卿赵氏宗谱》卷二十九,光绪九年刻本。按:者庭先生即赵玉槐,赵用贤五世孙,曾任汶上县知县;觥觵乃是赵用贤廷杖籍民离京时许国所赠之物,上有铭文:"文羊一角,其理沉黝。不惜剖心,宁辞碎首。黄流在中,为君子寿。"

③ (清)蒋士骥撰《暨阳常卿赵氏宗谱序》,《暨阳常卿赵氏宗谱》卷首,光绪九年刻本。

浦钱氏，遂占籍，于是赵实被视为迁常熟始祖。

现在据以考证赵用贤家庭家世的文献是《赵氏家谱》，共有三部，一为雍正年间刊本，二为光绪年间刊本，再有就是二十一世纪初排印本。《暨阳章卿赵氏宗谱·凡例》记载，自南宋以来，赵宋皇室后裔很多散落各省，也有不少聚居于江阴。其中章卿、石桥两支都出于赵士鹏一族。

宋太宗赵光义以下到赵士鹏这一辈的世系分别为：赵光义、赵元佐、赵允成、赵宗仁、赵仲谈、赵士鹏。

关于宋太宗赵光义生平事迹，详见《宋史·太宗本纪》，不赘。至赵元佐(965—1027)，字惟吉，初名赵德崇，太宗长子，宋真宗赵恒同母兄，母为元德皇后李氏。元脱脱《宋史》谓之："少聪警，貌类太宗，帝钟爱之。历封卫王、楚王。"赵光义害怕四弟赵廷美继承皇位，借故将其贬谪；赵元佐甚伤之，并心知父王阴谋，遂以佯狂示人，被废为庶人。宋真宗时复封其爵位。乾兴元年(1022)二月，宋真宗去世，其子宋仁宗即位，封赵元佐为江陵牧，增加赵元佐的食邑。天圣五年(1027)，赵元佐去世，享年六十二岁，追赠河中牧、凤翔牧，追封齐王，谥号恭宪，陪葬永熙陵。明道二年(1033)，改封潞王，后又改封魏王。

对于赵元佐的佯狂被废，后世史学家多有评价。明代史学家张燧曾评价赵元佐说："楚王元佐，太宗之长子。廷美死，元佐亦旋以狂疾废。呜呼，太伯之让其迹隐，季札之让其虑深，元佐此举，可谓追迹千古，岂真狂也！太宗之残忍刻薄，到此宁不可为之警省耶！"明末清初思想家王夫之亦云："三代而下，遂其至性，贞其大节，过而不失其中，幽光内韫，垂五百余年，人无得而称者，其楚王元佐乎！"可见，后人对于赵元佐的品行多是赞美的，认为此举表现了他的仁孝之德，可以与吴太伯、季札相媲美。

赵允成，赵士鹏的四世祖，即曾祖，赵元佐第三子，曾任濮州防御使，赠安化军节度使、郇国公。明道二年，加赠镇江军节度使兼侍中。

赵宗仁，赵士鹏的三世祖，即祖父，世封南康侯。

赵仲谈，赵士鹏的二世祖，即父亲，世封简国公，谥良显，生子五：士岳、士守、士费、士鹏、士铮。

赵士鹏，赵仲谈第四子，绍兴年间授朝请大夫，出守江阴军，遂占籍江阴。是为迁地始祖，生子二：不违、不疑。

赵士鹏至其十四世孙赵实的世系依次为：赵不违、赵善脂、赵汝言、赵崇升、赵必岱、赵良能、赵友彝、赵贵明(本生祖)、赵贵文、赵同悌、赵镇、赵中、赵昂、赵实。

赵不违，赵士鹏长子，以父荫授武德郎，淳熙十二年任江阴军。居家至孝,性纯笃。为常熟支祖。

赵善脂,赵不违长子,字从之,以茂才荐任常熟县主簿,累官知临江军,授朝请郎。居官于利民事,无不勇为之。历两邑一郡,皆有阴德。

赵汝言,赵善脂长子,官司户,生子二:崇升、崇杲。

赵崇升,赵汝言长子,生子三:必垒、必岱、必启。

赵必岱,赵崇升次子,官朝奉郎,生子二:良能、良弼。

赵良能,赵必岱长子,生子一:友彝。

赵友彝,赵良能子,生子四:贵明、贵昭、贵修、贵文。

赵贵明,赵友彝长子,生子三:同让、同悌、同敏。为新宅支祖。

赵贵文,赵友彝四子,以贵明次子赵同悌为嗣。为达道大本支祖。

赵同悌,赵贵文嗣子,配孔氏,生子二:性、镇。

赵镇,赵同悌次子,字道行,生子二:中、和。

赵中,赵镇长子,字大本,行一,元至正二十三年生,明正统十年卒,享寿八十三,生子三:升、昂、恺。

赵昂即为赵用贤高祖,赵中次子,字孟昭,号海翁,明代建文三年生,卒于成化年间,享寿八十六,生子四:宏、宁、实、安。

赵实即为赵用贤曾祖,赵昂第三子,字仲诚,号松云,明宣德元年生,天顺八年去世。正统年间入赘常熟鹿苑钱氏,遂家焉,为迁虞始祖,生子三:璧、金、玼,俱钱出。

至赵用贤的祖父,则为赵玼,赵实第三子,字明之,号永违,生子四:天祥、天祯、承谦、天礼。

赵用贤父亲为赵承谦,至这一代,赵氏家族文名大显,始以文入仕。赵承谦,赵玼第三子,字德光,号益斋,明成化二十三年生,隆庆二年卒。嘉靖七年戊子乡试中举,获五经经魁,嘉靖十七年戊戌科中进士,开始进入仕途,历官江西赣州府推官、南京吏部文选司主事、稽勋司郎中、广东布政司参议,编著有《盛唐名家诗》,生子四:用贤、用宾、用贵、用贞。

至赵用贤生平"小传",前文虽偶有涉及,然均不全面。《赵氏家谱·世系小传》记载赵用贤生卒、字号、仕宦、子嗣、婚姻甚详,移录于下:

> 承谦长子,字汝师,号定宇。嘉靖十四年乙未四月二十日未时生,庠生。嘉靖戊午举人,隆庆辛未进士,选翰林院庶吉士第一名,授职检讨。万历丁丑疏劾张居正夺情,拜杖削职。癸未起复,历官右春坊右赞善、司经局洗马管国子监司业事、右春访右庶子掌坊事、南京国子监祭酒兼詹事府少詹事、南京礼部右侍郎移礼部左右侍郎、吏部

左侍郎兼翰林院侍读学士历充经筵讲官、会典纂修、玉牒纂修、教习庶吉士；丁丑、丙戌会试同考官，丙戌武乡试正考官，三与枚卜，屡疏乞归。修宗谱、置祭田、植墓木，家政毕举。二十四年丙申三月十五日卒，予祭葬，诰授嘉议大夫，晋光禄大夫太子少保、礼部尚书，予谥文毅，恩泽三荫，累赠资德大夫，崇祀乡贤祠，《明史》列传，国朝崇祀忠孝祠。著有《三吴文献志》《朝章因革录》《管子韩子注》《南北奏议》《松石斋诗文集》。谕茔在罗墩。配张氏，嘉靖己丑进士赣州府知府文凤孙女，继配吴县汤氏，太学生倚女，俱葬桃源涧永违公墓西下阜。继配陈氏，正德辛未进士南京国子监祭酒寰孙女、广东提举文周女，嘉靖二十九年庚戌七月初八日生，万历二十一年癸巳十二月十五日卒，合葬罗墩。俱赠封恭人，累赠一品夫人。子四：琦美，汤出；祖美、隆美、元美，陈出。女七。

赵用贤著述宏富，精通法家，除上述著作外，赵用贤亦是著名藏书家，闻名苏浙一带的脉望馆即是其家藏书楼，至今犹在。赵用贤本人著有《赵定宇书目》。可以说，常熟赵氏，自赵承谦、赵用贤这两代起，至清末时期，其家明代脉望馆藏书与清代旧山楼藏书前后辉映，并其家庭成员著述甚夥，足称文献世家。下面首先详考其家庭成员著述，次及家庭藏书，以见其家族明清两代家风的一致性与传递性。

赵琦美，字元度，号仲朗，又号清常，著有《洪武圣政记》《伪吴杂记》《铁网珊瑚容台小草》《脉望书目》和《禅诗》等。赵琦美也是著名的藏书家，继承赵用贤的脉望馆藏书，并又进一步发扬光大。

赵隆美，字文度，号季昌，著有《文度诗集》《赵叙州集》等。

赵士春，字景之，号苍霖，晚号东田居士，崇祯丁丑科探花，著有《保闲堂集》《昨梦录》等。

赵士锦，字前之，号递复，崇祯丁丑科会魁，著有《壹是堂诗集》。

赵世铎，字圣传，号茹庵，康熙戊辰进士，著有《茹庵诗文集》。

赵世铖，字宪章，号晴岩，著有《成绩建议》《经世大略》《体道集》《入云编诗集》。

赵嗣孝，字太原，号蓼亭，雍正丁未征举贤良方正，充宗人府教习，历官青阳县教谕、直隶盐山县知县，著有《从好斋诗集》。

赵永孝，字汉忠，号谨凡，乾隆丙辰征举博学鸿词，乙未中进士，官常州府教授。平生志切希贤，课士必先敦品；言坊行表，望重儒林。与兄赵嗣孝，被时人称作"二赵"。著有《万年保泰鸿谟》《理学宗传挈领》《龙城讲义》《阳明大旨》《迈征录》《关尹子疏》《内讼编》《先正格言集腋》《鉴古堂诗文集》。赵翼与赵永孝亦有交游,并向之问业。赵翼《瓯北集》卷一有诗题"呈家谨凡教授",有句云:"师资幸得依宗老,请业何辞月满除。"

赵琦,字宋云,号范园,乾隆丙辰恩科举人,平生笃志立学,饶有经济,著有《范园古今文稿》。

赵王槐,原名璟,字器梅,号者庭,乾隆乙丑明通榜进士,拣选知县。挑发山东河工,治马顿河列一等,历任陵县、海丰、淄川、冠县、朝城、益都、诸城、汶上等县知县,署德州知州,官东省三十年,历八县一州,重士爱民,所至尸祝,致仕后拓祠基增祭田,复文毅公觥觗于庙,集有《觥觗归赵诗文石刻》,藏于世恩祠。此外著有《汶上公诗二十首》,载于家谱。本人亦被恩旌为孝子,崇祀忠孝祠。

赵森,原名贵朴,字再白,号素存,雍正乙卯经魁,考取内阁中书,著有《蔚子小学》《蔚子诗文集》《尘雪楼草》《压线集》《大隐集》等。

赵贵慈,字念萱,号缄斋,与弟赵贵览、赵贵翀编有《赵氏祭田碑记题词》。

赵同翮,字振六,号巢寄,乾隆乙酉举人,曾官甘肃张掖县知县,《张掖县志》有传,著有《末学管窥》《佔毕私识》《巢寄山房诗抄》等。

赵元章,字炳文,号石卿,国学生,兵部供事,议叙典史,分发直隶,历署东明、威县、枣强等典史等,著有《萍香录》《刑案辑要》等,崇祀名宦祠。

赵玉,字荫谷,号朗山,禀贡生,著有《读鉴随笔》《豫幕闲摭》《秋爽斋诗集》等。

赵允怀,字孝存,号暗卿,道光乙酉举人,丙戌会试挑取内廷三馆誊录,拣选知县,丙申大挑二等,候选教谕,例授修职郎。著有《小松石斋诗文集》《支溪诗录》等。

赵林,字福民,号补斋,又号竹君。咸丰戊午顺天经魁,辛酉考取景山官学教习,壬戌会试挑取国史馆誊录,同治戊辰会魁,辛未补殿试授吏部文选司主事,充惠陵工程处监修,以员外郎用,钦加四品衔。著有《枕善堂诗文集》《论语集句》《周易传注》等。

以上世系及家庭家学著述为赵实第三子一脉情形。赵实长子赵璧一支从明入清,家庭家学著述亦颇有成绩,尤其是到清晚期,家学振起,旧山楼藏书天下闻名。

赵璧,赵实长子,字瑞之,号月坡,居报慈里,其后裔即为报慈里月坡公派支,生子二:天祐、天祚。

赵元绍,字孟渊,诸生,著有《总宜山房诗稿》一卷。

赵元恺,字叔才,号退庵,以郡试第一名成绩补诸生,著有《一树棠棣馆诗集》一卷。

赵奎昌,原名赵奎璇,字曼华,诸生,曾捐官詹事府主簿,与从兄赵允怀著有《常熟县虞山三峰清凉禅寺志》二卷,另著有《澄怀堂诗集》二卷,与上述《总宜山房诗稿》《一树棠棣馆诗集》合称《赵氏三集》。

赵宗建,字次侯,号非昔居士,自号花田农,官太常寺博士,因御太平军有功加四品衔。宗建好结交四方名士,广蓄金石图谱,著有《梦鸥笔记》《非昔日记》《庚子非昔日记》《旧山楼书目》《旧山楼诗录》《林屋纪游诗》《灌园漫笔》等。

以上为常熟赵氏家庭成员所著书目,因文献不足,难免有所遗漏。下面就脉望馆藏书与旧山楼藏书问题,进行逐一考证。

明代至清末,常熟赵氏被称作文献世家,甚至翁同龢冠以"三百年来第一家",绝非虚誉。赵氏在常熟的宅第,至今可考者非常多。赵用贤宅本在常熟跨塘桥、望仙桥畔,名松石斋。嘉靖三十二年,为了抵御倭寇,常熟县城在旧址处西移,扩筑新城。于是赵用贤移居城西九万圩西泾岸,即南赵家弄。万历间,又购得邱氏别业,建为赵氏北园。此处后来赵王槐建立了三节坊。赵用贤去世后,赵琦美在九万圩草荡宅西建赵用贤祠,后赵士春曾修葺,赵嗣孝、赵永孝、赵王槐曾扩建,并增祭田。赵王槐给赵氏祠堂命名为承启堂,在此除祭祀族中先贤外,还议事和刻书等。

赵氏人丁兴旺,至赵士春兄弟起析产分居。赵士春住南赵弄,其子孙世守,至今仍留南赵弄 10 号赵用贤宅,著名的藏书楼——脉望馆就在这里。赵世铖子赵永孝居住西门内萧家弄,后其子赵王槐建赵用贤祠,并修赵氏北园。

至于旧山楼及其藏书情形,则有赵实三子赵璧后人赵同汇购得报慈里思庵郊居遗址和乐宾堂废址,在原来报慈里的基础上修建园林,并命名曰总宜山房。后赵奎昌扩建半亩园,赵元恺扩建赵氏义庄,规模又扩大了许多。咸丰六年,赵宗建重新修葺报慈里旧居,又扩大了规模,并于园北修建亭楼以藏书,取"因旧而修之"之意,命名"旧山楼"。对于旧山楼,时人多有吟咏。

邵渊耀《小石城山房文集·旧山楼记》有文云:

> 曼华仲子常博次侯,既溎治三峰龙藏,刊行先世著作,又于山房东北缮葺亭榭,并臻整洁,命曰宝慈新居,有双梓堂、古春书屋、拜诗

龛、过酒台诸胜，而兹楼居其北，地最高朗，岚彩溢目，迤延远览，足领全园之要。

张瑛《知退斋稿·旧山楼记》亦有文云：

赵君次侯，旧居北山之麓，因其旧而新之，名其楼曰旧山楼。赵氏自前明文毅公直谏以气节世其家，次侯食旧德，诵清芬，诗酒自放，徜徉山水，岿然一楼，与名贤遗迹并传。

古典文学出版社一九五七年出版的《旧山楼书目》，曹菊生作《跋》，还曾介绍过旧山楼园林因战乱毁后的状况。其文云：

旧山楼遗址，在今常熟市北门外报慈桥，离城仅一里许。其宅面山西向，宅南小园一区，广不过二亩。入园有湘妃竹一丛，轩、室二三处，红豆树、白皮松高皆数丈。楼亦西向，在园东。东墙外空地数亩，为昔年之梅圃。楼五楹，抗战数年后毁其二，今其宅、园皆归公家使用。但过其墙外，危楼二楹，红豆树、白皮松犹能望见。

以上数条，读之依然可以令人想象旧山楼旧时情景。其盛时引人神往，而其败时，犹令人唏嘘。

脉望馆与旧山楼的藏书情形，兹据二部书目详述之。

赵用贤的藏书，据其《赵定宇书目》记载，有三千余种。至其子赵琦美，藏书则多达五千余种，共两万余册，并刊刻书三十六种，百二十六卷。赵琦美去世后，其书尽归钱谦益绛云楼。此事在钱谦益曾孙钱曾《读书敏求记》中记载较详，不赘。后来，至赵王槐及其后人，包括赵璧后裔赵宗建一代，赵氏后人凡有能力藏者，无不悉心搜求赵氏遗书，终至旧山楼，又蔚为大观。赵宗建大量收藏古书时，恰是在太平天国之乱时。当时战乱频仍，正是文物流散之际，苏州、常熟等地的藏书家散出的古籍非常多，赵宗建得其机会，便大量收藏，兼及书画。

常熟赵氏所藏书籍，多有罕见秘籍。现存排印本《旧山楼书目》，书目共三种，即赵宗建的《旧山楼书目》《旧山楼藏书记》及其后人的《光绪廿六年十月中补录》。书目大致以藏书排架为序登录，标明甲、乙、丙、丁、戊、己、庚及"楠木四小橱"（标文、行、忠、信）八部分，共计著录六百四十七种、三千九百九十册，其中宋、元抄本约百种。《旧山楼藏书记》记述所藏善本较详，但仅著录十六种，应为未完之稿。后补录一百七十二种，有六百五十七册，其中宋、元抄本达二十七种。

在书目补录中,赵氏旧山楼惊人秘籍有《古今杂剧》。《书目》云:"清常道人校抄补,元明刊,黄尧圃题,董香光题,六十四本。此脉望馆赵琦美抄校本《古今杂剧》,曾经钱谦益、钱曾、季振宜、何煌、黄丕烈、汪士钟诸家递藏,汪氏书散出后为旧山楼收得。"此外,旧山楼还藏有宋刊《稼轩词》丁集、宋刊《窦氏联珠集》、南宋馆阁墨本官书《太宗皇帝实录》、司马温公写《资治通鉴》草稿、朱子写《大学章句》草稿、黄石斋的未刊遗稿、徐霞客手书游记底稿和诗底稿、钱遵王自写《藏书目录》、钱牧斋《日记》《信稿》和《红豆山庄杂记》手笔等,均是罕见秘籍。正如《赵氏书目补录》所述:"最可惜石斋未刻稿、牧斋杂文日记等,较宋元本尤难得。"另外,赵氏旧山楼藏书之印有"赵氏秘籍",朱长方;"旧山楼劫余",朱方;"赵次公印",白方;"海虞赵宗建所得金石书画之印",朱方;"非昔居士",白方二及朱大方;"赵",朱方;"非昔珍秘",朱方;"非昔过眼",白方;"非昔元赏",朱方;"赵宗建印",朱方;"赵氏家藏",白方;"旧山楼赵章""曾在旧山楼",朱长方;"旧山楼秘箧",朱方;"旧山楼藏""赵次公真赏",朱方;"次侯所藏",朱大方;"旧山楼秘本""宗建私印""旧山楼",朱方及朱长方等。

第三章　邹弈孝的曲律家学与《诗经乐谱全书》考

由明入清,江南一些士大夫家族中,多有诗书传家的世家,虽经历朝代更迭,但由于科举考试制度被清政府采纳,使得许多仕宦家族的历史与文化比较完好地传承下来,其中江苏无锡邹氏家族就是如此。邹氏家族的一些人才精通曲律学问,成为家学,从明到清代代传承,并因为在清代乾隆时修《诗经乐谱全书》,邹奕孝参与编谱,使得邹氏曲律家学达到了一个高峰。

《诗经》三百篇,皆可歌咏,故《诗经》并不单是案头文学,而是一种与礼乐密切相关联的场上演出文化。《论语》所强调的"兴于诗,立于礼,成于乐"观念,完全可以看作是孔子关于礼乐的施教大纲。由诗及礼,由礼及乐,诗、礼、乐三位一体,无疑是实现仁政、达到善治的阶梯和手段。"乐者,天地之和也;礼者,天地之序也。和,故万物皆化;序,故群物皆别。"①乐属气,是动的,可调和天地阴阳之物;礼属物,是静的,可整肃天地阴阳之群。所以历代治国者均强调"以礼治为本""礼以道其志,乐以和其声"等。而能将二者完美结合起来的,恰恰就是有诗谱的"诗",有乐调的"诗"。然而,十分遗憾的是,《诗经》的乐调失传了,孔子歌诗成了绝学,《诗经》也就成了纯粹的案头文本。

尽管如此,历代的一些经史学者、文人雅士还是穷尽一生,纷然拟作《诗谱》,祖述孔子之业,以继孔子之志,试图恢复《诗经》失传的"乐"。比如,朱熹(1130—1200)的《仪礼经传通解》中就曾记载赵彦肃②所传唐代乡饮酒礼乐曲《风雅十二诗谱》,这是目前传世的最早拟作《诗谱》。元代熊朋来③作《瑟谱》一书,除收入上述十二首《诗谱》外,亦曾拟作《诗新谱》十七篇。另外,明代著名音乐学家朱载堉(1536—1611)亦曾拟作《诗

---

① 《礼记·乐记》,四部丛刊本,台湾商务印书馆1979年版,第113页。
② 赵彦肃,南宋人,宋太祖之后。字子钦,号复斋,进士,朱熹曾推荐其任宁海军节度推官。著有《复斋易说》《广杂学辨》《士冠礼、婚礼馈食图》等。
③ (明)熊朋来,字与可,江西豫章人。生卒无考。南宋咸淳甲戌(1274)年进士,宋亡后,隐居乡里,传授儒学。《元史·儒林》有传。

谱》若干,分载于《律吕精义内篇》《律吕精义外篇》和《乡饮诗乐谱》中。但是,能够对《诗经》三百零五首诗篇及六篇"补笙诗"进行全面拟作新谱,还是当属清代著名学者邹弈孝奉旨纂修的《诗经乐谱全书》。乾隆之所以命邹弈孝纂修《诗经乐谱全书》,当然是与他的礼乐治国一以贯之的,所谓"美刺都关政,兴观可悦心"。然而更重要的是与邹弈孝精通曲律分不开。而邹弈孝精通曲律亦是渊源有自,乃是其家族世代相传之学。目前,邹弈孝的曲律家学与其纂修《诗经乐谱全书》的关系,尚未引起学界的广泛注意。① 本文即对邹弈孝生平家世、曲律家学和《诗经乐谱全书》的相关内容进行考述,以见其邹氏家风与家世、家学渊源。

第一节 邹弈孝奉旨纂修《诗经乐谱全书》

文渊阁《四库全书》刊本《诗经乐谱全书》并未标明是邹弈孝所作。纪昀《四库全书总目提要》只说是书"乾隆五十三年(1788)奉敕撰",又说:"我皇上启六义不传之秘,示千秋大乐之原,特命皇子暨乐部诸臣,据文义以定宫调,援古证今,亲加指示,而于'永(咏)言'之微旨,御定为一字一音,合于'大音希声'之义。"②纪昀所谓的皇子,是指先后任《四库全书》总裁的皇六子永瑢(1743—1790)、皇八子永璇(1746—1832)和皇十一子永瑆(1752—1823),此三皇子身为《四库全书》总裁,不可能参与《诗经乐谱全书》的具体纂修工作。而若想考证《诗经乐谱全书》的作者,只能从"乐部诸臣"着手。

乾隆五十三年,时掌乐部的大臣则为邹弈孝。邹弈孝(1728—1793),字念乔,号锡麓,江苏无锡人,乾隆二十二年探花。《国朝耆献类征初编·邹弈孝传》:

> 邹弈孝,江苏无锡人,乾隆二十二年一甲三名进士,授翰林院编修……四十四年擢左庶子,寻擢国子监祭酒。五十一年四月,兼管乐部事务。十二月,上以朱载堉《乐律全书》与《律吕正义》多疏漏歧误

---

① 福建师范大学音乐学硕士柴世敏曾从音乐理论的角度对《诗经乐谱全书》进行了初步研究,并未涉及邹弈孝的生平家世及其家学。柴世敏《〈钦定诗经乐谱全书〉的初步研究》,2011年福建师范大学硕士论文。
② (清)纪昀等纂《四库全书总目提要》,中华书局1997年版,第508页。

之处,命会同管理乐部之皇六子及德保、常喜①等分别各条,详晰订证。如书中凡例、体裁,逐加考评,载于提要之后。五十二年三月,升内阁学士,兼礼部侍郎衔,九月充武会试正考官,十月敕定《诗经乐谱全书》。②

邹弈孝是在乾隆五十一年四月以国子监祭酒兼管乐部的。而其奉旨纂修《诗经乐谱全书》则是乾隆五十二年十月,并非所谓"乾隆五十三年奉敕撰"。邹弈孝兼理乐部以后,在奉旨纂修《诗经乐谱全书》之前,即乾隆五十一年十二月还曾会同德保等一起奉旨详细考订了朱载堉的《乐律全书》和《律吕正义》二书。德保(1719—1789),字定圃,号润亭,又号庞村,别号仲容,满洲正白旗人,姓索绰络氏,乾隆丙辰(1736)恩科举人,丁巳(1737)恩科会魁进士,累官至礼部尚书,谥文庄,著有《乐贤堂诗钞》《平定州志》等。

那么,邹弈孝任职乐部共多长时间呢?也就是他在乾隆五十三年以后,是否还在乐部供职?道光年间,无锡邹鸣鹤(1793—1853)曾撰《锡麓公家传》,载于《邹氏家乘》,其有文云:

> 公之持介节、务根本,而有世莫知之者。公任祭酒时,和相柄国,重公才,极意罗致。稔公善音律,制器甚精,屡邀公造其室,愿得指授,公辞之无已。请假器一观,公又辞。和深衔之,适以司成七载,不进一阶。有以识时务劝公者。公曰"命系于天,恩出自上,若何能为耶?"其持介节如此。③

所谓"和相柄国",即指乾隆时期的权臣和珅(1750—1799)弄权。从上述邹弈孝屡次拒绝和珅的情状来看,自然能看出邹弈孝为官清正,不趋炎附势,是一个能固守气节、廉洁修身的人。同时,这里也透露出一个重要的信息,即邹弈孝由于受到和珅的压制,他兼理乐部充任司成的时间很长,一直到乾隆五十八年,前后任职共达七年之久。邹鸣鹤,字孚庵,号钟

---

① 按《乐律全书·校正条例》署名,"常喜"应为"喜常",时任钦天监监正,其人生平待考。
② (清)李桓辑《国朝耆献类征初编》卷九十三《卿贰》五十三,明文书局1986年影印,第27页。
③ (清)邹鸣鹤撰《锡麓公家传》,《邹氏家乘》卷四,邹仁溥纂修,光绪二十九年中和堂刊本。

泉,道光二年(1822)进士,累官至广西巡抚,谥壮节,著有《道齐正规》《宝素堂文集》等。

邹弈孝精通音律,他奉旨纂修《诗经乐谱全书》和考订《乐律全书》《律吕正义》事迹,亦屡见于邑志与家谱等文献资料。光绪年间《无锡金匮县志》卷二十《宦望·邹弈孝传》云:"乾隆五十一年,上临雍,弈孝以国子监祭酒讲《易》'天行健'一节,敷陈明畅,上为动容,命兼管乐部,纂《律吕正义续编》,嗣奉敕定《诗经乐谱全书》。"①《邹氏家乘》所载邹弈孝"世系录"记其历官达十几任,其中包括以国子监祭酒兼理乐部事及奉旨纂《诗经乐谱全书》,其文云:

> 邹弈孝,字念乔,号锡麓,乾隆癸酉举人,丁丑探花,翰林院编修,己卯顺天乡试同考官,辛巳会试同考官,戊子陕西乡试主考,己丑会试同考官,庚寅顺天乡试同考官,詹事府左右中允,翰林院侍讲,壬辰、乙未会试同考官,翰林院侍读,詹事府左右春坊庶子,日讲起居注官,国子监祭酒兼理乐部,内阁学士兼礼部侍郎衔,礼部右侍郎,戊申、己酉顺天乡试主考,工部左右侍郎,庚戌会试副总裁,经筵讲官,福建提督学政,奉旨纂《诗经乐谱全书》,颁行天下,并《律吕正义续编》四卷,列入《四库全书》。诰授荣禄大夫,国史馆立传。生雍正戊申(1728)二月二十日,卒乾隆癸丑(1793)七月二十日,配张氏,诰封一品夫人,子二,女一。②

邹鸣鹤《锡麓公家传》亦有文云:"兼管乐部时,天子知公深通律吕,神悟独超,命纂《律吕正义续编》四卷,附《正义》后,书成恭进,天奖再三,缮入《四库全书》。嗣复奉命,谱《诗经》。"③则知,《律吕正义》附录的四卷《律吕正义续编》亦为邹弈孝所撰。

另外,邹弈孝因精通音律,深得乾隆皇帝的信任。就连乾隆举行郊祀大典所奏的《中和》《韶乐》等乐曲,亦命邹弈孝重新编定。如道光年间

---

① (清)秦缃业等纂修《无锡金匮县志》,光绪七年刊本,成文出版社1970年影印,第348页。
② 《邹氏家乘》卷十《龙泾三房支邹弈孝世传》,邹仁溥纂修,光绪二十九年中和堂刊本。
③ (清)邹鸣鹤撰《锡麓公家传》,《邹氏家乘》,邹仁溥纂修,光绪二十九年中和堂刊本。

《无锡金匮续志》载:"弈孝深通音律,郊祀大典,《中和》《韶乐》,皆奉敕编定。"①

第二节 邹弈孝生平家世与曲律家学渊源

邹弈孝(1728—1793)是江苏无锡人,其家族从明入清,是典型的科举望族,并有着非常深厚的家庭艺术文化背景和曲律素养。

邹弈孝九岁时,父亲邹稷就去世了,邹弈孝便随母赴京,由祖父邹升恒教养成人。邹升恒(1675—1742),字泰和,号慎斋,康熙丁酉举人,戊戌进士,翰林院清书(指满文)庶吉士,累官至河南提督学政,翰林院侍讲学士。邹升恒能诗善画,著述颇丰,且家富藏书,著有《泰和文稿》《恬澹诗集》《借柳轩诗集》,并纂辑《广事类赋》等。邹弈孝受祖父影响颇深,谨守祖父"藏书万卷,诫子孙勿分析散轶"②之训,通读、精研祖先家集,终得有成。邹升恒胞弟邹一桂(1686—1772),字原褒,号小山,雍正五年二甲第一名进士,累官至内阁学士,是清初著名画家恽格(1633—1690)之婿,继恽格后,成为清朝数一数二的大画家。著有《小山画谱》《大雅续稿》等。而邹升恒、邹一桂的祖父邹忠倚(1623—1654),字于度,号海岳,顺治壬辰(1652)状元,著有《箕园集》《雪蕉集》等。本生祖父则是邹治(1618—1671),字际五,号静岳,与邹忠倚同游明末爱国学者马世奇(?—1644)门下。邹治是顺治甲午(1654)榜副贡,淹贯经史,兼通六经,精研《乐经》,著述等身。除著有《周易卦论》六十四卷、《易图》一卷、《书经衷注》八卷、《尚书洪范解》二卷、《诗国风遵序通解》十卷、《春秋详说》十五卷、《礼记檀弓偶笺》二卷、《周礼总论》二卷、《学庸正本》二卷、《周官会通》二卷、《人范》一卷外,尚有《乐经翼》五卷。则知邹升恒所藏家集,应包括邹忠倚、邹治的书籍,特别是邹治的乐学专著《乐经翼》一书。邹弈孝一直跟随其祖父邹升恒读书,则其显然受到家学的影响会更深刻。

而更重要的是,邹弈孝五世祖邹兑金、邹式金兄弟二人皆是明代著名的文学家、戏曲家,皆有著作传世。邹兑金(1599—1646),即邹治、邹忠倚之父,字叔介,崇祯三年举人,"六岁读书如成人,八岁能属文",有杂剧

---

① 《邹氏家乘》引道光庚子《无锡金匮续志》,《邹氏家乘》卷二,邹仁溥纂修,光绪二十九年中和堂刊本。

② (清)邹弈孝撰《既庭公元配旌节张夫人家传》,《邹氏家乘》卷五《内传》,邹仁溥纂修,光绪二十九年中和堂刊本。

《空堂话》《醉新风》行世。邹兑金胞兄邹式金(1596—1677),字仲愔,号木石,一号香眉居士,崇祯年间进士,著作除《宋遗民录》《香眉亭集》和《香眉语录》外,还有杂剧《风流冢》传世,并与其长子邹漪共同编辑出版了著名的《杂剧三集》。清初著名文人吴伟业(1609—1672)为《杂剧三集》作序,有文云:"木石邹年兄,梁溪老学,宿有契悟,旁通音律……近今名流巨公之笔,搜采殆遍①。"可见,吴伟业对邹氏父子及其《杂剧三集》是赞誉有加的。

邹式金、邹兑金兄弟精通曲律,善作杂剧,则是深受他们胞叔祖邹迪光(1550—1626)影响的。邹漪在《杂剧三集》跋中云:"家大人幼侍愚公先叔祖于歌舞之场,于桃花扇影中悉其三味。而余亦过庭之余,习闻绪论。"②则知邹式金幼时曾随侍邹迪光,故而从他那里受到了戏曲艺术的最初启蒙。而邹迪光对邹式金颇为赞赏,曾称其为"吾家千里驹"③。邹迪光,字彦吉,号愚谷,与兄邹龙光、从兄邹近光有"邹氏三光"之誉,万历二年(1574)进士,授工部主事,累官至湖广提学副使,后辞官归隐。邹迪光能诗善画,尤精音律,著有《郁仪楼集》《调象庵稿》《石语斋集》《始青阁集》和《愚公谷乘》等。《无锡金匮县志》卷二十二《文苑》:

> 邹迪光字彦吉,万历二年进士,授工部主事,累官湖广提学副使。擅衡鉴,楚士服,而归之以吏议罢。送者数千人,生祀之濂溪书院。迪光既罢,治园亭于惠麓,与当世名公卿文士游宴其中,极声伎觞咏之乐垂三十年。有集数种,合三百余卷,一时声气奔辏,几与娄水弇园(指王世贞)后先狎主文坛。④

此则史料不仅指出邹迪光在当时文名颇盛,可与明代文坛盟主王世贞(1526—1590)媲美,而且其家曾治园林,蓄养家乐,与当世名公多有交游。

无锡邹氏家乐班子颇负盛名,明末清初几十年间,有"有名吴下,冠

---

① (明)邹式金编《杂剧三集》卷首,中国戏剧出版社1958年版。
② (明)邹式金编《杂剧三集》卷末,中国戏剧出版社1958年版。
③ 《泉州知府木石公小传》,载于《邹氏家乘》卷三《旧传》,邹仁溥纂修,光绪二十九年中和堂刊本。
④ (清)秦缃业等纂修《无锡金匮县志》,光绪七年刊本,成文出版社1970年影印,第881页。

绝江南"之美誉①。清初著名文人钱谦益和张岱等人,在其著作中对邹迪光家乐均有记载。钱谦益《列朝诗集小传》说邹迪光:"罢官时年才及强,以其间疏泉架壑,征歌度曲,卜筑惠锡之下,极园亭歌舞之胜。宾朋满座,觞咏穷日,享山林之乐凡三十载。"②张岱则说:"愚公先生交游遍天下,名公巨卿多就之。歌儿舞女,绮庭华筵,诗文书画,无不虚往而实归。"③可以看出,家乐是邹迪光同当时士人交游筵宴的重要形式,而邹迪光也因此结识了明代著名戏剧家汤显祖、屠隆等人。《汤义仍先生传》即出邹迪光之手,谓汤显祖"有才""有学""有用""有行"。④ 而汤显祖亦曾为邹迪光诗文集《调象庵稿》作序,谓其文:"倚俪澹淡,切迭稽诣。若晴云穆雨,坚车良驷,逝不可得而厌也。"⑤邹迪光曾多次致信汤显祖,今存四篇。其有文云:"义仍即肆力于文,又以其绪余为传奇,丹青栩栩,备有生态,高出胜国人上。所为《紫箫》《还魂》诸本,不佞率令童子习之,亦因是以见神情、想丰度。诸童搬演曲折,洗去格套,美亦不俗。义仍有意乎? 鄱阳一苇渡,直抵梁溪,公为我浮白,我为公征歌命舞,何如? 何如?"⑥从中可知,邹迪光曾令家乐搬演汤显祖名剧《紫箫记》和《还魂记》,并颇自负演出效果,故邀请汤显祖前来观剧。邹式金对此印象颇深,在《杂剧三集小引》中说:"忆幼时侍家愚谷老人,稍探律吕,后与叔介弟教习红儿,每尽四折,无鼓已动。……难协丝弦,又全部宏编,意在搬演,不重修词。临川而外,佳者寥寥。"⑦

屠隆(1543—1605),字长卿,号溟涬子等,鄞县人。万历五年(1577)进士,官至礼部仪制司主事。其著述除诗文集《由拳集》《白榆集》和《栖真馆集》外,尚有传奇《昙花记》《彩毫记》和《修文记》等。邹迪光与屠隆二人亦是彼此钦慕,交游颇深。邹迪光曾为屠隆《栖真馆集》作序,谓:

---

① (明)史玄著《旧京遗事》,北京古籍出版社 1986 年版,第 131 页。
② (清)钱谦益著《列朝诗集小传》,上海古籍出版社 1983 年版,第 647 页。
③ (清)张岱著《陶庵梦忆》卷七,上海书店 1982 年版,第 62 页。
④ (明)邹迪光著《汤义仍先生传》,《调象庵稿》卷三十三,《四库全书存目丛书》集部册一六〇,齐鲁书社 1997 年影印,第 9 页。
⑤ (明)汤显祖著《调象庵稿序》,《调象庵稿》卷首,《四库全书存目丛书》集部册一六〇,齐鲁书社 1997 年影印,419 页。
⑥ (明)邹迪光著《与汤义仍》,《调象庵稿》卷三十九,《四库全书存目丛书》集部册一六〇,齐鲁书社 1997 年影印,第 619 页。
⑦ (明)邹式金著《杂剧三集》卷首,中国戏剧出版社 1958 年。

"长卿之《栖真》,与屈之骚、贾之赋有两也!"①而屠隆在《与邹吉甫》信中亦赞邹迪光之诗云:"五言古尽削去六代纤艳姿媚,独存风骨。篇篇据谢康乐上座,一千余年来,无此什矣!七言古出入高岑间,阄老杜堂室。"②屠隆家中也有家乐,两人常以曲会友。邹迪光有《五月二日载酒要(邀)屠长卿暨俞羡长、钱叔达、宋明之、盛季常诸君入慧山寺,饮秦氏园亭。时长卿命侍儿演其所制昙花戏,予亦令双童挟瑟唱歌。为欢竟日,赋诗三首》诗题,所叙即是屠隆受邀来访,并于友朋筵宴上命侍儿习演《昙花记》之事。邹迪光有诗句云:"谁唱新声到梵宫,《昙花》此夕领春风。哪知竺国多罗义,只在梨园傀儡中。"③观此,则可想见当时之宴乐情形。

邹迪光隐居田园,以家乐选当世名剧排演自遣,而与之交游唱和的又是汤显祖、屠隆这样的戏曲大家。则邹氏后人在这样的世家文化中长大,自然会无形中受到熏陶,并慨然以继承家学为己任。比如邹式金、邹兑金兄弟二人创作戏曲,编辑《杂剧三集》;邹溶(邹式金子)游于京师,获交旗人琴师法葆;邹金生参与编纂《九宫大成南北词宫谱》;而邹弈孝则奉旨纂修《诗经乐谱全书》《律吕正义续编》等。当然,邹弈孝能精通音律,除了家学渊源外,亦是与其本人的天赋与后天努力分不开的。《邹氏家乘》卷六《杂识录》:"锡麓公天姿绝高,未达时即知音律,入翰林后读中秘书,究心律吕,独得神悟,所拟《律吕》诸书并《诗经乐谱全书》探天根,蹑月窟,实为伶伦继起,而传者绝少。尝曰'人籁本天籁,可意会不可言宣也'。"④总而言之,邹弈孝一方面自觉秉承曲律家学,勿使断绝;另一方面入翰林院后,又得遍观内府藏书,勤习不辍,故而能在曲律学方面达到相当造诣,为人推崇至极。

第三节 《诗经乐谱全书》谱乐的原则与成就

吴梅说:"歌曲之道,昔儒咸目为小技。顾其难,较诗古文辞远甚也。诗非无律也,而其法至简也;古文辞非无律也,而其法无定也。至于歌曲,

---

① (明)邹迪光著《栖真馆集序》,《栖真馆集》卷首,屠隆撰,《续修四库全书》册一三六〇,上海古籍出版社2002年影印,第307页。

② (明)屠隆撰《栖真馆集》卷十七,《续修四库全书》册一三六〇,上海古籍出版社2002年影印,第517页。

③ (明)邹迪光撰《郁仪楼集》,《四库全书存目丛书》集部册一五八,齐鲁书社1997年影印,第619页。

④ 邹仁溥纂修《邹氏家乘》卷六《杂识录》,光绪二十九年中和堂刊本。

则一语一字之微,往往作者棘手,歌者棘喉。文至歌曲,操觚家儿视若畏途焉。"①一般情况下,依律歌诗作曲尚如此万难,而能给整部《诗经》谱曲,则又是难上加难。

邹弈孝为《诗经》谱曲所遵循的基本原则是"分列八音,谱旋宫表",以使"字色各异,而声律则同"。② 具体来说,一是不采取成调之说,而是选择依文义以定调;二是不作繁音,而拟古音,务必追求一字一音。

《诗经乐谱全书·凡例》有文云:"诗三百篇,皆可歌。其谱久已失传。晋时尚有《鹿鸣》谱,而又不著宫调。后世遂有以角、徵、宫、羽四调分谱风、雅、颂,而专以商调谱商颂,其说穿凿,无义理。今圣训不取四调之说,专据文义以定宫调,与朱子注《诗》之法合。"③邹弈孝在《凡例》中所讲"四调"及"商调谱商颂"即是明代律学家朱载堉《乐律全书》的谱调方式。朱载堉(1536—1611),字伯勤,号句曲山人,明太祖朱元璋九世孙,世界著名的律学家、数学家,创造了"十二平均律",被誉为"音乐学的一次革命"。其父郑恭王朱厚烷(1518—1591)亦精通音律,因上书戏谏明世宗止服丹药而被拘十九年。朱载堉愤懑不平,父亲被拘期间布衣蔬食,发奋著书。《乐律全书》《律吕全书》即成于此时。而邹弈孝的所谓"圣训"即是指乾隆五十二年命乐部诸臣纂修《诗经乐谱全书》所下的谕旨,其有文:

> 因思《诗》三百篇,皆可歌咏者也。魏晋时尚有《文王》《鹿鸣》等四章,但未着宫调,学者茫然不知耳。而朱载堉《诗谱》又固执周诗不用商声之说,以角调谱《国风》、徵调谱《小雅》、宫调谱《大雅》、羽调谱《周颂》、而专以商调谱《商颂》。夫商调乃宫商之商,非夏商之商也。此其穿凿拘墟,不待辨而自明,岂足与言五音而述三百哉?且古乐皆主一字一音,《虞书》依永和声,虽有清浊长短之节,合之五声六律,只于一句之数字内分抑扬高下,不得于一字一音之内参以曼声。后世古法渐湮,取悦听者之耳,多有一字而曼引至数声,此乃时

---

① 吴梅著《九宫大成南北词宫谱序》,《新定九宫大成南北词宫谱》卷首,(清)周祥钰、邹金生等辑,《续修四库全书》册一七五三,上海古籍出版社2002年影印,第604页。

② (清)纪昀等纂《四库全书总目提要》,中华书局1997年版,第507页。

③ 邹弈孝编纂《诗经乐谱全书》,《文渊阁四库全书》册二一九,台湾商务印书馆1986年影印,第6页。

俗伶优所为，正古人所讥烦手之音，未足与言乐也。①

从乾隆的谕旨来看，邹弈孝为《诗经》谱曲的基本原则实是表现了乾隆的礼乐观，崇尚古礼古乐，而其批判锋芒的指向则是朱载堉的乐律思想。

朱载堉所用定调之法，是以宫、商、角、徵、羽五调分谱风、雅、颂三部分，其中包括以商调谱《商颂》，即所谓"《周颂》不用商调"之说。这引起了乾隆的极大反对。乾隆认为朱载堉以商调谱写《商颂》，是把夏商之"商"混同于宫商之"商"了，并评价朱载堉是"穿凿拘墟"，其实这是乾隆的误解。朱载堉以商调谱《商颂》和以"角调谱《国风》、徵调谱《小雅》、宫调谱《大雅》、羽调谱《周颂》"一样，不过是他个人作乐谱时的一种"定调"，只是"商调"与"商颂"巧合而已。

乾隆欲以礼乐治国，达到善治，故而十分崇尚古调古乐，这是无可厚非的。正所谓："世庙中兴，礼乐咸新，文化远被。而朝野臣民，靡然向风矣。"②因此他命邹弈孝编纂《诗经乐谱全书》要遵从一字一音的古法，不得"参以曼声"而使一字有数声。从学术角度来看，这种观念只能属于乾隆个人见解而已。乾隆在《御制题明世子朱载堉琴谱》一诗中曾结合自己的亲身经历来反复阐述他的这一学术观点。其诗云："忆昔于香山，曾听唐侃琴。穆如余古风，谓胜筝琵音。其后定《韶乐》，皇祖书沿寻。乃悟古在兹，一字一弦吟。……《韶乐》用正声，应和同弗侵。宜引今合古，戒混古杂今。"③诗后有注云："唐侃，内府旗人，曾出兵受伤，善弹琴，任副都统。复年老，乞休。居香山。乾隆辛酉年，曾听伊弹琴，音节抑扬，谓即古乐。屡有诗嘉之。及后，厘定《中和》《韶乐》，细绎皇祖《律吕正义》，考订精审，一字一弹，乃知古乐琴声均属一弦一字，非如侃所弹世俗之繁音促节也。"前文曾论述邹弈孝为乾隆谱《中和》《韶乐》二曲，所用便是"一弦一字""一字一弹"之法，可见，乾隆对古乐的认识，亦当是受到邹弈孝的启发。唐侃虽然弹七弦琴能弹出繁音，甚至胜过古筝、琵琶诸乐

---

① 乾隆五十二年所颁纂修《诗经乐谱全书》谕旨，见载于《诗经乐谱全书》卷首，《文渊阁四库全书》册二一九，台湾商务印书馆1986年影印，第6页。

② 朱载堉著《乐律全书序》，《乐律全书》卷首，《文渊阁四库全书》册二一三，台北商务印书馆1986年影印，第24页。

③ 乾隆作《御制题明世子朱载堉琴谱》，朱载堉著《乐律全书》卷首，《文渊阁四库全书》册二一三，台北商务印书馆1986年影印，第2页。

器,可是,乾隆最终认为这"繁音促节"不过是世俗音乐,并不是古乐,不属雅正之乐。

乾隆认为《诗经》的古调本是"一字一音",并颇以此自豪,甚至以不无挪揄的口吻数落了韩愈和苏东坡一通。乾隆说:"昌黎、东坡二人,实博古大雅士也。其听颖师、贤师之琴,胥可谓极力摹写。然亦何尝不可用于筝、琶之类。则与白居易之《琵琶行》无大殊也。颖师、贤师不究其禅律而习琴焉,不可谓务本,而其禅想亦俗调,韩苏未尝辟之。且一弦一音与一弦数音,并未明论其与古合否也。"①韩愈、苏轼当时各自听琴,自有其得意之处,故发而为文,以叙听琴之感,发窈窕之思,其意固不在辨古音与俗音之别。而所谓"繁音促节"的俗调与"一弦一音"的古调之辨亦不过是乾隆一家之言而已。究其实,乾隆坚持的古调一字一音与朱载堉作谱的曼声一字数声并不是根本对立的,正犹言民族音乐与通俗音乐之别,属于两种不同的审美范畴,因个人喜好与政治地位及人生际遇不同而有差异。

我国历朝历代都有其礼制,也都会制定代表其仪礼的乐章。不只孔子以前如此,孔子以后的各个朝代也莫不如此。汉武帝时,甚至采集与古代雅乐完全不同的胡乐入乐。中世纪时期的隋唐以至宋明各朝,它们一面采用古乐,一面也还提倡俗乐。当然,从汉唐以至明清,历朝修订它们自己的雅乐,还是尽量趋向古乐,即使是参以俗乐,还是以古乐为主。②而像乾隆和邹弈孝那样全面恢复古乐,试图全面以古礼古乐治国,还是不多见的。

乾隆曾讥讽朱载堉《乐律全书》为:"谱书工尺漏宫商,数典徒令意渺茫。只备一家言或可,束之高阁正相当。"③如果反过来用"只备一家言或可"来评价乾隆自己的音乐观,亦无不可。显然,邹弈孝秉持乾隆的古谱一字一音之法,虽亦有执固拘偏之嫌,但终究是在二百多年前谱写了《诗经》的全部乐谱,共三十卷,包括原《诗经》三百零五篇和增加的《御制

---

① 乾隆作《御制再题明世子朱载堉琴谱》,朱载堉著《乐律全书》卷首,《文渊阁四库全书》册二一三,台北商务印书馆1986年影印,第25页。
② 江文也著,杨儒宾译《孔子的乐论》,华东师范大学出版社2008年版,第9页。
③ 乾隆作《御制再题明世子朱载堉琴谱》,朱载堉著《乐律全书》卷首,《文渊阁四库全书》册二一三,台北商务印书馆1986年影印,第24页。

补笙诗》六篇,共成三百一十一首乐歌,而每一首乐歌又分谱箫、笛、钟、琴、瑟五种乐器之乐谱,则共计一千五百五十五个曲谱,从而使两千年不传之绝学重见于世,这不能不说是一件文化大幸事!

第四章　索绰络氏英和家世文化与文学考

清代索绰络氏英和(1771—1840),乾隆癸丑(1793)年进士,历仕乾隆、嘉庆、道光三朝,累官至户部尚书、协办大学士。英和是满族著名的诗人、学者,又是藏书家、书法家,著述宏富。其家族索绰络氏隶属正白旗,是清代满族著名的文化世家,单是英和一支就有"四代五翰林"①之目,即其父德保,乾隆丁巳年进士;长子奎照,嘉庆甲戌年进士;次子奎耀,嘉庆辛未年进士;孙锡祉,道光乙未年进士。有清一代,"四世翰林"之家族只有五家,其余四家均为汉族。② 赵尔巽《清史稿·英和传》云:"自其父及两子一孙皆以词林起家,为八旗士族之冠。"③对英和家族的家教、家风给予肯定。英和之胞叔德风、堂伯观保亦中进士,选入翰林,则其家族实是"四代七翰林"。

英和还是民国著名艺术家程砚秋先生的先祖。《恩福堂笔记》卷末有刚主老人在民国时期的题诗一首:"雍容豪华气象,满洲贵族人家;一旦风流云散,空庭静扫落花。"诗后有注:"书已破损不堪,以其可备清朝掌故,因修葺而存之。英和为清廷名相,名演员程砚秋,其后人也。砚秋已逝,其余韵绕梁未绝,今惟有空听卖花声矣。"④刚主老人,即著名历史学家谢国桢(1901—1982),字刚主。目前,对于英和及其子奎照,偶有论者仅述及其塾师及著述情形。⑤ 而对其整个家族文化与文学创作情形,尚鲜有研究。笔者检书,得观英和纂修《石氏家谱》、锡祉"进士中式朱

---

① (清)平步青《霞外攟屑》卷一《赫泖山房睟记》,民国六年刻香雪崦丛书本。
② 其他四家为静海励氏、常熟蒋氏、无锡秦氏、商丘陈氏,均为汉族。陈康祺《郎潜纪闻》卷五,清光绪刻本。
③ (清)赵尔巽等纂修《清史稿》卷一百五十,中华书局1977年版。
④ (清)英和撰《恩福堂笔记》卷末,清代道光年间刻本,上海古籍出版社1985年影印本,收入瓜蒂庵丛书。
⑤ 前者见肖立军等著《英和及其所受家塾教育》,《满族研究》2008年第3期,第78—80页;后者见于植元著《满族文学家英和与奎照》,辽宁人民出版社1988年版。

卷",故撰文详考其家族世系源流,并在一定程度上厘清其家族世代姻亲,同时亦结合相关史料考证其家族文化与主要成员之诗文著述,以见其完整的家风结构。

第一节　由黑龙江弗阿辣迁吉林索绰络

清代索绰络氏一姓同大多数满族姓氏一样,亦源于地名。《八旗满洲氏族通谱》云:"索绰络本系地名,因以为姓。其氏族散处于辉发及各地方。"①辉发,即吉林省辉南县境内,今境内尚存海西女真辉发部落之都城遗址。富宁《石氏家谱·序》云:"吾先代世居弗阿辣,华言旧阜也,地在混同江东北。"②英和曾于道光年间,因地宫陵渗水案获谴,被流放至黑龙江卜魁(今齐齐哈尔)。他途经吉林,因感先世创业之艰辛,遂撰《吉林感旧》一诗。有句云:"人生重根本,作求征世德。吾家近白山,混同江东北。旧名弗阿辣,聚族自成邑。"③《英和年谱》亦云:"先世起于混同江东北弗阿哈(辣)之地,译言旧阜也。"④混同江,即黑龙江中下游嘉荫至抚远段,对岸有阿尔哈腊地方及哈腊河,弗阿辣地方疑即此一带。⑤则知英和家族先世原居黑龙江,地名为弗阿辣,若以此地名为姓,则为黑龙江弗阿辣氏。

"弗阿辣氏"因为受到仇家所迫,遂迁至长白山脚下索绰络,并因以为姓,后于天命初年(约 1616)归顺爱新觉罗·努尔哈赤(1559—1626)。英和《吉林感旧》又云:"仇家屡侵凌,干戈日未戢。真主庆诞生,推诚策群力。遂率同族人,归我大贝勒。"③大贝勒即清太祖努尔哈赤。富宁《石氏家谱·序》亦云:"天命年间,归顺太祖。"②亦可为证。

索绰络氏归顺爱新觉罗氏,开始隶属于多尔衮(1612—1650)部下,后入内务府包衣,为正白旗。富宁《石氏家谱·序》云:"当鼎革之际,屡经迁易。族属先隶属睿忠亲王府籍。黑勒公独依姑母,即随姑丈名巴拜

---

① 清代官修《八旗满洲氏族通谱》卷四十五、卷四十六,清文渊阁四库全书本。
② (清)富宁撰《石氏家谱·序》,《石氏家谱》卷首,英和纂修,清代抄本。
③ (清)英和撰《恩福堂诗抄·卜魁集》,清代手稿本。
④ 英和纂《英和年谱》,北京图书馆珍藏年谱丛刊本。
⑤ 中国历史地图集编辑组编辑《中国历史地图册》册八,中华地图学社 1975 年版,第 12—13 页。

者,镶白旗人,后归入内务府,隶正白旗。"①英和《恩福堂笔记》有《述事赋》一文,有句云:"溯迁邑于余家,伤本枝之孔弱,访长史之姻旧,旗红白以交错。"下有注云:"高高祖骁骑公弱龄奉母入燕京,投亲于姑丈睿忠亲王长史巴拜处。"②高高祖骁骑公即黑勒,黑勒姑丈巴拜时任睿忠亲王长史。睿忠亲王即多尔衮封号,皇太极(1592—1643)于崇德元年(1636)赐封。《石氏家谱》列黑勒为索绰络氏南迁长白山第二世祖,黑勒父母早亡,黑勒尚年幼,遂由姑丈巴拜养大。

第二节　移居北京并获赐汉姓石氏

索绰络氏移家北京后,居住在东安门内,以黑勒之子布舒库为迁北京始祖。《八旗满洲氏族通谱》记载吉林索绰络氏世系,即从布舒库始。其文云:"正白旗包衣布舒库,索绰络地方人,原任司库。其子都图原任郎中;孙苏尔泰、穆尔泰俱任笔帖式,济兰泰原任内管领,什齐系监生,达兰泰现任鸣赞。曾孙富宁系举人,钟宁系监生,元孙观保任翰林院编修,德保任翰林院检讨。"③《石氏家谱》有其"小传"。其文云:

> 布舒库,黑勒子。为内务府皮库六品司库,以事落职,改护军,不数月即升为骁骑校,因子都图诰赠资政大夫。生于辽东,终于康熙壬寅(1662)年,年三十有六。配张氏,陕西延安府肤施县贡生张允中之女。时因随将军亲王征西,王主于张公家。公出子女见,王遂择其女配焉。归送至京,不数月,清语纯熟,有满洲古风,因子都图诰赠夫人。终于康熙甲辰年。合葬豆格庄旧茔。子三:长都图,次依图,三东武。女一:适内务府镶黄旗拜唐阿周殷相。三世入燕京,骁骑公始膺禄位,好行其德。④

观此,则详知布舒库官职、生卒、婚配、子嗣、墓葬等。英和之孙锡祉"进士中式朱卷"云:"始祖布舒库,从龙入京。原任内务府六品司库,诰

---

① （清）富宁撰《石氏家谱·序》,《石氏家谱》卷首,英和纂修,清代抄本。
② （清）英和撰《恩福堂笔记》卷上,清代道光年间刻本,上海古籍出版社1985年影印本,收入瓜蒂庵丛书。
③ 清代官修《八旗满洲氏族通谱》卷四十五、卷四十六,清文渊阁四库全书本。
④ （清）英和纂修《石氏家谱·世系小传》,清代抄本。

赠资政大夫。"①亦与上述相关信息相同。布舒库娶中原延安府贡生张允中之女,当在顺治二年(1645)豫亲王多铎、英亲王阿济格率两路大军进攻陕西、击败闯王李自成前后。其所说做媒的"亲王"必是此二王之中的一个。由此,吉林索绰络氏与中原汉族文化之家通婚当是满洲贵族中最早的了,而这必定会给索绰络氏家族注入新鲜的文化血液,为其家族最终成为满洲显赫世家奠定基础。

索绰络氏在康熙时期曾被赐为汉姓石氏,因此其家谱名为"石氏家谱"。布舒库子都图,即英和高祖,曾为康熙御前亲随,官至内务府大臣,因体健有力,赐汉姓石氏,并赐名袭图。富宁《石氏家谱·序》云:"圣祖御赐名袭图,即赐姓石氏,为御前亲随。"②杨钟义《雪桥诗话》云:"相国索绰络氏(指英和)隶内府,……高祖都图为御前亲随,圣祖嘉其身健如石,赐姓石氏,曾祖石琦因石为族祖。"③石琦,《石氏家谱》亦作石锜,都图之子,英和曾祖。

《锡祉进士中式朱卷》亦载索绰络氏被赐姓石氏,并记载都图生平历官。云:"七世祖都图,历任提督南海子,奉宸苑郎中,总管六大库兼参领佐领内管,领署总管内务府大臣。赐姓石氏,诰授资政大夫,诰赠光禄大夫。"④《石氏家谱·石氏小传》记载更详,云:"历任提督南海子,奉宸苑郎中总管六大库,兼参领佐领并内管领,署理总管内务府大臣事。诰授资政大夫,因曾孙观保侍郎任内诰赠光禄大夫。生于顺治甲午年(1654)二月十四日寅时,终于康熙癸巳年(1713)三月二十日辰时。享年六十。配康氏,内务府郎中五时泰之女。生三子,即石锜、阿哈占和虎壁图。二女:长适内务府镶黄旗孙应祥,广储司缎库司库德格之子,侧室刘氏出;次适内务府镶黄旗海三格,总管内务府大臣海章之子,侧室王氏出。"⑤可知都图诰授资政大夫,是因其军功,而其诰赠光禄大夫,则是因其曾孙观保而获赠。

综上,则知索绰络氏英和第一世祖至第四世祖分别为:第一世,缺名;第二世,黑勒;第三世,布舒库;第四世,都图。都图因体健有力,康熙赐汉

---

① 《锡祉进士中式朱卷》,《道光十五年会试同年齿录》,文奎斋藏版,哈佛大学汉和图书馆藏。
② (清)富宁撰《石氏家谱·序》,《石氏家谱》卷首,英和纂修,清代抄本。
③ (清)杨钟义撰《雪桥诗话》卷九,民国求恕斋丛书本。
④ 《锡祉进士中式朱卷》,《道光十五年会试同年齿录》,文奎斋藏版,哈佛大学汉和图书馆藏。
⑤ (清)英和纂修《石氏家谱·世系小传》,清代抄本。

姓石氏。

第三节　索绰络氏都图支世系

第五世：英和曾祖辈。

满族索绰络氏至第四世共分三支，即都图支、依图支和东武支。英和所在一支为都图支，而《石氏家谱》所载亦主要是这一支。都图有三子，即石锜、阿哈占和虎壁图。

石锜(1673—1718)，英和曾祖，也是赐姓石氏族祖，行一，乳名六格，字瑾公，太学生，因孙观保时任吏部侍郎，诰赠光禄大夫。配齐氏，内务府太学生登科之女，诰赠一品夫人，合葬东直门外亮马桥东新茔。五子：富宁、永宁、明惠、明夔俱齐氏出，照珠侧氏刘氏出。女四：一适内务府正黄旗御膳房司库王兆常，次适镶黄旗武英殿副总管石保，三适正黄旗养心殿笔帖式贡生关宁，四适怡亲王府侍从额尔登额。

阿哈占(1681—1717)，行二，食八品俸，御前养狗处拜唐阿（听差）。虎壁图(1682—1700)，行三，武英殿供奉，无嗣，以兄石锜之长子富宁承继。

第六世：英和祖父辈。

《石氏家谱》中所列索绰络氏第六世有二十一人。英和曾祖石锜有五子，世系"小传"分别为：

富宁(1692—1727)，石锜长子，嗣叔父虎壁图，字志瀛，号东溪。初在御前饭上行走，后由太学生中式雍正甲辰(1724)科举人。配吴氏(1691—1778)，怡亲王允祥一等护卫兼佐领金宝之女。子四：长瑞麟、次得寿、三宝善、四扶南。女三：长适内务府正黄旗武备院笔帖式伊成额，内管领常伦之子；次适镶黄旗满洲高姓；三适内务府镶黄旗笔帖式傅亮。

永宁(1693—1751)，石锜次子，字承谟，号东村，号在山，六岁因疮疾跛左足，未仕。雍正年间保举贤良方正，乾隆己巳(1749)荐举经明。敕封文林郎、诰封光禄大夫。配赵氏(1692—1751)，内务府正黄旗皇子茶上人雅图之女，诰赠一品夫人。子二：长观保，次观德。女一：适内务府正白旗养心殿造办处笔帖式，后升主事。

明惠(1697—1775)，亦名明德，石锜第三子，英和祖父，字显菴，号寄闲，年六岁因疮疾跛左足，未仕。敕封文林郎、诰封资政大夫、诰封光禄大夫。配卓佳氏(1696—1767)，内务府正白旗昭西陵茶上人四格之女，诰赠一品夫人。子五：长德保、次德馨（早丧）、三德风、四德隆、五德元。女一:适内务府正黄旗会计司拜唐阿姜文德。

明夔(1704—1753),石锜第四子,乳名五十三,字允谐,由御前伞上人历任至武备院六品司库。元配方氏,副管领国详之女;继杨氏。子三:长德贵,元配方氏出;次和贵、三常贵,继室杨氏出。女三:长适内务府镶黄旗库掌佟书敏之子,元配方氏出;次适内务府正白旗护军沙克精阿,继室杨氏出;三适卫守备王正德之子。

照珠(1710—1775),石锜第五子,字廉浦,号雨苔。先挑御前养狗处行走,后考取笔帖式,历升圆明园六品苑丞兼理工程处事务。元配张氏,正白旗米盐库司张常保之女;继赵氏。子七:长卓礼、次德亮、三约礼、四福来、五博礼,俱元配张氏出;六扩礼、七那达齐,俱继室赵氏出。女一:适内务府镶黄旗笔帖式傅亮,即兄富宁之婿也,女殁续之,元配张氏出。

第七世:英和父辈。

《石氏家谱》中所列索绰络氏第七世有三十六人。英和祖父明惠有五子,本节除此五人世系"小传"外,尚列观保、观德二人。

德保(1719—1789),英和父亲,明惠长子,字定圃,号润亭,又号庞村,别号仲容。乾隆丙辰恩科举人,丁巳恩科会魁进士,钦点翰林院庶吉士,历任翰林院检讨侍讲侍读、顺天学政、广东巡抚、总管内务府大臣、江南河道总督、浙闽总督、礼部尚书等,曾八典乡会试。嘉庆四年,蒙恩追谥文庄,赐祭一坛。配傅察氏(1719—1785),王府二等卫衔咸安宫五品教习官玛善之女,两次覃恩诰封一品夫人;侧室经氏(1728—1811)。子二:长石椿,幼丧,傅察氏出;次英和,侧室经氏出。女二:长选入宫,为乾隆帝封为贵人,傅察氏出;次适郑亲王胞弟伊铿额,袭封一等镇国将军,升吉林副都统,侧室经氏出。经氏因子英和官秩诰封一品夫人。

德风(1729—1786),明惠第三子,号巽斋,由生员中式乾隆庚午科举人,壬申恩科进士,授吏部文选司主事。癸酉科武乡试副考官,提升员外郎郎中,出坐粮厅差,因长兄德保任吏部侍郎回避,调户部郎中,升翰林院侍讲学士,詹事府詹事,内阁学士兼礼部侍郎,诰授资政大夫。戊子年提督安徽学政,任满升盛京户部侍郎兼管奉天府府尹,因公降调,赏四品职衔。配佟佳氏,正白旗满洲兵部郎中吉公拉敏之女,诰封一品夫人。合葬东直门外陈格庄南茔,无嗣,以从兄观德第四子英诚承继。女二:长适镶黄旗满洲布政使完颜岱,完颜岱是原任兵部侍郎期公成额长子,江南河道总督署两江总督完颜麟庆(1791—1846)的祖父;次适正黄旗满洲广西按察使萨腾安,原任两江总督萨载(?—1786)长子。

德隆(1732—1781),明惠第四子,字福田,号野溪,又号痴庵,由廪生中式乾隆恩科举人,候选知县,后选江西宜黄县知县,调补清江县,丁母忧回京引见,掣补户部笔帖式历升主事员外郎,京察一等,特授贵州粮驿道,署藩臬两司印务,因患牙疼离任,后即终于贵州道署。配傅察氏,武英殿拜唐阿时中之女,即长嫂傅察氏嫡堂妹也。合葬东直门外陈格庄北新茔地。子二:长英善,次英林。女三:长适镶黄旗满洲户部主事福囊,总督爱必达之子,夫故,女殉节。爱必达即乾隆帝顺妃之父,康熙间四大辅政大臣遏必隆之孙。次适镶黄旗汉军体仁阁大学士李侍尧(?—1788)之子。三适翻译秀才彦吉,都察院左都御史申保之子。

德元(1734—1813),明意第五子,字长喜,号仁圃,由生员中式乾隆癸酉科举人,历官广储司主事、慎刑司郎中、庆丰司员外郎、磁库缎库员外郎、咸安宫景山总管,兼管文渊阁、慈宁宫房钱库事务等。预千叟宴,钦加三品卿衔,恩准重赴鹿鸣宴,诰授通议大夫。配金氏,内务府员外郎金福禧之女。合葬东壩东新茔。子二:长英贵,次英柱。女二:长适世袭佐领麟志,原任兵部侍郎兼翰林院掌院觉罗奉寘之子;次适捐纳通判郝宁安,原任江西巡抚郝硕(1692—1784)之子,两江总督郝玉麟(?—1745)之孙。

观保(1712—1776),永宁长子,字蕴玉,号补亭,又号伯容,别号大龙。乾隆丙辰恩科举人,丁巳恩科二甲五名进士,钦点翰林院庶吉士,累官至礼部尚书。嘉庆四年,蒙恩追谥文恭,赐祭一坛。配王氏,奉宸苑拜唐阿四格之女,诰封一品夫人。子二:长观豫,次观庆。女三:长适正蓝旗满洲盛京侍郎温敏;次选为荣亲王永琪(1741—1766)侧室;三适镶黄旗汉军世袭佐领范宜勤,原任户部侍郎范时纪之子,清朝开国辅臣范文程(1597—1666)的曾孙。

观德(1725—1784),永宁次子,号近亭。勇武多力,八岁能举四钧石,清代著名宫廷画家冷枚(约1669—约1742)为作《虎子图》,慎郡王胤禧(1704—1758)及一时之公卿名士皆有题咏。元配侯氏,镶黄旗汉军增广生实禄之女;继室贾氏,正白旗满洲原任右卫副都统后升圆明园八旗夸兰达护军参领巴兰泰之女;再继室王氏,镶黄旗满洲归化城驻防五品防御哈丰阿之女。子五:长观普、次观恒,继室贾氏出;三观荣、四英诚、五观瑞,继室王氏出。女一:适镶黄旗汉军花永开,系原任参将花长鼎之子,继室贾氏出。

第八世:英和及兄弟辈。

《石氏家谱》中所列索绰络氏第八世有四十一人。本节除列英和外,尚列中举者观瑞、英贵,余不赘。

英和(1771—1840),德保之子,学名石桐,字树琴,号煦斋,别号粤溪生。至其生平事迹,《清史稿》有传,但其历官则较略。由《石氏家谱·世系小传》则知:

> (英和)由监生中式乾隆壬子(1792)科举人,癸丑(1793)科二甲二十五名进士,钦点翰林院庶吉士,兼武英殿纂修,授职编修、翰林院办事兼庶常馆、功臣馆提调,授侍讲,充日讲起居注官、文渊阁校理,转侍读,充玉牒馆纂修,大考二等第五名,授侍读学士,旋授少詹事、詹事、内阁学士兼礼部侍郎、文渊阁直阁事,稽查中书科左翼觉罗学兼镶蓝旗汉军副都统,授礼部右侍郎,旋即转左侍郎,充经筵讲官兼总管内务府大臣、正红旗满洲副都统,管理造办处事务,教习庶吉士,户部左侍郎,恩赐花翎,赏穿黄马,补授正白旗汉军副都统,南书房供奉,翰林院掌院学士,管理奉宸苑御枪处事务,加太子少保,赐一品,授军机大臣、协办大学士,恩赐紫禁城骑马,管理西洋堂事务。英和官至军机大臣、协办大学士,可以说是清代索绰络家族中仕宦最显贵者。后来,因修太后陵寝漏水,发配黑龙江卜魁。两年后回京,补太仆寺卿,升内阁学士兼礼部侍郎、理藩院左侍郎,正红旗汉军副都统,转户部左侍郎,镶黄旗满洲副都统、左翼骑兵,升工部尚书、正蓝旗满洲都统。①

英和曾多次任乡会试考官、主考官及总裁职,包括嘉庆戊午科顺天武乡试正考官、己未科会试同考官、庚申恩科顺天乡试副考官、辛酉科江南乡试正考官、乙丑科会试副总裁、己巳恩科会试副总裁、武英殿副总裁、续纂四库全书总裁、实录馆纂修总纂总校总裁、大清会典馆总校等。配萨克达氏,原任漕运总督谥庄恪公阿思哈(?—1766)第四女。子七:长奎照、次奎耀、三奎光(幼丧)、四奎文、五未名即殇、六奎泰(幼丧)、七奎颢(幼丧)。女一:适辛未(1811)进士内阁中书桂馨。桂馨是蒙古著名诗人法式善(1752—1813)之子。

观瑞(1784—?),观德第五子,字祗异,号竹楼,一号雪堂。由附生中式庚午科第七名举人,武英殿聚珍版馆议叙知县,选授广东文昌县知县。配牛氏,上北河卫粮厅牛继祖之四女。子一:恭安。

英贵(1755—1814),德元长子,号已亭,由生员中式乾隆庚子(1780)

---

① (清)英和纂修《石氏家谱·世系小传》,清代抄本。

科举人,在武英殿聚珍版馆行走,议叙知县,选授山西长子县知县,调繁榆次县知县,升四川崇庆府通判,升酉阳直隶州知州,调泸州直隶州知州,升绥定府知府,捐升道员。元配他他拉氏,原任刑部郎中福德之女;继室栋鄂氏,原任盛京户部主事富森泰之女。子一:廷璸。女一:适正蓝旗蒙古前吉林副都统理藩院左侍郎西宁办事大臣吉林将军、黑龙江将军松宁,原任同知萨尔图之子,俱元配他他拉氏出。

第九世:英和子侄辈。

《石氏家谱》中所列索绰络氏第九世有二十七人,本节只列英和二子奎照和奎耀及英贵子廷璸三人。三人或中举人,或中进士,宦绩亦较突出。

奎照(1790—1842),英和长子,字伯冲,号玉庭,由廪膳生中式嘉庆戊辰(1808)恩科举人,甲戌(1814)科二甲进士,由庶吉士授职编修兼武英殿协修,历任侍讲侍读,侍讲学士、侍读学士,日讲起居注官,詹事府少詹事,历官至内阁学士、礼部侍郎、礼部尚书。《清史稿》有传,附于父英和后。配佟佳氏,浙江巡抚阿伊龄孙女,原任内务府银库员外郎兼佐领武英殿总管昌仪长女,诰封一品夫人。子二:长锡祉;次锡瓒,早亡。女二:其一选入宫中,咸丰帝封婉贵妃。《咸丰朝东华续录》载:"戊午(1858)谕内阁,贵人他他拉氏著封为丽嫔,索绰络氏著封为婉嫔。"①

奎耀(1791—?),英和次子,字仲华,号芝圃,由附生中式嘉庆丁卯(1807)科举人,辛未(1811)科进士,由庶吉士授职检讨,充文渊阁校理,历任侍讲侍读,侍讲学士、侍读学士,詹事府少詹事、詹事,日讲起居注官,官至通政使司通政使。配高佳氏,湖北巡抚、陕甘总督、乌鲁木齐都统署伊犁将军高杞第四女。子四:长锡嘏,早卒;次锡蕃;三锡田,早卒;四锡章。女一。

廷璸(1782—1822),英贵子,字玉宾,号玉斋,由生员考取笔帖式,中式嘉庆丁卯科举人,充实录馆收掌,议叙委署主事,补营造司委署主事,调堂委署主事,提主事,升会计司员外郎,诰封奉政大夫。配傅察氏,时任武备院员外郎明纶之女。子一:恩懋。女二。

第十世:英和孙辈。

《石氏家谱》中所列索绰络氏止于第十世,仅列名字与生年,未列生平仕宦。索绰络氏第十世有十三人,英和嫡孙则有锡嘏、锡祉、锡瓒、锡

---

① (清)王先谦纂《东华续录·咸丰》卷四十三,清光绪刻本。

田、锡蕃、锡章六人。其中锡嘏、锡瓉、锡田早亡。再据《锡祉进士中式朱卷》,锡祉则有胞弟锡荓、锡珏二人,嫡堂弟锡蕃、锡章、锡淳和锡畴四人。去掉重复的,则知英和至少有嫡孙十人,除却早亡三人,尚有七人,当为寻觅英和后裔之线索。锡蕃与锡章为奎耀子,均为太学生,三品荫生。锡荓、锡珏、锡淳、锡畴四人在道光十五年锡祉中进士时,均年幼。

锡祉为英和次孙,奎照长子,字孟繁,号子受,又号申甫,行二,嘉庆己巳年(1809)十一月二十一日吉时生,内务府正白旗满洲长年管领下人,恩赐笔帖式。道光十五年(1835)进士,选庶吉士,散馆后授编修,历官侍讲学士,后任长芦盐运使。锡祉娶伊尔根觉罗氏,陕甘总督明山曾孙女,河南布政使、鸿胪寺正卿海庆孙女,户部山东司员外郎、候选知州恒文四女。

据程永江《程砚秋史事长编》载,程砚秋五世祖(高祖)为英和,父亲为荣寿,则其四世祖必为奎耀、奎照或奎文三者之一,而其祖父当为英和七个嫡孙之一。

第四节 索绰络氏家族诗文著述

英和先世第一世至第五世均以军功起家,至第六世东溪公、东村公始开文风,注重教育,以诗书传家。英和父亲德保云:

> 我六世东溪公雅好诗书,性耽吟咏,举孝廉,遂开文风。继之东村公,天性高迈,学无不成,举经学,名振一时。于是子弟群知慕学,科甲绵绵,非两公读书之报欤?①

德保亦撰《祝二伯父东村公寿》四首,其一云:"吾宗衰不坠,伯父独仔肩。堂构恢先泽,诗书启后贤。"②说的也是索绰络家族从这一世开始的注重文教,坚守德行,以儒家经典教育子弟。

东溪公即富宁(1692—1727),著有《东溪诗抄》,雍正时举人。英和《恩福堂笔记》载:"大伯祖东溪公,雍正甲辰举人,以诗酒自豪,强年下

---

① (清)德保撰《石氏家谱第六世跋》,《石氏家谱》,英和纂修,清代抄本。
② (清)德保撰《乐贤堂诗抄》卷上,清代乾隆年间刻本,《清代诗文集汇编》册三四四。

世,著作等身。"①东村公即永宁（1693—1751），亦为雍正时中举，且保举贤良方正，乾隆己巳年（1749）又荐举经明，后隐居田盘山，与同样隐居于此的"辽东三老"之一李锴（1686—1755）相友善，常诗酒唱和，著有《东村诗抄》《铸陶》等诗集行世。方苞尝作《二山人传》，有文云："东村石永宁，世饶于财，祖都图，为圣祖亲臣，每议公事，不挠于权贵。"②蒋溥《盘山志》亦云："永宁，石氏，号东村，长白山人。家素贵显，壮岁折节读书，奉母孝，母殁，移居田盘山，作《山居诗》以见志。"③蒋溥《盘山志》收录其诗七首。英和祖父明惪（1697—1775），因跛足而未出仕，亦是能诗擅文，著有《显庵诗抄》。

观保（1712—1776）为英和从伯父，生平诗文甚丰，然大多散佚，唯律赋为蒙古诗人法式善辑录，名为《补亭先生遗稿》，得以存世。法式善作《跋语》云："先生为德定圃从兄，乾隆丁巳同选庶吉士，官俱至尚书。中间叠掺文衡，垂四十余年，人间得其片楮，珍逾拱璧。此册皆先生随意书，而端严秀劲，直逼古人。从定圃师稿中检出者，质之同馆前辈，及余斋中向存先生真迹印证，丝毫不爽。重为装治，当与定圃师遗墨同珍之。"④法式善为德保乾隆四十五年所取进士，累官至国子监祭酒，蒙古人，清代著名诗人、学者，著有《存素堂集》《梧门诗话》和《陶庐杂录》等。另英和之独女亦嫁给法式善之子桂馨，则两家实是世交。

英和父亲德保（1719—1789）亦善诗文，著述宏富。诗集有《定圃诗抄》《乐贤堂诗抄》。英和撰《乐贤堂诗抄·跋》，叙其原委甚详，有文云："凡十余集，卷帙浩繁，谋梓未果也。岁月如驰，倏忽逾禫，深惧无以阐扬先志。爰就趋庭时所口授指示者，计古近体若干篇，釐其卷而三之，付剞厥氏。"⑤德保亦曾编纂有《平定州志》《抚粤条告汇编》《钦定礼部则例》《诗帖含辉》《乾隆四十六年辛丑科会试录》等。德保熟谙乐律，尝与邹奕孝（1728—1793）一起编定《御制律吕正义后编》《诗经乐谱全书》等。邹奕孝，江苏无锡人，乾隆二十二年（1757）一甲三名进士，累官至国子监祭酒。《国朝耆献类征初编·邹奕孝传》云："上以朱载堉《乐律全书》与

---

① （清）英和撰《恩福堂笔记》卷上，清代道光年间刻本，上海古籍出版社1985年影印本，收入瓜蒂庵丛书。
② （清）方苞撰《望溪集》卷八《传》，清咸丰元年刻本。
③ （清）蒋溥纂修《盘山志》卷七《流寓》，文渊阁四库全书本。
④ （清）观保撰《补亭先生遗稿》，清代抄本，《清代诗文集汇编》册三一六。
⑤ （清）德保撰《乐贤堂诗抄》卷上，清代乾隆年间刻本，《清代诗文集汇编》册三四四。

《律吕正义》多疏漏歧误之处，命会同管理乐部之皇六子及德保、常喜等分别各条，详晰订正。如书中凡例、体裁，逐加考评，载于提要之后。……十月敕定《诗经乐谱全书》。"①德保受儒家影响较大，注重家风家教，曾建家祠以崇孝义。德保《恭建家祠敬述二十四韵》云："吾宗起儒素，在昔缺家庙。读礼慕文公，立祠当法效。况余恨终天，天风木空悲。所居爱日堂，归来忍轻造。"②德保颇重家风、家教，曾翻译朱用纯《朱子家训》为满文，令其子弟诵读，自觉接受汉族文化教育。英和《恩福堂笔记》载："先文庄公喜录格言，尤喜朱柏庐家训，尝命熟读，曾于漕帅署中以清文翻译，镂版以广其传，为教我满洲知所法也。"③另外，德保在其子英和择婚上还曾力拒和珅为女求婚。杨钟义《雪桥诗话》卷九记其事甚详，据武英殿大学士阿桂（1717—1797）所言，和珅请内务府大臣金简（？—1794）为其女作伐，德保婉辞。嘉庆帝继位后获知此事，亦嘉叹久之。④

英和本人无论为官，还是著述，均远超其父辈。就其著述来说，有《恩福堂诗抄》《恩福堂诗抄外集》《恩福堂笔记》《恩福堂自订年谱》《恩福堂书目》《卜魁城赋》《卜魁纪略》《壬戌扈从随笔》以及《长白圣德志》《钦定春秋左传读本》《钦定祕殿珠林三编》《清嘉庆三年太上皇起居注》《简明章程》等，此外还为清代学者任启运（1670—1744）编订了《清芬楼遗稿》，为北京大兴翁方纲家族撰《翁氏家事略记》等。英和于道光年间获遣，发配黑龙江。清代著名史学家姚莹（1785—1853）尝撰《煦斋英公识小录》一文，言之甚详。原来道光皇帝继位后，即下令修其陵寝，命英和督修工程。英和崇尚节俭，以汉文帝薄葬事为例上书，颇得道光帝之心。道光七年（1827）工程告竣，共节省工费三十万两。然而道光八年，由于地宫渗水，道光帝大怒，下令英和与二子奎照、奎耀俱革职，籍没财产。抄家时，发现英和家族累世家财不过数万。因此，姚莹说："方英公之被逮也，尽封家财，登诸籍。戒家人曰：'上必籍没，悉以献。敢匿一物者，吾必以闻。'遂皆入官无隐。然公家数世贵显，悉所有不及数万。天

---

① （清）李桓辑《国朝耆献类征初编》卷九十三《卿贰》五十三，明文书局 1986 年影印，第 27 页。

② （清）李桓辑《国朝耆献类征初编》卷九十三《卿贰》五十三，明文书局 1986 年影印，第 27 页。

③ （清）英和撰《恩福堂笔记》卷上，清代道光年间刻本，上海古籍出版社 1985 年影印本，收入瓜蒂庵丛书。

④ （清）杨钟义撰《雪桥诗话》卷九，民国求恕斋丛书本。

下悲公之忠荩,而误于非人也。"①由是可见,英和祖孙几代虽官居显位,皆能清廉自守。其家族索绰络氏,在整个清王朝时期,不仅是满族文化世家,亦是廉吏世家,实属不多见。

英和书法颇工,以赵体为宗,名书舍曰"藏松"。《恩福堂笔记》载:"及冠检先人书箧中,得松雪与子英学士手札墨迹,遂日日仿之,是为学赵之始。后列诸城刘文清公门,尝领论书余绪。又尝侍公挥毫,略窥作字用笔之道。一日公出赵迹二赞二图,余爱不释手,公即慨赠。有'一生学之不尽,聊当衣钵'之语。余拜受,归因名书舍曰'藏松'。"②刘文清公即刘墉(1719—1805),英和中进士时,刘墉任顺天学政,故以师相称。英和妻子萨克达氏(1767—1827),字介文,自署其居曰观生阁,故号观生阁主人,亦是能诗善画,尤擅指画。萨克达氏较英和长四岁,夫妻感情甚笃。萨克达氏去世后,英和尝作《悼亡诗二十首》以写其哀。诗前《小引》有文云:"念夫人嘉言懿行,不可殚述。即读书工画,亦其余绪。惟生平明大义,事舅姑以孝。当先文庄公捐馆舍时,内外维持颇瘁心力,先母经太夫人得慰劬劳。此余所以感不能忘!"③关于萨克达氏擅指画一事,英和《悼亡诗其九》记之甚详,其诗云:"初工画蝶貌师传,又悟天龙一指禅。细到牛毛大盈丈,花笺顷刻幻云烟。"诗后《小序》云:"少年画蝶栩栩欲生,摹古山水能得其妙。后见瑛梦禅居士为余作指画,遂悟其旨。山水人物花卉虫鸟,无一不精。盈丈者,运指继以运掌,一日可作数幅;纤细者,用甲写形逼肖,非亲见者几疑为非指画也。"②瑛梦禅,即瑛宝,是清代著名画家,尤其擅长指画。

奎照和奎耀兄弟二人所撰诗文传世不多,惟奎照《龙沙纪事诗》《斋宿联吟草》存世。另外,奎照和奎耀亦曾参与校订《恩福堂自订年谱》一书。

总而言之,满族索绰络氏家族自第一世迁居长白山下,后随清军入关,至锡祉共历十世。从第一世至第五世,以军功起家,至第六世东溪公、东村公始,家族以诗文名世,以词林起家,而发扬光大者则有观保、德保、德风、英和、奎照、奎耀、锡祉等。乾隆末年,英和曾录富宁、永宁、明悫、观

---

① (清)缪荃孙纂《续碑传集》卷二《道光朝宰辅》,明文书局影印本。
② (清)英和撰《恩福堂笔记》卷下,清代道光年间刻本,上海古籍出版社1985年影印本,收入瓜蒂庵丛书。
③ (清)英和撰《恩福堂外集》,清代道光年间刻本,《清代诗文集汇编》册五〇二。

保、德保五人诗集,编为《索绰络氏家集》,并请当时著名文学家王昶作《索绰络氏家集序》,其文云:

> 五公之诗,格律不必尽同,意趣不必相合。而从容敦厚,元气盎然,追风雅之遗,以鸣圣世升平之盛者,固可审其词而得之矣。昔唐萧瑀、杜如晦、温大雅诸人,云礽蕃衍,多以进士宏词起家,文章勋业,久而弗替。而萧氏至八叶宰相,撰集多志于艺文,以索绰络氏较之,岂非今古相埒者欤?①

萧瑀(575—648)是昭明太子萧统曾孙、梁宣帝萧詧之孙、梁世宗萧岿之子,隋炀帝皇后萧氏之弟。萧统一派中有八位后嗣:萧瑀、萧嵩、萧华、萧复、萧俛、萧真、萧仿、萧遘,自唐初至唐末相继出任宰相,史称"八叶宰相"。《新唐书》:"自瑀逮遘,凡八叶宰相,名德相望,与唐盛衰。世家之盛,古未有也。"②王昶(1725—1806),字德甫,号述庵,清代著名文学家,著有《春融堂集》六十卷。王昶把满族索绰络氏家族比为唐代萧瑀家族,实是表现出了他对索绰络氏这一满族优秀世家的赞美之情。

---

① (清)王昶撰《春融堂集》卷三十九《序》,清嘉庆十二年刻本。
② (宋)欧阳修等纂修《新唐书》卷一百一,中华书局1975年版,第3963页。

第五章　屠绅家世与《屠氏澄江支续谱》考

章学诚《文德》云："不知古人之世,不可妄论古人之文辞也。知其世矣,不知古人之身处,亦不可以遽论其文也。"①章氏之论,可谓深得孟子"知人论世"之旨。无疑,作家家世及生平事迹对于其文学创作的研究具有重大价值。关于长篇文言小说《蟫史》作者屠绅的家世与生平事迹,自鲁迅先生发覆以来②,沈燮元先生、萧相恺先生、王进驹先生、台湾学者王琼玲女士和业师许隽超先生均亦先后有所申论。③ 然而由于材料的局限,使得屠绅家世的研究仍未取得重大突破。笔者不揣谫陋,在上述前辈与时贤研究成果的基础上,结合新见史料《屠氏澄江支续谱》,试图对屠绅家庭家世、生平和《蟫史》中甘鼎的人物原型等相关问题做进一步勾勒,以飨同好。

第一节　《屠氏澄江支续谱》载于《屠氏族谱》

屠绅(1744—1801),字贤书,号笏岩,江苏江阴人,除撰有文言长篇小说《蟫史》外,尚有短篇小说集《六合内外琐言》及《鹗亭诗话》《鹗亭诗钞》等。关于他的家谱《屠氏澄江支续谱》,现见载于屠氏汇通谱《屠氏族谱》内。《屠氏族谱》分前后两编:前编二十二卷,刊于道光七年(1827);

---

① （清）章学诚撰,叶英校注《文史通义校注》,中华书局2008年版,第278页。
② 鲁迅著《中国小说史略》,《鲁迅全集》第九卷,人民文学出版社2005年版,第252—253页。
③ 沈燮元著《屠绅年谱》,古典文学出版社1958年版。萧相恺《〈琐蛣杂记〉与〈六合内外琐言〉叙考》,载《中正大学中文学术年刊》2007年2期;《从乾隆五十六年到六十年屠绅的行踪看二十卷增订本〈琐蛣杂记〉为后人伪托之刻》,载《明清小说研究》2010年1期。王进驹《〈琐蛣杂记〉和〈六合内外琐言〉版本演变及作者考》,载《文学遗产》网络版2010年第3期;《屠绅宦滇时期交游事迹考述》,载《2009年海峡两岸夏敬渠、屠绅与中国古代才学小说学术研讨会论文集》第290—317页。王琼玲《蟫史研究》,《清代才学小说》,台湾商务印书馆1999年版。业师许隽超《蟫史作者屠绅佚诗九首考释——兼辨其若干生平事迹》,载《文献》2012年1月第1期。

续编三卷,刊于道光八年(1828),均由屠之申纂修。屠之申,字可如,号舒斋,湖北孝感人,嘉道时,累官至直隶布政使,并护理直隶总督。

《屠氏族谱》前编除卷一载序、启、凡例及科第仕宦录外,卷二至卷二十二分载屠氏各支世图及世系,包括洞庭支、浙江支、孝感支、蔡镇支、毗陵支、葛桥支、兰陵支、坞里支、秀水支、澄江支、赣邑支、甪里支、宜兴支、肇塘支、平湖支、会稽支、皋埠支、鄞邑支、仁和支、武林支、暨阳支等二十一支。续编分上中下三编:上编分金铎里、璒溪、安康、武六公、阴山五支;中编为屠氏萧山支谱;下编分蛏浦、皋埠东屋支,共八支。前后两编合起来共得各省屠氏二十九支。那彦成于道光八年为《屠氏族谱续编》撰《序》,有文云:"可如制府之纂宗谱也,采访遍天下,阅五寒暑而二十二卷成,一时传诵,叹为盛举。于是疏远之族跋涉来告,又得洞庭及陕西吴越等八支,为之釐次世系,各弁以言,命曰'续编'。"①那彦成(1763—1833),满族章佳氏,字韶九,乾隆五十四年进士,官至直隶总督、内阁大学士。

《屠氏族谱》前编卷一亦有屠之申本人于道光七年所撰《总序》,叙"屠氏通谱"纂修原委甚详。其文略云:

> 昔苏老泉有曰:"观吾谱者,孝弟之心油然而生。"然则,族之有谱,非徒高门第、矜世胄也,将以辨亲疏、别尊卑、明长幼,使人亲亲长长,以敦宗而睦族也。吾屠氏宗谊最笃,纵世分数十,地隔千里,一经询及派系,水源木本,类能数典不忘者,惟赖纂修支谱,代有其人耳。而同宗《通谱》自太史少泉公集厥大成之后,阅今八十余年,支庶日益繁,迁徙日益众,汇修不日益亟乎?申自荐历直藩,仰承先大夫遗志,续纂《孝感支谱》,业于道光二年蒇事。窃维通谱未成,即先志犹未竟也。直隶重畿辅,四方仕进出其途,邮寄访查甚便,自应及今修辑。爰制谱启,遍告同宗,不匝月,而子垣宗贤以毗陵支至,同生宗贤以鄞邑支至,条园宗贤以会稽支至,启瞻宗贤以暨阳支至,复得兰陵甸华宗贤乐仕采访,亲历江淮间,而洞庭、浙江诸支悉至,乃命弟侄辈分司校录,余于公暇编纂而手订之。②

---

① (清)那彦成撰《屠氏族谱续编序》,《屠氏族谱续编》上编,屠之申纂修,道光八年刻本。

② (清)屠之申撰《屠氏族谱总序》,《屠氏族谱》卷一,屠之申纂修,道光七年刻本。

道光二年,屠之申所续修的《屠氏孝感支谱》刊刻,恰值其亦以直隶布政使之职护理直隶总督,故欲效仿其先祖太史少泉公修同宗"通谱"之意,决意纂修全国"屠氏通谱"。太史少泉公,即屠沺,字少泉,湖北孝感人,康熙五十三年(1714)进士,翰林院编修。屠之申先是撰《屠氏宗谱启》一文,遍示各省屠氏分支。其文云:

> 国朝以来,族祖少泉太史公继先志,总汇各支修成全谱。孝思盛举,阖族赖焉。惟全谱之成,又阅八十余年,宗支蕃衍,世次日增,及今续修稽考尚易。前杭州绍理公续纂武林支谱,之申不揣固陋,亦续修孝感支谱,于道光二年春仲剞劂竣事。窃维吾宗支派广远,拟以《续谱》呈正宗贤,则邮筒往返携带维艰。兹敢上遵简肃公札知之意,谨疏短引,偏启宗贤左右来,如有将本支续修付刻者,祈即印清本寄示,以便汇存,否则就近支详查确访,勿滥勿遗,钞录一册,寄至保定。之申必亲自校编,陆续锓板,依少泉公前谱之例,汇成总部,以慰敬宗收族之盛心于勿替也。道光二年四月。①

由于直隶是畿辅之地,交通便利,加之屠之申又以直隶布政使护理总督衔,屠氏各省分支自是愿意奔赴保定,前来联宗。即便如此,"屠氏通谱"最后纂成,竟也历时五载。江阴古称澄江,屠绅家族的"澄江支谱"即是于此段时间内由屠绅后人寄送至直隶保定,遂为屠之申一同编入《屠氏族谱》。

屠之申尝撰《汇刊澄江支谱序》,有文云:"今余方汇修总谱,适公(屠绅)犹子承楷辈克绍公绪,纂修《澄江支谱》见寄。"②则《屠氏澄江支谱》纂修者屠承楷应是屠绅侄辈。屠承楷亦撰有《屠氏澄江支谱序》,其文有云:"越数年,笏岩公赴都起复,以修谱事命焕暨承楷稽考查办。焕等承命之下,遂将近支详查,确访次第修录。又越十数年始得支分派别,集成一册。蒇事之日,会逢宗贤直隶布政使司布政使孝感之申公邮寄重修宗谱大启,焕暨承楷捧读之下,感宗贤敬宗收族之盛意,因不揣固陋,而识其

---

① (清)屠之申撰《屠氏宗谱启》,《屠氏族谱》卷一,屠之申纂修,道光七年刻本。

② (清)屠之申撰《汇刊澄江支谱序》,《屠氏族谱》卷十一,屠之申纂修,道光七年刻本。

巅末于册云。道光五年桂月,应璋公六世孙焕、承楷同敬序。"①则知纂修《屠氏澄江支谱》除屠承楷外,还有屠焕,均是屠绅侄辈,奉屠绅之命纂修。屠承楷,屠绅之兄屠缙之子;屠焕,屠绅从弟屠纶之子。

《屠氏澄江支谱》的纂修前后将近二十年,于道光五年(1825)纂成,恰值屠之申纂修通谱,遂寄至保定总督府,编入了《屠氏族谱》,得以完整保存下来。

序中所谓屠绅的"赴都起复",当时指屠绅于嘉庆六年(1801)辛酉丁母忧后,赴京谋职。师范《习园藏稿鹗亭诗话合序》云:"辛酉春夏间,予以选人赴吏部,屠先生适候补入都,饮酒赋诗,晨夕相往来。"②师范(1751—1811),字端人,号荔扉,云南大理府赵州人,屠绅宦滇时所取乡试亚元,著有《师荔菲先生诗集》等。

第二节　《屠氏澄江支续谱》所载屠绅家庭世系

《屠氏澄江支续谱》所列屠绅先世,仅至其高祖屠应璋,高祖以上世系皆不载。屠焕、屠承楷《澄江支谱序》云:

> 常郡屠氏自百年公为宋室中兴宰辅,扈跸南迁,始立家焉。后光际公继之,一豹公又继之。至太乙公始迁洞庭,尔时自有宗谱,因丁明季,子姓分居,失据难考。国朝初高高祖应璋公乃卜居郡之江邑西贯里,历百余年,未立家庙。后至三世祖乾修公经营擘画,肇建宗祠。①

《屠氏澄江支续谱》以屠应璋为澄江屠氏一世祖,而在清以前世系直至宋代的南迁始祖,仅列百年公、光继公、一豹公和太乙公四世之名。而这四世皆见载于屠之申于道光二年续修的《屠氏孝感支谱》,也正是因此,屠之申见此《屠氏澄江支续谱》后,亦引为同宗。据《屠氏孝感支续谱》载,此四世行谊如下:

> 屠挺,字百年,宋代进士,钦宗时任右司谏,靖康之变后,奉元祐

---

① (清)屠承楷、屠焕撰《屠氏澄江支谱序》,《屠氏族谱》卷十一,屠之申纂修,道光七年刻本。

② (清)屠绅撰《鹗亭诗话·附录》,《粟香室丛书》,金武祥编,光绪二十三年刻本。

太后诏迎康王继统,遂徙江南,建炎三年,自建康扈跸临安绍兴,官拜内阁大学士。屠挺生一子屠光际,屠光际生二子,长子为屠一豹,其孙则为屠太乙。屠太乙,讳元亮,晋太史公讳余庆后裔,百年公四世孙,卜筑西洞庭之金铎里,生子五,是为洞庭始祖。①

按《屠氏孝感支续谱》,屠之申即为迁洞庭始祖屠元亮的二十世孙。《屠氏澄江支续谱》载屠绅家世共历八世,正文分为屠应璋、屠应球、屠应麟、屠应凤、屠应尉、屠森、屠撰七小支,屠绅隶属屠应璋支,则屠应璋一支世系为:

一世:屠应璋,屠绅高祖,字尔圭,配陶氏,生子三:文谦、文智、文阂,公妣合葬东团田。

二世:文谦,屠绅曾祖,字逊儒,配顾氏,生子二:乾修、泰修。公葬南湖西村,妣葬本村西头湾西大楞。

三世:乾修,屠绅祖,字六吉,号静轩,诰封奉直大夫,配顾氏,诰封宜人,生子一:芳。公葬祖茔西大楞,妣葬南湖西祖茔。泰修,屠绅叔祖,字六顺,生子三:芝、蕃、英。公妣合葬南湖。

四世:屠芳,屠绅父,字觐侯,太学生,诰封奉直大夫,配梅氏,诰封宜人,生子二:缙、绅。公妣合葬西大楞。屠芝,泰修长子,字觐光,太学生,配张氏,生子一:纶。屠蕃,泰修次子,字觐宸,配叶氏,生子六:经、纪、纲、绂、经、纬。屠英,泰修三子,字觐扬,配俞氏,生子三:逢恩、德先、昇三。

五世:缙,屠绅胞兄,屠芳长子,字端书,号牧堂,太学生,貤封承德郎,配刘氏,貤封安人,继配陆氏。生子四:承楷、承榆、承栲、承枢。公妣合葬西大楞。屠绅,屠芳次子,字贤书,号笏岩,乾隆壬午举人,癸未进士,历任云南师宗、弥勒、罗次、恩安、广通、惠泽等县,升寻甸州知州,特旨补授广东粮补监,掣通判,署惠州府碣石同知,诰授奉直大夫。配倪氏、陈氏,诰封宜人,生子四:矧构、去害、以燕、琢成。公妣合葬西大楞。屠纶,屠芝子,字凤诏,配许氏,生子二:焕、燦。

六世:屠矧构,屠绅长子,字杉拳,配费氏,生子三:启焊、启煌、启炜。屠去害,屠绅次子,配戴氏,生子一:启炽。屠以燕,屠绅三子。

---

① (清)屠之申纂修《屠氏孝感支续谱》,《屠氏族谱》卷五,屠之申纂修,道光七年刻本。

屠琢成,屠绅四子。屠承楷,屠缙长子,字伯则,配杨氏,生子三:启昆、启明、启迪,启明出继承榆为嗣。焕,屠纶长子,字璿曜,配刘氏、杨氏,生子二:澍、灏。

七世:屠启焯,翙构长子,字长生,配汪氏。屠启煌,翙构次子,字广生,配金氏,生子一:宝田。屠启炜,屠翙构三子,字驰生。屠启炽,屠去害子,配王氏。以燕、琢成无传。

八世:屠宝田,屠启煌子。

令人遗憾的是,因为《屠氏澄江支续谱》属于《屠氏族谱》别支,故其未载人物生卒及详细"小传"、艺文著述及碑传志铭等。虽是如此,屠绅的先祖世系及其子嗣已是十分清楚明白了。

第三节　屠绅宦滇时期与屠述濂交游考

屠绅于乾隆二十八年(1763)中进士,时年二十岁。然而仕途坎坷,先是归班铨选,居家十年。后于乾隆三十七年(1772)才得以候补知县引见,钦点云南师宗县知县。十二年后,即乾隆四十九年(1784)才签升云南曲靖府寻甸州知州。《清代官员履历档案全编》记载屠绅宦迹若干条,云:

> 屠绅,江苏常州府江阴县人,年三十岁,乾隆二十八年进士,候选知县引见,奉旨以知县即用。

> 臣屠绅,江苏常州府江阴县人,年三十岁,乾隆二十八年癸未科进士,候选知县,敬缮履历恭呈御览。谨奏。乾隆三十七年十一月初一日。

> 臣屠绅,江苏常州府江阴县人,年三十岁。乾隆二十八年癸未科进士,候选知县。今轮班拟备,敬缮履历恭呈御览。谨奏。乾隆三十七年十二月初一日。

> 屠绅,江苏常州府江阴县进士,年四十四岁。现任云南师宗县知县。乾隆四十九年六月,分推升云南曲靖府寻甸州知州缺,并带运甲辰年三运二起京铜。今缴铜完竣带领引见。

> 臣屠绅,江苏常州府江阴县进士,年四十四岁。现任云南师宗县知县。乾隆四十五年大计卓异引见。奉旨著回任。四十九年六月签升云南曲靖府寻甸州知州。缺并委解甲辰年(乾隆四十九年)三运二起京铜。今缴铜事竣赴部引见。敬缮履历恭呈御览。谨奏。乾隆

五十一年九月二十九日。①

综上则知,屠绅虽然于乾隆四十九年签升寻甸州知州,但事实上他并未即时到任。《云南通志》卷一百二十一《秩官志》云:"寻甸州知州,屠绅,江阴人,进士,五十二年任。"而道光《寻甸州志》卷十八《文秩·知州》栏载:"屠绅,江苏进士,五十四年九月任。"②屠绅寻甸州知州到任的时间有两个:乾隆五十二年和乾隆五十四年。如果按后者计算,屠绅从任云南师宗县始,至寻甸州知州,前后共达十六年。这十六年的宦迹,因缺乏史料,致使众说纷纭。今观《屠氏澄江支续谱·屠绅世系录》,则详悉原委。屠绅宦滇,历署师宗、弥勒、罗次、恩安、广通、惠泽等六县知县。屠绅升任寻甸州知州,知州任上共是六年,即从乾隆五十四年至乾隆六十年。乾隆六十年特旨补授广东粮补监,签掣广州通判。嘉庆元年春京师奎文阁刊本《大清缙绅全书》广东广州府栏:

> 粮捕通判加一级屠绅,笏岩,江苏江阴人,癸未进士。(乾隆)六十年六月授。③

再据《屠氏澄江支续谱》,屠绅任广州粮捕通判时,又曾兼署惠州府碣石同知。

屠绅任寻甸州知州期间,屠之申之父屠述濂亦宦滇南。屠之申《汇刊澄江支谱序》有文云:

> 澄江地属毗陵,汉曰毗陵,晋曰暨阳,梁曰江阴,今仍之。同宗笏岩公系出澄江,昔任寻甸州牧时,先大夫亦宦滇南,序联伯仲,至相契也。公嗣四人,长君刻构与余年相若,亦序列雁行。尔时同羁宦辙,未及以支派本原详加考核。……至其行辈次序,即以先大夫与笏岩公称谓为推,先后世次,亦足信今而传后。道光七年丁亥夏,直隶布

---

① 秦国经主编《清代官员履历档案全编》,华东师范大学出版社1997年影印,第二〇册227页、第二〇册233页、第二〇册243页、第二二册117页、第二二册127页。

② 沈燮元撰《屠绅年谱》,古典文学出版社1957年版,第9页。

③ 清华大学图书馆,科技史暨古文献研究所编《大清缙绅全书》第五卷,大象出版社2008年版。

政使太乙公二十世孙之申可如氏谨序。①

屠绅与屠述濂既是同宗，又是僚友，关系自是非同一般。《鹗亭诗话》中曾载屠述濂所撰《仓神传》一文，其有文云："余每诣郡，必舍于鹗亭。癸卯（1783）腊既望，雪下，四鼓闻鹗亭西塌墙声，呼仆烛之。则空仓被积雪压而墙倒，且地塌，疑其下有蛇穴，或硕鼠出没也。寻之，得石匣。"②鹗亭即寻甸州州衙所在。

屠述濂（？—1800），字莲仙，号南洲，国子监生。《屠氏族谱·孝感支》"世系录"云："屠述濂，字南洲，号莲仙，一字守素，乾隆乙未佐县云南，由文山县丞升腾越州，宣封缅甸，赏戴花翎，迁永昌府，调东川府，五转至迤南道，钦加按察使衔，中间历署禄丰、罗次两县，晋宁、镇雄两州，迤西、迤东两道，云南按察使。因督兵剿办缅宁猓黑，积劳染瘴，卒于军中。恩恤八品荫生，仕滇二十五年，政绩甚多。详载本传及邑志。诰赠通奉大夫，滇省士民请入名宦。妣沈氏，诰赠夫人。生子一：之申。"③《屠氏孝感支谱》亦载有屠之申撰《南洲公传》，叙其生平事迹甚详。从屠述濂治滇实绩及所建军功并宣封缅甸，由佐贰杂职累官至云南按察使，则其无疑为屠绅《蟫史》主人公甘鼎的人物创作原型。屠之申《南洲公传》云：

公讳述濂，字莲仙，号南洲，宋御史百年公裔太乙公十九世孙也。父可村公，乾隆己未进士，知直隶宁河长垣县事，迁安徽安庆府通判，循绩昭垂，载在志乘。子嗣二人，公其季也。少承彝训，擅经济才。

乾隆乙未（1775）岁，以国子生筮仕云南，由县丞洊升文山县、腾越州、永昌府，调东川府，五转而至迤南道。中间历署禄丰、罗次两县，晋宁、镇雄两州，迤东、迤西两道按察使兼驿传。公宦绩在滇者，若盐、若铜、若驿务、若钱法、若仓储、若筹边、若军旅，不畏难，不辞过，亦不居功，卒之获上宜邀圣眷顾之恩，独厚公之由文山擢知腾越州也。

---

① （清）屠之申撰《汇刊澄江支谱序》，《屠氏族谱》卷十一，屠之申纂修，道光七年刻本。
② （清）屠述濂撰《仓神传》，《鹗亭诗话》，《粟香室丛书》，金武祥编，光绪年间刻本。
③ （清）屠之申纂修《屠氏孝感支续谱》，《屠氏族谱》卷六，屠之申纂修，道光七年刻本。

州南野人犷悍,遏缅甸国使不得内附会,野人劫掠汉寨,公奉檄剿抚,军声大震。缅目孟幹叩铁壁关求谒,公宣上威德,示以大义。幹稽首申言国主久愿归欵,且修贡献。公诺之,已而贡驯象土物,输诚祝釐。奉旨锡公花翎,命往宣封,野人望旄节伏不敢动。驰至阿瓦,彼国坐摆,持经敬收敕印,旋遣使随公入朝。公蒙召对,恩赐有差。缅夷自用兵后十余年,抗不臣附,至是惧,备外藩礼,时乾隆辛亥八月也。

旋以功擢永昌守,摄迤西道篆。时制钱不行,私铸充塞,乃设局改铸,收买小钱,以一易三小钱,辏集私铸一空。调东川守,旧缺铜银额巨万。公给本收课,预筹接济,周履铜银诸厂以察之。由是丁炉倍兴,常额乃足。前署镇雄时,知派夫运铜,屡以道远而口粮不给为病,公均劳逸,请以镇城上游五站归威宁,下游五站归镇雄,大府入告,遂著为例。

丁巳夏,摄迤东道篆,值黔省南笼狆苗叛,奉檄率官兵土练五千拒之。驻平彝以一面当贼。贼入滇,凡三路,一由黄泥河,一自江底,一自楼下河。公于黄泥河获贼谍释之使,为内应,连战皆捷,斩获伪元师总兵数人,生擒贼目仙故、仙达无算。焚其粮械,余悉遁往,援黄草坝。贼出战,公并力御之半日,而围解,城乃获全。进攻楼下河,贼会土兵及黔兵夹击之,捣穴擒渠,降众数万,计在路,千里有奇,接仗七十余次,不期月,凯旋。初公精法家,学折狱如神,不闻其知兵也。及独建方略,莫不叹异云。

值缅宁猓黑作乱,方任迤南道署按察使,制府富公奏授。公翼长为先锋,进攻蛮茂,耕恒章外,皆克之。遂会制府兵攻南洒河及怕札怕木拱干丙别柏木坝下诸地,深入瘴乡,尽破险隘。贼窜山谷,协从者尽降。猓黑平,奏上加按察使衔。返次缅宁,议留守防御,瘴发患痢,卒于军。上闻悼惜,再三谕赐祭葬,荫爵一人,以侄之璜承袭。时嘉庆五年庚申四月也。

公宦滇三十年,大邑剧郡不以脂膏自润,至于利民之事,毅然必为。虽遭谴负累,弗顾也。往守东川,小除夕,城中火四千余家。公按户口遽发仓库,人给米二斗,钱一千,俾得度岁。乃请捐廉俸偿之,上官以为专,弗能责也。滇醓政计口授盐,奸胥因缘舞弊,人额常浮。又有派课法,凡十户中有逋赋者,分责诸户代纳,民病甚。公请民煎民运官,即竃地征课。大府从公议奏,上著为定例。他如除文山秋粮之折色、禁永昌军食之采买及清釐驿政、革里胥之包揽需索,皆因时因地权宜。活民之大者,滇省士民举名宦焉。槥归自缅宁,所经州郡,父老皆白衣冠,焚香泣送,道为之壅。辛酉八月,与沈淑人合葬孝感县属之黎家堰。道光二年壬午直隶布政使司布政使男之申敬撰。①

关于小说《蟫史》的主人公甘鼎,其人物原型,学界一般认为是傅鼐。傅鼐,字重庵,顺天宛平县人,原籍浙江山阴,曾追随福康安平定苗乱,立有军功,由下层佐贰而至湖南按察使。《湖南通志·名宦志》云:

> 傅鼐,山阴人。由府经历分发云南,军功擢宁洱知县。乾隆六十年,黔楚苗变,督师福康安檄赴湖南军营,计禽首逆吴半生,奏以同知直隶州知州用,赏戴花翎。嘉庆元年,补凤凰厅同知,四年食知府俸,六年命总理边务,十年就升辰永沅靖道,十四年升湖南按察使,又二年卒于任。②

初观傅鼐仕宦经历,与《蟫史》主人公甘鼎大略相仿。故黄人《小说小话》云:"书中主人甘鼎,盖指傅鼐。"③鲁迅先生亦认为:"且假傅鼐扞苗之事为主干。"④然而事实并非如此。嘉庆五年之前傅鼐的经历,与小说主人公甘鼎经历虽然有相合的地方,且与小说作者屠绅宦滇经历相合,但是,傅鼐在嘉庆六年以后的经历,屠绅如何在小说中未卜先知,不仅知其总理军务,且升任边帅,岂不怪事?因为《蟫史》一书撰成于嘉庆五年,而屠绅病逝于嘉庆六年。小停道人《蟫史·序》落款题署:"时龙集上章

---

① (清)屠之申撰《南洲公传》,《屠氏孝感支续谱》,《屠氏族谱》卷四,屠之申纂修,道光七年刻本。
② (清)曾国荃纂修《湖南通志》卷一百七《名宦志》十六,清光绪十一年刻本。
③ 黄人撰《小说小话》,《晚清文学丛钞·小说戏曲卷》,中华书局1960年版,第371页。
④ 鲁迅著《中国小说史略》,《鲁迅全集》第九卷,人民文学出版社2005年版,第253页。

涒滩余月既望,小停道人书于听尘处。"①"龙集上章涒滩余月"为太岁纪年,即嘉庆庚申五年。

是故,笔者认为小说主人公甘鼎的人物原型表面上看有傅鼐的影子,而究其实,当是按照屠述濂的人物经历加以综合创造的。结合屠述濂传记、屠绅宦滇事迹以及与屠述濂交游之事,可得理由八条:

一曰:屠述濂宦滇时间近三十年,与屠绅同宦寻甸州及罗次等县,且交游颇深,又属同宗,故屠绅对其生平经历颇为熟悉。

二曰:屠述濂卒于嘉庆五年,其一生最主要业绩均发生在屠绅小说《蟫史》成书之前。

三曰:屠述濂宦绩由下层佐贰杂职起,历任知县、知州、道台,直至云南按察使,这与甘鼎的经历相似。

四曰:屠述濂治绩"若盐、若铜、若驿务、若钱法、若仓储"皆十分得法,且以利民为主,这与甘鼎治绩相符。

五曰:屠述濂平苗,时在嘉庆二年(1797)丁巳,力阻三路苗军犯滇,一个月时间,有大小七十余战,不仅"斩获伪元帅总兵数人"且生擒贼目"仙故、仙达"。甘鼎亦有此功。

六曰:乾隆五十六年(1791)辛亥八月,屠述濂剿抚州南野人,使中缅通好,深得乾隆赏识,并下旨令其宣谕。则《蟫史》甘鼎有平交阯之战。

七曰:乾隆末,缅宁直隶厅猓黑乱起,屠述濂为时任云南巡抚的富纲(1737—1800)举荐,接署云南按察使,前往平剿猓黑,因疾卒于军中。而甘鼎平猓苗,战无数,楚滇遂平。

八曰:屠述濂为官清廉,多施仁政,深得民心。所谓"利民之事,毅然必为。虽遭谴负累,弗顾也""滇省士民举为名宦"等。直隶总督那彦成评价道:"先德南洲先生在滇南以军功历官廉使,凡刑狱、赋税、铜政、盐法以及安边戢民所建白数十事,所全活千万人。"②甘鼎亦多此惠政,无论在粤、在闽、在楚、在滇,均为人感念,最后甘鼎在平交阯、建行省后,归隐林下。

---

① (清)屠绅著《蟫史》,梅竹氏藏板磊砢山房刊本,《古本小说集成》上海古籍出版社 1994 年影印。
② (清)那彦成撰《屠氏族谱续编序》,《屠氏族谱续编》上编,屠之申纂修,道光八年刻本。

屠述濂所撰《仓神传》一文，曾述其掘地得石匣之事，屠绅亦写入小说《蟫史》第一回中，名为"甲子城掘井得奇书"。屠述濂《仓神传》文曰："则空仓被积雪压而墙倒，且地塌，疑其下有蛇穴，或硕鼠出没也。寻之，得石匣。开视，楮泽如露，字稍漶可读，盖'仓神传'也。……"①屠绅《蟫史》则云："井旁有一穴，四围皆石砌，请烛之。蠋生忻然，命携炬自縋而下，良久捧一箧出……"综上，则屠述濂无疑应为《蟫史》主人公甘鼎的人物创作原型。

---

① （清）屠绅撰《鹗亭诗话》，金武祥编《粟香室丛书》，光绪年间刊本。

第六章 《再生缘》作者陈端生家世家学考

清代杰出的女性文学家陈端生创作的弹词小说《再生缘》,与《红楼梦》齐名,有"南缘北梦"之说。新时期以来,又因陈寅恪与郭沫若两位先生的推崇,则其声誉更加知名与伟大。

陈端生,生于1751年,卒年不详,著作除《再生缘》外,尚有《绘影阁诗集》。《再生缘》共二十卷,陈端生共创作完成了十七卷,其余三卷由另一位女作家梁德绳续写,最后由女作家侯芝整理成八十回本传于世间。梁德绳(1771—1847),字楚生,号古春老人,浙江钱塘人,工诗、能书、善琴,尤长篆刻,著有《古春轩诗钞》两卷,后附词一卷。梁德绳出身世家,其父梁敦书,其祖梁诗正,皆清代名宦;其夫许宗彦,嘉庆四年进士,官至兵部主事,后以亲老辞归,著有《鉴止水斋集》。侯芝(约1768—1830),字香叶,号香叶阁主人、修月阁主人,江苏上元人,进士侯学诗之女,著名文学家梅曾亮之母。幼承家学,通经史,性好吟咏,尤善弹词改写,作品有《再生缘》《玉钏缘》《锦上花》《金闺杰》等。

陈寅恪先生标举《再生缘》为"史诗""巨制"。其文云:"《再生缘》之文,质言之,乃是叙事言情七言排律之长篇巨制也……鄙意《再生缘》之文最佳,微之所谓'铺陈终始,排比声韵','属对律切',实足当之无愧。而文词累数十百万言,则较'大或千言,次犹数百'者,更不可同年而语矣。世人往往震矜于天竺、希腊及西洋史诗之名,而不知吾国亦有此体。"[1]至郭沫若,则将陈端生与司汤达和巴尔扎克并论。其文云:"如果从叙事的生动严密、波浪层出,从人物的性格塑造、心理描写上来说,我觉得陈端生的本领比之十八九世纪英法的大作家们,如英国的司格特、法国的斯汤达(司汤达)和巴尔扎克,实际上也未遑多让。"[2]随着作者与作品名望的日益提高,关于作者家世的问题也就越发显得突出。陈端生的家

---

[1] 陈寅恪著《论再生缘》,《寒柳堂集》,三联书店2009年版,第71页。
[2] 郭沫若著《再生缘序》,载于郭沫若校订本《再生缘》卷首,北京古籍出版社2002年版,第6页。

世问题是一大疑案,聚讼纷纭,由来已久,至今仍然没有圆满解决。① 陈寅恪先生尝以未见陈端生家谱为憾,其文云:"总而言之,未见陈、范两氏家谱以前,端生家世、夫婿问题实一悬案,不能满意解决也。"②笔者近检谱牒,得见有关陈端生家庭的两部文献:一为《陈氏宗谱云柯东宅》,一为《十五福堂笔记》。两部文献,通观一过,觅得陈端生家庭家世若干重大线索,故缀文补论。并兼及陈氏家学与世系传承,以见其家风百年不坠。

第一节 《云柯宗谱》的编纂及价值

《陈氏宗谱》为手稿本③,一册,楷书,不分卷,亦不题撰人,封面题署《陈氏宗谱云柯东宅》(下文称《云柯宗谱》)。家谱正文依次为陈氏总图、陈氏宗谱、陈氏家谱序、云柯东宅、云柯西宅、云柯后宅、云柯眉山东宅迁居杭城陈氏裔开后、陈氏迁杭族谱、陈氏迁杭世系表和陈氏迁杭世系总图等九个部分,最后列"墓表"一篇。观此《云柯宗谱》正文,顺序前后紊乱,"陈氏总图"与"陈氏宗谱"列于"陈氏家谱序"之前,而在"陈氏迁杭族谱"后又单列"陈氏迁杭世系表"和"陈氏迁杭世系总图",正文虽用楷书抄写,然字体不一,且有多处涂改,则知此《云柯宗谱》稿本实为修谱之草稿,后来又经多人不止一次补修。

按此《云柯宗谱》稿本虽不题撰人,但家谱正文"云柯眉山东宅迁杭世系图"内有陈兆崙的三条"按语"最可注意④。陈兆崙(1700—1771)是陈端生祖父,号句山,以文章名世,享誉乾隆一朝,世称星斋先生。陈兆崙雍正八年中进士,雍正十三年考取博学鸿词,任官太仆寺卿,有《紫竹山房诗文集》行世。陈兆崙的三条"按语"分别记于"云柯眉山东宅迁居杭

---

① 自陈寅恪1954年撰《论再生缘》(1978年发表于《中国文史论丛》第七、八两辑,2001年亦收入北京三联书店《陈寅恪集·寒柳堂集》内)自刊油印后,郭沫若亦怀补课之心情先后于1961、1962年在《光明日报》撰文予以回应,包括《谈再生缘和它的作者陈端生》《陈云贞寄外书之迹》《有关陈端生的讨论二三事》《读了绘声阁续稿与雕菰楼集》等文,后皆录入2002年北京古籍出版社出版的郭沫若自校订本《再生缘》卷首。
② 陈寅恪著《论再生缘》,《寒柳堂集》,三联书店2009年版,第50页。
③ 手稿本《陈氏宗谱》,藏于国家图书馆;台湾文海出版社1974年《清代稿本百种汇刊》曾影印出版,史部册三六。
④ 署名桥下殷家洋著《陈氏宗谱略考》,认为此谱与陈兆崙续修谱可谓风马牛不相及,有误。http://winzj888.blog.163.com.

城陈氏裔开后"中元宰公、宗震宗豫公和宪之茂之玉之公之后：

> 曾侄孙兆崙谨按，元宰公本姓施氏，自幼继屏涵公为第三子。姚邑云柯眉山，别名施马陈，盖以此三大族最盛，别姓居此者寥寥，故即以施马陈名之。三族世为婚姻。考旧谱，陈氏出继施姓者，亦复不少，以族大，遂不归宗，其常也。曾叔祖博学工诗，书法绝伦，先大夫为不孝兆崙言："兆崙生满一月，曾叔祖抱置膝上薙胎发，命名一贤。"计其时，曾叔祖年约在七旬以上，但失记生卒月日，不敢臆断，应告诸尊叔，详注于左。
>
> 侄兆崙谨按，久离乡井，上二位伯叔后嗣颇失记忆，须问明增入。
>
> 右三祖讳失考，宪之等其字也。茂之四子，长铭远、次□远、次毂远、次□远，亦失其讳，向居塔儿头大树脚下及江干正阳门外，今不知迁往何处，诸叔辈无下落，垂三十年矣。①

这三条"按语"亦见载于"陈氏迁杭世系表"内。揆其语气，此草谱当为陈兆崙首先从旧谱中抄录。由"按语"中兆崙"久离乡井""诸叔辈无下落，垂三十年矣"等句，则可考知陈兆崙首次抄录具体时间。王鹤鸣先生《中国家谱总目》著录该谱，云此谱："陈兆崙纂修，清抄乾隆间修本。……佚名增补至清道光九年。"②

《云柯宗谱》正文末有一篇墓表，陈兆崙所撰，原题"万家峪陈氏元燮府君墓表"，后改题"皇清诰赠通奉大夫通政使司副使曾祖考元燮公、诰赠夫人继曾祖妣章夫人合葬墓表"，落款题署"乾隆二十有六年岁在辛巳，曾孙兆崙百拜谨述"，其中"谨述"亦为改文，原文为"书"。文题与落款的修改自可证《云柯宗谱》当为草谱，不是正式谱。同时，落款题署又为抄录此谱的时间提供了重要线索。陈端生从叔陈玉绳尝撰《句山年谱》，载于《紫竹山房诗文集》卷首。《句山年谱》载其乾隆二十七年行实云："正月送乾隆南巡。二月以皇太后万寿覃恩奏恳本身及妻室应得封典貤赠曾祖父母，得旨'俞允'。赠曾大父元燮公为通奉大夫、通政使司副使加二级，又军功加一级，曾大母王、继曾大母章皆夫人，祖、父二世亦如之。"则此《墓表》的改文必在乾隆二十七年二月"貤赠"以后，而原文撰

---

① 《陈氏宗谱》，台湾文海出版社1974年《清代稿本百种汇刊》曾影印出版，史部册三六。

② 王鹤鸣主编《中国家谱总目》，上海古籍出版社2008年版，第2328页。

写则在乾隆二十六年,由此可推知陈兆崙抄录《陈氏宗谱》时间亦在乾隆二十六年或稍前。陈兆崙是在雍正八年入京考取进士,因朝考失误,外放福建,主讲鳌峰书院,后又于雍正十三年入京保举鸿学博词,乾隆元年留京任内阁中书。则若以雍正八年离乡进京计算,至乾隆二十六年整三十年,恰于前述兆崙宗谱按语"垂三十年矣"暗合。

陈兆崙《紫竹山房诗文集》卷十一有《续修宗谱序》一文,言陈氏修家谱事甚详,则其题署为"乾隆二十有九年岁次甲申秋九月九日,二十二世孙兆崙百拜谨书",说明修谱完成时间当在乾隆二十九年。且关于陈氏修谱事,则其文云:

> 窃独念如愚公始作宗谱,才六世耳。至尚书公复修,始续六世以下至二十世以上不等。绍兴至嘉靖阅年,而尚书又以既耄余年幸得次办中间,如发引钧,其不坠者仅矣。嘉靖至今又阅年,而吾从大夫("从大夫"当为"从大父",即从祖),年逾耳顺,二十世上下略无籍记,坐令先人残帙徒饱鼠蟫,而后来者如坠雨不收,腐草同尽,谁之罪欤?①

陈兆崙记载其先人修谱有两次:一次是在南宋绍兴时期,由如愚公始修;一次是在明代嘉靖时期,由尚书公续修,则至清乾隆时陈兆崙修谱则是三修。前引《皇清诰赠通奉大夫通政使司副使曾祖考元燮公、诰赠夫人继曾祖妣章夫人合葬墓表》亦有文云:"涵屏公(陈兆崙高祖)……抚膺叹曰:'陈元燮者好男子,可惜!'就枕亟出《宗谱》付从祖曰:'是为宋绍熙间进士如愚公所作,明尚书雍公续修,越今近者且百五十年矣。'其谨藏以俟来者。嗟乎!待河之清,人寿几何?岂不痛哉!"是故,陈兆崙在乾隆二十六年左右所抄录的《云柯宗谱》的底本当是其从祖继自先人尚书陈雍撰修的《宗谱》,而陈兆崙的三修《陈氏宗谱》刊本则以此抄本为底本,历时三年,至乾隆二十九年告竣。

《云柯宗谱》正文后的《墓表》不见载于嘉庆时刊刻的《紫竹山房诗文集》里,说明刊刻文集者未见此《云柯宗谱》稿本。陈端生堂弟陈桂生有孙陈元禄,道光、咸丰时人,保举知县,历官南皮、静海等县知县,著有《十二种兰亭精舍诗集》《青坞山民近诗合刻》等,其《自订年谱》亦多次提及

---

① (清)陈兆崙著《续修宗谱序》,《紫竹山房诗文集》卷十一,《四库未收辑刊》第九辑二十五册,北京出版社1997年影印。

了《陈氏家谱》。其文云：

> 三月女蟾生，后读《家谱》知次辉公幼名福蟾，追改曰蝉。（道光二十四年）
>
> 十一月奉武太夫人命挈严孺人省先公先妣京师。余以家藏《族谱》及太仆公遗墨携之以行，甫逾月而吾家火至，藏书悉烬，是迨先人阴相之耶？（道光二十四年）
>
> 正月二十日午时奉考妣灵榇合葬焉。亡室严恭人遗榇久淹，欲别葬，则力有未逮。欲附葬，又恐于礼不合。质之秋岘先生并邵位西员外懿辰，佥曰可。又考《家谱》迁杭四世祖元燮公夫人王氏早殁，葬于法公埠李氏祖妣之下，知先世有行之者，议遂定。（咸丰八年）①

此三条提及陈元禄家藏《陈氏宗谱》亦当为陈兆崙三修谱刊本，亦有可能是陈氏后人的四修谱，由谱内记载家族墓葬情形，则知此谱要远比《云柯宗谱》稿本详细。从上述引文看，道光二十四年陈元禄家中失火，藏书悉烬，则可想见陈氏家藏书，包括陈端生的其他著作如《绘影阁诗集》当是在劫难逃了。因此在没有发现陈兆崙编撰的刊本《陈氏宗谱》之前，《云柯宗谱》稿本实为考证陈端生家世的第一手材料，其价值自是弥足珍贵。

《云柯宗谱》稿本先经陈兆崙于乾隆年间从旧谱抄录以后，后于嘉庆、道光年间，陈氏后人又不断增补。在"迁杭世系总表"中，陈氏后人迁杭世系从第一世列至第十一世，人物"小传"中已有嘉庆和道光纪年。如陈桂生，是陈端生堂弟，乃其胞伯陈玉万之子，谱载为第九世，其"小传"云："继室武氏，以子宪曾贵，道光三年敕封孺人。侧室周氏，嘉庆二十四年以子继曾贵，貤封孺人，道光三年晋赠宜人。"至第十世陈宪曾，其"小传"则云："幼名增寿，字圣时，号吉甫，又号铁桥，娶钱氏，生一子元禄。嘉庆癸酉科举人，道光壬午恩科进士，翰林院编修，生于嘉庆元年丙辰六月初五日丑时。"此"小传"中不记陈宪曾卒年，所生一子陈元禄亦不记生年，而其仕宦亦仅记其道光二年中进士和授翰林院编修。另外，陈元禄之子陈忠伟，字仲彦，光绪乙酉科顺天乡试举人，曾任盖平县知县。其乡试

---

① （清）陈元禄撰《陈元禄自订年谱》，《北京图书馆藏珍本年谱丛刊》册一六六，北京图书馆出版社1999年影印版，第1页。

《朱卷履历》,提及陈宪曾先后历官有"左右春坊、中允赞善、侍讲侍读学士、詹事府詹事,道光戊子广西乡试正考官……文渊阁直阁事"①等,而《云柯宗谱》稿本对陈宪曾的历官一概不记,则说明《陈氏宗谱云柯东宅》稿本的最后一次增补当在道光五年(1825)以前。

第二节　陈端生家庭先祖与家学

《云柯宗谱》正文有《陈氏家谱序》一则,不题撰人,不署时间,然其记叙陈端生始祖陈崧、始迁云柯眉山祖陈皋及云柯亚六派三支甚详。其文有云:

> 按旧谱昉自宋之中叶,始祖崧景山府君生宪,宪生闵,闵生四子,次子武功大夫京畿都统领讳升生六子,第四子保义郎讳廷瑞生十二子,长子讳皋始迁居云柯眉山,葬宝幢湾山,是为第六世。子二:曰千念八、曰亚六,是为第七世。千念八二子:曾十五、曾十九居云柯后店,亚六四子,长宝一,次出继孙姓,旧谱失名,三曾五,四曾九。宝一居云柯西宅,曾五居云柯东宅,曾九居云柯后宅,是为第八世。后店传至第十三世仅有昭三、昭四二人,不著其嗣,故此下无凭查考。今以第七世亚六派东、西、后宅分列于左。

从序中可知陈端生先祖世系自南宋时始可备考,即始祖为陈崧,二世至六世分别为陈宪、陈闵、陈升、陈廷瑞和陈皋。而六世祖陈皋为迁云柯眉山始祖,其次子陈亚六,为亚六派派祖,下分三支,即云柯西宅、云柯东宅和云柯后宅。《云柯宗谱》正文所载即是此亚六派的三支家谱。

陈兆崙《紫竹山房诗文集》所载《续修宗谱序》亦述及先祖事,且陈崧、陈升及陈皋皆有传略,与上述《云柯宗谱·陈氏家谱序》可相表里。陈兆崙文云:

> 南宋有如愚者,绍兴间朱从龙榜进士,始作《宗谱》。就所知以讳崧字景山为始祖,凡六世。景山以前并阙其疑,诚慎之也。后世子孙藉是得知六世以上,并知四世祖升字仲德,于宣和间率乡兵御陆

---

① 关于陈忠伟举人中式《朱卷履历》,顾廷龙主编《清代朱卷集成》第一一九册,台北成文出版社1992年影印,第35—36页。

寇,毁家以济,建炎中复自将其客,用劲弩破金人,以功赐武功大夫,京畿都统领。升祖行辈及其诸子并有支派,传至于今,而其子廷瑞生十二子,长曰皋,始迁居邑之眉山云柯。①

陈如愚,南宋年间进士。陈兆崙说他所修《宗谱》开列的近祖六世,与《云柯宗谱·陈氏家谱序》内容完全一致,则可证明《云柯宗谱·陈氏家谱序》即便不是出自陈兆崙之手,亦足可征信。

陈兆崙《续修宗谱序》中亦述及始祖陈崧之前的家世情形,其文有云:

> 杭州士大夫家,多自宋室南渡以来。而陈氏独于吴越为土著,阅世久矣。隋开皇初,陈氏散处江淮间,有曰昌者流寓上虞之小穴。日昌生仁,仁徙居姚江之西夏少里,生太中常侍悦仁,于开皇二十年正月葬于所徙之地。自隋至宋,六百有余岁,其子孙日传,祖墓处所犹确信。岁在庚子,盗夷其墓,子孙有负土以掩者,得瘗砖,始灼知其纪年。及常侍以前世系皆有可考。然自常侍以后,谱牒零落,世次湮没。

陈兆崙自述家世渊源,为"吴越土著",在隋文帝开皇时,因陈国灭亡,子孙散处各地。并特意指出不是"宋室南渡"时迁来此地的。应该引起注意的是,《云柯宗谱·陈氏家谱序》之前亦有"陈氏总图"和"陈氏宗谱"两部分,是典型的一线谱,所录全为始祖陈崧以前的一线世系,甚至追溯至西周时期受姓祖胡公满。"陈氏总图"从周武王封胡公满于陈地受姓始,至汉代太邱长陈寔结束,中间经历西周、春秋战国和汉代;"陈氏宗谱"则从陈寔始,至南宋时陈崧结束,中间经历东汉、魏晋、隋唐和北宋时期。这两部分内容载在《云柯宗谱·陈氏家谱序》的前面,当为陈氏后裔抄补上去的。

陈兆崙曾云"自常侍以后,谱牒零落,世次湮没",知其所修《陈氏宗谱》刊本亦未详列陈崧之前的世系。按此,则可推知其后人似乎以此为憾,故在目睹了别种"陈氏大宗谱"稿后,特意将这两部分内容抄出以补此缺,亦未可知。然从陈兆崙言隋开皇后陈氏世系与《云柯宗谱·陈氏

---

① (清)陈兆崙著《续修宗谱序》,《紫竹山房诗文集》卷十一,《四库未收辑刊》第九辑二十五册,北京出版社1997年影印。

宗谱》所记不符来看，则可推知抄录此两部分内容的陈氏后人并不详悉陈兆崙《续修宗谱序》的内容，以致抄错。《云柯宗谱·陈氏宗谱》有陈崧的《世系录》，文云："崧，行一，字景山，配费氏，生一子宪。仕至吏部尚书，扈跸南迁，赠晋国公，葬下杨衕，有归厚庵。"从陈崧"扈跸南迁"来看，陈崧似乎为汴人，后南渡来浙，这与陈兆崙所说的"陈氏独于吴越为土著"相矛盾，故有学者认为《云柯宗谱》所记"陈氏总图"与"陈氏宗谱"与陈端生家世是"风马牛不相及"的。① 事实并非如此。因为陈崧原籍即为浙江人，后在汴梁为官，因金人南侵，便随高宗又南归，根本不是所谓南迁占籍于此地。

《云柯宗谱·陈氏宗谱》载陈崧父陈庆扬的《世系录》云："三策次子，字高节，山阴教授，配吴氏，生一子崧。"即为明证。再查《建康实录》，记载陈崧擅长水战，并对吴越间地理环境颇为熟悉。其文云："左卫将军陈崧、段秀等领甲卒千人渡水掩其未备，平明大破含军于越城，临阵斩前锋何康、邓岳等。"②又为一证。《云柯宗谱·陈氏总图》《云柯宗谱·陈氏宗谱》只是单线谱，其与陈崧之前的世系究竟是怎样的关系，在没有发现其他线索的情况下尚难考定，当然也不能全然否定。

第三节　陈氏云柯东宅迁徙

陈端生先祖世系，南宋始祖陈崧至第六世陈皋已明，下面再考云柯眉山东宅支世系及始迁杭州支世系，以至陈端生本身。

陈端生始迁云柯眉山祖为陈皋，陈皋次子陈亚六，为第七世，生子四，分三支，即云柯西宅陈宝一支、云柯东宅陈曾五支和云柯后宅陈曾九支。陈端生属云柯东宅陈曾五支，陈曾五为第八世。第九世以下至第十六世陈钧，分别为：陈胜二、陈惠三、陈思聪、陈均定、柔、昺、环、钧。《云柯宗谱·云柯东宅》后有按语，文云："以上东宅各房皆录至第十六世止，今统将十六世照谱逐名列如左，以便其子孙各自认祖名，自注传代于后。"后面详列第十六世"金"字辈"钦、金、铨、锐、锡、鏻、钰、钊、镜、铭、钧"共十一人。并于始迁杭祖陈钧后附其本人及其二子"小传"，文云：

---

①　殷家洋认为陈崧"扈跸南迁"表明陈氏是从北方南迁的，并据此认定《陈氏宗谱云柯东宅》与陈兆崙续修的《陈氏宗谱》是风马牛不相及的。大谬。桥下殷家洋著《再生缘作者陈端生的家谱——陈氏宗谱考略》，http://winzj888.blog.163.com.

②　许嵩撰《建康实录》卷六，中华书局 1986 年版。

钧,行廿七,字世重,号东桥,娶张氏,继娶叶氏,生二子(瑞龙、继龙)。始迁杭城。葬万家峪燕子窝。

瑞龙,行东十五,娶姚氏,继娶史氏,生二子:治蕃、治学。仍归葬眉山,留子治藩居杭。

治藩(治道),行左二十,娶孙氏,生四子一女。

治学,行左廿一,娶斯氏,生三子一女,后亦居杭。

在治学"小传"后加"按语"云:"谨按:钧祖长子(世道)之裔居杭城者,今已至二十二三四世不等,应别录,付居杭各房,子孙各注代数行列名字于下。"陈兆崙即"二十二世",此"按语"又为陈兆崙抄录《云柯宗谱》添一内证。揆此"按语"语气,陈兆崙三修宗谱的殷殷之情可见。前引陈兆崙《紫竹山房诗文集》卷十一有《续修宗谱序》载明嘉靖时先祖陈雍二修宗谱事。《云柯宗谱·云柯后宅支》记载陈雍世系甚详,则知陈雍乃"云柯后宅支"陈曾九之后,谱载为十四世,不是陈兆崙直系先祖,未录其"小传"。"云柯后宅支"后亦有"按语",文云:"谨按以上即云柯眉山官房(后宅),信即尚书公雍之祖,字好古,赠公;颐即尚书父,字师程,封公也。尚书公封典及履历照旧谱开载,兹不备录。文忠、文恩闻系尚书晚年之子,当尚书修谱时自应年少,未生有子,故不著,是未可。以别房十五世止者为例,尤须详考。"陈雍(1451—1542)字希冉,号简庵,享寿百龄,成化二十三年进士(1487),累官至南京工部尚书。其后陈文匡曾撰《明南京工部尚书进阶荣禄大夫简庵陈公年谱》,云:"先世陈氏出自上虞小穴,再传而徙居余姚夏少里。宋宣和建炎间有讳升者,以行谊起家。两御巨冠,授武功大夫。邑人至今颂之。厥后孙讳皋复徙眉山,寔百世不迁之宗也。"又云:"公姓陈氏,名雍,字希冉,别号简庵。公少时雅志好修,景慕先哲,因命名与仲弓同,遂以简号,作箴以自警焉。"①陈雍登进士,历官四朝,寿享百龄,颇有政声。《世宗实录》赞云:"(陈雍)操行端悫,所在有声,斯盖垂万世而不朽者欤。"

陈钧谱载为第十六世,至陈端生本身则为第二十四世,若以陈钧为迁杭始祖,则至陈端生为第九世,分别为陈钧、陈瑞龙、陈治道、陈相谟、陈文燨、陈培骏、陈兆崙和陈玉敦。陈钧与陈瑞龙二人"小传"前已述,不赘。

---

① (明)陈文匡撰《明南京工部尚书进阶荣禄大夫简庵陈公年谱》,《北京图书馆藏珍本年谱丛刊》册四一,北京图书馆出版社1999年影印版,第662页。

至陈治道,谱载第十八世,迁杭第三世,是陈端生的六世祖,陈兆崙的高祖。其"小传"略云:"字屏涵,初留居杭,出继赵氏,后归宗。娶赵氏,继孙氏,生四子一女。生于万历十八年(1590)庚寅五月初四日,卒于顺治十三年(1656)丙申闰五月二十三日,寿六十七岁。"

迁杭第四世陈相谟,即前述《元爕公墓表》的墓主,是陈端生的高高祖,陈兆崙曾祖。其生平事迹大略为:

> 治藩字涵屏,是生公。家于府城钱塘之丰宁坊紫竹园,俗呼句耳山是也。万历末,衰宗久落家贫。公年十有四,应募为县小吏,一切治办令君奇之。及年近壮,经明末之乱,户籍散亡,官失其守,布政使檄所属选能了官事、精书算者。县以名上,遂为十一路掌户籍及杂税之总吏。居数年,积纸笔,赢余足以赡家,而涵屏公及母孙相继殁。于是以疾辞于官,将游京师。推产于母弟,而自取其瘠者付二子。谓家人曰:"吾以先人在殡,未安窀穸,故思逐什一于外,大抵必累岁月,然后归耳。吾自度才分足以觅食,所余薄田亦足活汝曹,汝曹得免饥寒,死足矣,毋以我为念。"是时从祖年甫十岁余岁,我祖方在孕。阅二十年始归,而二祖已受室有子。解装创层楼以眺江湖,挥金资族戚援例仕进者数辈。自以积劳,久杜门。为女夫某偿撂蒲,负钱谷数十万,不以屑意。拟于湖上盖松茨数间,延名士为子孙讲学,身自谋课。暇则放浪山水间。画既定,而疾作。既病且剧,强起坐。抚膺叹曰:"陈无爕者,好男子,可惜!"就枕亟出宗谱,付从祖曰:"是为宋绍熙间进士如愚公所作,明尚书公雍公续修。越今近者且百五十年矣。其谨藏以俟来者。"嗟乎! 等河之清,人寿几何,岂不痛哉? 语毕呼孙骏,摩顶数四而卒。盖我父皋亭公素所奇爱,每晚食举盏,必抱置膝,赐酒肉,谓为有福相故也。

陈相谟生二子,长曰陈文焕,次曰陈文燫。陈文燫即陈端生高祖,迁杭第五世。其"小传"云:"幼名福蟾,字赞明,改字次辉,号越石。娶秦氏,生二子:长培骏,次未娶,殁。生于顺治十二年正月初七日戌时,殁于雍正二年六月初七日巳时,寿七十岁。"陈培骏,陈端生曾祖,迁杭第六世。其"小传"云:"幼名骏,字维岳,号皋亭,娶沈氏,生三子:兆崙、兆峒、兆岐。三女:长适汪、次适蒋、三早殁。生于康熙十四年闰月五月十六日午时,殁于乾隆八年三月二十四日丑时,寿六十九岁。"陈端生祖父陈兆崙,迁杭第七世,兄弟共三人,其"小传"分别为:

兆崙，幼名贤，字星斋，号勾山。娶周氏，生三子：玉万、玉敦、玉成。雍正癸卯科举人，庚戌二甲进士，乙卯内阁中书，乾隆元年丙辰博学鸿词二等第二名，授翰林院检讨，历任中允学士、京尹太常、太仆寺卿、尚书房侍直、诰授中宪大夫、通政使司加二级、军功纪录两次，崇祀乡贤。生于康熙三十九年十二月初六日申时，逝于乾隆三十六年正月二十六日寅时，寿七十二岁。

兆嵋，幼名贤二，字阎公，号眉山。娶徐氏，生一子，殇，一女适施，继娶张氏，无出。以兄子玉敦为嗣。雍正己酉科举人，榜名兆崑，丁巳内阁中书，乾隆三十六年以嗣子玉敦贵，诰赠奉政大夫、山东登州府同知。生于康熙四十一年壬午闰六月初八日午时，逝于乾隆三十一年丙戌正月十一日子时，寿六十五岁。

兆岐，幼名贤三，字支山。娶周氏，生一女，殇。继娶周氏，生四子：长季两子天殇，次子玉绳、幼子玉衡。乾隆十年以子玉衡贵，敕赠江西新喻县水北墟巡检，乾隆五十年晋赠文林郎，顺天宛平县典史。生于康熙四十三年甲申十一月十五日，殁于乾隆十三年戊辰八月初三日。

陈端生父亲陈玉敦，为陈兆崙次子，而其伯父则为陈玉万，属迁杭第八世。其世系"小传"分别为：

玉万，幼名敬，长名玉藻，改名玉万，字泰宇，号俨亭。娶吴氏，无出，侧室林氏，生五子：安生、椿生、桂生、佳生、桐生。乾隆庚午科举人，景山教习，山东济阳县知县。敕授文林郎。生于雍正元年五月二十日寅时，殁于乾隆四十四年八月初三日酉时，年五十七岁。

玉敦，幼名问，字受粱，号菊泉，娶汪氏。生一子：芝生；二女：适范、适叶。乾隆庚午科举人，甲戌内阁中书，山东登州府同知，诰授奉政大夫，历任江南江宁云南各府同知。生于雍正四年丙午三月初十日卯时，逝于嘉庆六年辛酉七月十一日午时，寿七十六岁。妣汪氏，诰授宜人，生于雍正四年丙午七月初八日巳时，逝于乾隆三十五年庚寅七月初四日卯时，时年四十五岁。侧室施氏，生于雍正十三年乙卯十月初八日寅时，逝于嘉庆十二年丁卯八月二十八日丑时，寿七十三岁。

据陈玉敦"小传"，则知其正室为汪氏，侧室为施氏，其二女一子均记于汪氏后，则知施氏无出。《云柯眉山东宅迁居杭城陈氏裔开后》中亦有陈玉敦世系录，其文云："玉敦，幼名问，长名玉敦，字受粱，雍正四年生，乾隆庚午同榜举人，内阁中书，娶汪氏，生一子：华生，殇。二女：端儿、庆生。妾施氏，生一女：长生。"则据此世系录，汪氏所生之子芝生并未记载，而汪氏另一子华生亦早殇。虽然如此，但是文中所记"端儿"，显然就是指陈端生，由汪氏，而陈长生为侧室施氏生，则知陈端生与陈长生实为同父异母姐妹。

陈长生，字秋谷，其夫为叶绍楏，字琴柯，号振湘，浙江湖州市人，乾隆五十八年（1793）进士，官至顺天府府丞、广西巡抚，著有《谨墨斋诗钞》。

《云柯宗谱》记陈端生家族世系至第十世"生字辈"，世系较略。如陈芝生，其"小传"略云："芝生，幼名顺，字序堂，号小眉，娶王氏，生二子：守曾、师曾；一女，适崔。由监生任广东灵山县林墟司巡检。生于乾隆三十一年丙戌二月二十九日丑时。"而第十一世陈守曾、陈师曾则不传。

陈兆崙长姊所适汪氏，即汪邦宪之母。陈端生父亲陈玉敦亦娶秀水汪氏，汪氏之兄，即陈端生母舅父汪孟𬭸、汪仲𬭸亦为乾隆十五年同榜举人，与陈玉敦、陈玉万兄弟实为同年。

第四节　陈端生家庭相关佚事

陈元禄所著《十五福堂笔记》，是嘉善张祖廉娟镜楼丛刊本，采用聚珍仿宋版刻印。张祖廉，浙江嘉善人，光绪二十八年举人，次年经济特科考取知县，著有《长水词》《定庵先生年谱外纪》等。陈元禄是陈端生从兄陈桂生曾孙，因此这本主要记录陈氏家族先世的一些传奇事迹的书籍，也就成了考证陈端生家庭的珍贵史料。陈元禄妻子严蘅亦有文名，著有诗集《嫩想庵残稿》和文言小说《女世说》。另外，《十五福堂笔记》在审美特色上也具有笔记小说的性质，其劝惩之意，比较突出，能够给人鲜明印象。

《高祖太仆公》一则曰："公面黑而身白，有异人见之曰：'是子铁面银身，必以文名当世。'幼时，每寝辄见白须人，长尺许，嘻嘻作抚状，习见之，不为怪，亦绝不与人言。及成人，始无所见。"此则记载，表现陈兆崙幼小时，便与众不同，会以文章显于后世。这就给陈兆崙蒙上了一层神秘色彩。

《中书世家》《西湖修禊事》《顺天武乡试》等则，或记载陈氏先人有三人曾考取内阁中书，或记陈勾山、陈眉山等参与西湖修禊事赋诗，或记陈勾山考取武三元等事实，这些显然是表彰祖先之德，以激励后人发愤读书,光耀门楣。

再如,劝人积德行善之篇章,亦有不少。如:

《典试湖北》一则,曰:"闱中当午,闻鬼啸不已。有卷欲弃,且留。竟用以充额榜。后知其祖父积德久也。"

《沈太夫人嗜食鳝》一则曰:"一夕,梦有尖帽青衣者数辈,伏地乞命。寤而异之。及晓见厨人携鳝数尾,尖头矗然,俨然梦中所见。遂戒不复食。"这是劝诫族人勿杀生。

《屏涵先生葬法公埠》一则曰:"同里周氏墓相距不数武,有松蜿蜒如盖,正覆公墓。侧有香樟一树,作半月形,里人呼为撒扇坟。道光戊己间蝗,大父祷于土神祠,树竟无恙。献一联曰:'树犹如此,蝗不为灾。'"

此外,还有诸则,可以补陈勾山、陈眉山年谱之阙者。比如:

> 太仆公充乾隆二年丁卯科会试同考官,本房得两文恭:一观保,字补亭,满洲正白旗人,授编修,官礼部尚书;一周煌,字海山,四川涪州人,授编修,官兵部尚书。

> 太仆公待值讲幄,赋《迎岁早梅》新诗,有"不嫌春洩漏,正值月嘉平"之句。高宗嘉赏久之。命于御用砚匣画梅一枝,刻诗其上。

> 从高祖陈眉山公论《离骚》"远游选署众神以并毂"句,云"选署众神"可谓狂极矣。放翁"诗狂欲上天",亦于屈平词中作贼也。等而上之,则刘禹锡"受籙平交五岳神",亦于此胎息。

> 公讳兆嵋,雍正己酉举人,官中书舍人。与太仆公唱酬,积稿甚富。里居火至,迄无存者。偶于旧簏中检得七绝三篇,敬录之。《早春杂诗》曰:"曲巷灯棚倚路斜,晓楼红袖倚窗纱。雪前旧有兰芽长,青箬筠笼唤卖花。"《秋海棠》云:"苦教红泪湿苍苔,雨后墙阴尽意开。肠断嫁时衣未制,恼人络纬故飞来。"《牵牛花》云:"秋容冷淡落疏篱,浅翠深红组织奇。纵好莫令思妇见,微云河汉感秋期。"

陈元禄除了重点描述两位高祖的事迹外,也描述了其他先世的一些事迹。如:

> 曾王父俨亭公,官山东济阳知县时,游大昆仑山,取竹筒载诗投海中。曰:"以贻六合外人。"黄孝子琛作六合泛诗图。

> 高宗朝既下采访遗书之诏,寻奉寄谕以前次献书之家或有因忌讳、违碍之书,存留不进。著各督抚酌委妥员亲往明白传谕,并不罪及藏书之家及著书之人等语。时从曾祖菊泉公以同知需次江宁,膺

是役，凡搜访写本书数百种，并竣得蒙甄叙。

裘文达公，先曾祖俨亭公庚午乡试座主也。薨时在言为燕子矶江神，命家人及门生故吏过其地者，必以卮酒祭之。先大父及家大人宦游所经，咸致敬焉。

陈无己工诗，陈道复善画。黄秋庵同知易尝隶书一联赠从曾祖怀祖公曰："觅句思无己，披图见白阳。"

先大父坚木公宰湖北大冶，时值江水骤涨，率吏民捍之。波势汹然，将及坐，左右请少避。公危坐不动，水忽逆流数丈。某搢绅赠诗"出语动惊雷，百里退潮何用弩三千"，指此也。

先大父抚吴时，陛见入都。道经邗上，某代奉神能悬笔濡墨作大字，诗词杂作，俄顷而成，独不言休咎。大父偕叔祖芝眉先生同行，因并诣焉。书盈联，大父曰："新民明德大人学，启后承先君子心。"叔祖曰："人言风度如苏辙，家有师传似宋郊。"

坚木公暮年家居，与里中及侨寓诸先辈为九老会。每集必作竟日谈。极湖山文酒之乐。时人比之香山洛社。近则殂谢几尽，惟茗琴先生巍然独存。瞻念老成，涕泪盈把。谨条列姓氏爵里如左，俾后之征文献者有考焉。

苏州府学新树石经，金匮钱梅溪隶书，坚木公撰文记之。

先曾祖王父赠资政大夫俨亭公，乾隆间主讲江宁凤池书院。未几，以劳卒于客。诸生感训迪恩，即院舍中设位奉祀。嘉庆己卯王父奉命署两江总督，遂于院旁别构隙地，建楼三楹，为公神祠，名其楼曰承训。

坚木公以道光庚子九月薨于晨第，哀挽之词，无虑百数。惟姚亮甫中丞挽联曰：节钺盛才名廿载乡邦遗老一衣冠，凄画象百年闻望达尊三极为典重。

咸丰纪元六月，叔祖芝眉先生驰书谕元禄曰：汝继叔祖母捐封事，已托吴中翰办理。汉上晤邵司马，谓三娶不必请捐，只须言继配，即可混过取巧。而自都门至者，亦咸主此论。余不谓然。此等取巧，无以对死者。于心不安，即于理不顺。元禄报书曰："侄孙愚以为不仅此也天下至虚至无用，而不容丝毫假借者名器也。诰勒而可混过可取巧，亦何重乎诰敕哉！当敬谨笔之载记，以惩偷俗而示后人。"

侯官林文忠爱才若渴，士有一言一事之可录者，必详籍之名夹袋。家叔祖芝眉先生，文忠观察杭嘉湖道时所识拔也。后叔祖官滇南，文忠督东河，叔祖远铜入都，谒于秭上。文忠贸宿节署，濒行以一联赠行。曰:"点苍山下来仙吏,太白楼头约酒人。"

　　先世父廉峰公官汀州同知。时有民家以误服铅粉垂死者,公令捣皂角入清油灌之,须臾大呕而愈。幕客请其故,公笑述之。盖尝见梨园中以粉涂面者,欲去之,则以油洗,而皂角又令人欲呕者也。

最后,是书以梅曾亮所撰陈元禄父亲陈宪曾的"墓志铭"为压卷之作。其有文云:"君为人有节概,重然诺,遇贵要人及贫窭故人子,不以轻重生意,亦不以应人求有慢色。为人请事,即有所强聒,不视人颜色自沮。虽在窘急中,见求助者为卑语苦言,辄噤不忍辞,忘己急以应。其心常恢恢然,不疑人欺。"梅曾亮,江苏上元人,字伯言,道光二年进士,是继姚鼐之后清代中晚期文坛中坚人物,著有《柏枧山房集》。

第七章 吴敬梓家世家学与《儒林外史》创作本旨考

第一节 吴敬梓家学及其治经说诗

吴敬梓（1701—1754），字敏轩，号粒民，一号文木老人。安徽全椒人。不仅是清代杰出的小说家，也是卓有成绩的学者，甚至被誉为"大文豪"。胡适曾撰《吴敬梓传》，有文云：

> 我们安徽的第一个大文豪，不是方苞，不是刘大櫆，也不是姚鼐，是全椒县的吴敬梓。①

吴敬梓的著作除《儒林外史》《文木山房诗集》《文木山房文集》外，还著有探讨《诗经》的专著《文木山房诗说》。吴敬梓涉猎群经，穿穴文史，不为汉宋诸家所限，颇有新解，胜义叠出。程晋芳在《文木先生传》说："与余族绵庄为至契，绵庄好治经，先生晚年亦治经。曰：'此人生立命处。'"②绵庄，即程廷祚（1691—1767），字启生，绵庄其号也，乾隆元年举鸿学博词，著有《易通》《尚书通议》《青溪诗说》等。吴敬梓治经，即包括《诗经》和《书经》。在为朋友江宾谷所作的《尚书私学序》中，吴敬梓评价江宾谷探讨《尚书》："不在宋儒下盘旋，亦非汉、唐诸贤所能笼络。"③这一著名论断是针对当时学术上的汉宋之争而发的，不仅称赞江宾谷的《尚书私学》在治学上无门户之见，而且体现了他本人治《尚书》唯理是从的精神。可谓立意高远，给今人的治学带来了很大的启发。江宾

---

① 胡适著《吴敬梓传》，《胡适古典文学研究论集》，上海古籍出版社 1988 年版，第 1060 页。

② 朱一玄、刘毓忱主编《儒林外史资料汇编》，南开大学出版社 2003 年版，第 132 页。

③ 朱一玄、刘毓忱主编《儒林外史资料汇编》，南开大学出版社 2003 年版，第 191 页。

谷即江昱(1706—1775),廪生,广陵人,文学家、经学家,尤好《尚书》,著有《尚书私学》,被袁枚称为"经痴"。

尤其值得一提的是,对于《诗经》的研究,从吴敬梓高祖吴沛起,成为家族世代相传的学问,真正做到了"诗书传家"。吴敬梓远祖家世显贵,乃是春秋时期吴国君主仲雍后裔,这是颇能引起他的自豪的。《移家赋》自谓:"我之宗周贵裔,久发轫于东浙。"注曰:"按族谱高祖为仲雍九十九世孙。"吴敬梓曾祖吴国对和吴国龙是孪生兄弟,均中进士,曾同朝为官。李蔚撰《清礼科掌印给事中吴公墓表》有文云:"公讳国龙,先世居东瓯,高祖聪,迁江宁之六合。又迁全椒,遂为全椒人。曾祖凤。祖谦。父沛。"吴国对、吴国龙的父亲吴沛,即吴敬梓的高祖,字宗一,号海若。有文名,陈廷敬称之"为东南学者宗师"。也正是从这一代起,吴敬梓家族从业农、业医而攻儒。吴敬梓《移家赋》云:"爰负末以横经,治再囊而业医。……翻《玉版》之真切,研《金匮》之奥奇。"吴沛对于《诗经》颇有研究,著有《诗经心解》,另有《西墅草堂遗集》。吴敬梓《移家赋》谓吴沛:"自束发而能文,及胜衣而稽古。绍绝学于关闽,问心源于邹鲁。"吴敬梓曾祖辈共五人,四中进士。朱彭寿《旧典备征》记之甚详,其文云:

> 同胞兄弟有四人并擢甲科者殊鲜,特志之。安徽全椒吴沛子国鼎明崇祯癸未、国缙顺治壬辰、国对顺治戊戌探花、国龙明崇祯癸未。

其中吴国鼎和吴国缙均对《诗经》有独道的研究,并有专著。吴国鼎著有《诗经讲义》,吴国缙著有《诗韵正》。此外,吴国鼎著有《过园集》、吴国缙著有《世书堂集》四十卷、吴国对著有《诗乘》、吴国龙著有《心远堂集》等。关于吴敬梓著《诗说》,在文献中亦多有记载,如程晋芳说吴敬梓"著有《诗说》若干卷"[1],王又曾则说"《诗说》八卷"[2],沈大成却说"《诗说》数万言"[3],章学诚与金和都说是七卷[4]。虽然诸家记载吴敬梓的《诗

---

[1] 朱一玄、刘毓忱主编《儒林外史资料汇编》,南开大学出版社2003年版,第132页。
[2] 朱一玄、刘毓忱主编《儒林外史资料汇编》,南开大学出版社2003年版,第129页。
[3] 朱一玄、刘毓忱主编《儒林外史资料汇编》,南开大学出版社2003年版,第141页。
[4] 朱一玄、刘毓忱主编《儒林外史资料汇编》,南开大学出版社2003年版,第149、279页。

说》卷数不一,但其治《诗经》则是一致公认的。一般认为吴敬梓的《诗说》已失传。1999年,周兴陆在上海图书馆发现了该书抄写本,封面题为《文木先生诗说》,共四十四篇,中间第十七、十八两页缺损,约为一篇说诗的内容,剩下四十三篇,共一万一千余字。周兴陆发现不久,即在《复旦学报》上发表了《〈诗说〉劫后复存》一文,详细叙述了发现的经过,并公布了《诗说》全文,这在学界引发了研究《诗说》以及其与《儒林外史》比较的热潮。①

《儒林外史》第三十四回"议礼乐名流访友 备弓旌天子招贤"中,吴敬梓曾述及杜少卿与迟衡山、马纯上等"说诗"事,谈到《凯风》《鸡鸣》和《溱洧》等篇。其中《凯风》和《鸡鸣》两篇恰好见于《文木山房诗说》中,分别为第十六篇的《七子之母》和第二十篇的《鸡鸣》。通过比较,发现《文木山房诗说》中这两篇和小说中的相关内容基本相同。

关于《凯风》,《文木山房诗说·七子之母》载:"朱子谓:'卫之淫风流行,虽有七子之母,犹不能安其室,故美七子能尽孝道,以慰其母心,而成其志,作《凯风》之诗。'孟子曰:'《凯风》,亲之过小者也。'如因淫风流行,背其死夫,弃其生子,而思再嫁,谓之过小,可乎?窃意'不安其室'云者,或因饮食兴居稍不快意,年老妇人未免嚣凌诟谇。七子故痛自刻责不能善其孝养,以慰母耳,未必因思再嫁也。古者,女子二十而嫁,已生七子,三年乳哺,至第七子成立之时,母年殆将五十,岂有半百老媪,而欲执箕帚为新妇者哉!读孝子之诗而诬孝子之母,予心有不忍焉。故立此说,以俟后之君子。"②而在《儒林外史》中,吴敬梓借杜少卿说:"朱文公解经,自立一说,也是要后人与诸儒参看。而今丢了诸儒,只依朱注,这是后人固陋,与朱子不相干。小弟遍览诸儒之说,也有一二私见请教。即如《凯风》一诗,说七子之母想再嫁,我心里不安。古人二十而嫁,养到第七个儿子,又长大了,那母亲也该五十多岁,哪有想嫁之礼!所谓'不安其室'者,不过因衣服饮食不称心,在家吵闹,七子所以自认不是。"经过比较,不难发现,吴敬梓无论在《诗说》中,还是在《儒林外史》,对于《凯风》一诗都持有相同的观点,并且都主张七子是以仁孝为本的观念。

而于《鸡鸣》,《文木山房诗说·鸡鸣》载:"朱子读《女曰鸡鸣》之诗,

---

① 周兴陆著《吴敬梓诗说研究》,上海古籍出版社2003年版,第5—9页。
② (清)吴敬梓撰,周延良笺证《文木山房诗说笺证》,齐鲁书社2002年版,第99—100页。

曰：'此诗意思甚好，读之有不知使人手舞足蹈者。'诸儒所解者亦甚多，究未得此诗之妙在何处。窃意此士乃乐天知命而能化及闺房者也。人惟功名富贵之念热于中，则夙兴夜寐，忽然而慷慨自许，忽焉而潦倒自伤。凡琴瑟、罇罍、衣裳、弓檠，无一而非导欲、增悲之具。妻子化之，五花诰、七香车，时时结想于梦魂中，蒿簪、綦缟，亦复自顾而伤怀矣。故王章牛衣之泣，注其贫也。所以终不免于刑戮。即伯鸾之妻，制隐者之服，犹谷立隐者之名也。此士与女岂惟忘其贫，亦未尝有意于隐。遇凫雁则弋，有酒则饮，御琴瑟则乐，有朋友则相赠，士绝无他日显扬之语以骄其妻，女亦无他日富贵之想以责其夫。优游暇日，乐有余闲。此惟三代太和宇宙时，民间或不乏此，而郑当淫靡贪乱之世，乃有此修身、齐家之君子。故诗人述其夫妇之私言，佩诸管弦，便可使威凤翱翔，而游鱼出听也。比户尽如此士女，倘所谓风动时雍者矣。其所关于人心政治者，岂细故哉！"①《儒林外史》中作者则借杜少卿说："但凡君子横了一个做官的念头在心里，便先要骄傲妻子，妻子想做夫人，想不到手，便事事不遂心，吵闹起来。你看这夫妇两个，绝无一点心想到功名富贵上去，弹琴饮酒，知命乐天。这便是三代以上修身齐家之君子。"同时吴敬梓又借杜少卿之口痛诋娶妾陋习，认为："娶妾的事，最伤天理；天下不过是这些人，一个人占了几个妇人，天下必有几个无妻之客。人生须四十无子，方许娶一妾；此妾如不生子，便遣别嫁。"可见吴敬梓说诗，主张不要只依朱注，要与诸儒参看，认为《女曰鸡鸣》一诗之旨不在于是否淫佚，而在于乐天知命、不以功名富贵为念。而关于功名富贵观念，恰是《儒林外史》一书贯穿前后的主旨所在。

  吴敬梓《诗说》这一著作的发现，意义重大，不仅在于为小说中相关的情节提供了直接的素材和可资参照、借鉴的文献，而且能够从中窥见作者吴敬梓的思想观念，这对于探讨《儒林外史》思想主旨无疑是有帮助的。

第二节 《七子之母》与《儒林外史》的孝道观念

  通过《儒林外史》与《诗说》的内容，能够容易考证出吴敬梓的家庭观

---

① （清）吴敬梓撰，周延良笺证《文木山房诗说笺证》，齐鲁书社2002年版，第109—100页。

念与孝道思想。

《凯风》一诗,今人注为:"这是一首儿子颂母并自责的诗。"①这是否完全符合诗之本意,我们姑且不论。但是如此解诗,其所秉持理念是与古人不同的,尤其与汉儒、宋儒的解释不同。

《诗序》作者认为:"美孝子也!卫之淫风流行,虽有七子之母,犹不能安其室,故美七子能尽孝道,以慰其母心,而成其志尔。"郑氏笺曰:"'不安其室',欲去嫁也;'成其志'者,'成',言孝子自责之意。"《毛诗故训传》认为:"不安其室,思再嫁也。"孔颖达疏在此基础上又发挥说:"成其孝子自责之志也。此举孝子之美,以恶母之欲嫁,故云虽有七子之母,犹不能安其室,则无子者,不能安室可知也。"孟子认为:"亲之过小者也。"也是在承认了七子之母是"思再嫁"的前提下进行评说的。朱熹《诗集传》解此诗,也与此相同,认为:"母以淫风流行,不能自守,而诸子自责,但以不能事母,使母劳苦为辞。婉辞几谏,不显其亲之恶,可谓孝矣。"②综观以上汉儒、宋儒诸说,都是认为此诗是写母亲要再嫁的,而七子自责以表达孝子之思。

《儒林外史》第三十四回中,杜少卿说《凯风》一诗,认为:"说七子之母想再嫁,我心里不安。古人二十而嫁,养到第七个儿子,又长大了,那母亲也该有五十多岁,那有想嫁之理!所谓'不安其室'者,不过因衣服饮食不称心,在家吵闹,七子所以自认不是。这话前人不曾说过。"吴敬梓《文木山房诗说》中的《七子之母》篇,内容更为详细:"窃意'不安其室'云者,或因饮食兴居稍不快意,年老妇人未免嚣凌诟谇。七子故痛自刻责不能善其孝养,以慰母耳,未必因思再嫁也。古者,女子二十而嫁,已生七子,三年乳哺,至第七子成立之时,母年殆将五十,岂有半百老妪,而欲执箕帚为新妇者哉!读孝子之诗而诬孝子之母,予心有不忍焉。故立此说,以俟后之君子。"

对于七子之母的"思再嫁"问题,吴敬梓认为是不妥当的,并对此进行了严厉的批判。他认为,七子"痛自刻责不能善其孝养",是因为家中日常琐事使母亲不快,生活饮食起居使母亲不安;而绝不是什么母亲为了"淫风流行"就"思再嫁";孟子、汉儒及宋儒说诗,让一半百老妪"执箕帚为新妇"是于情理不合的,况弃其七子,本身又是"诬孝子之母"失其慈

---

① 程俊英,蒋见英著《诗经注析》,中华书局1991年版,第80页。
② 程俊英,蒋见英著《诗经注析》,中华书局1991年版,第81页。

心。吴敬梓的新说可以说既突出了七子之孝,又赞扬了七子之母的慈爱之心,也维护了七子之母的尊严贞洁。真可谓:"一言解颐妙义出,《凯风》为洗万古诬。"①这一观点与今人的解释相差无几。可以说具体体现了吴敬梓"不在宋儒下盘旋,亦非汉、晋诸贤所能笼络"的治经精神,突出表现了吴敬梓的完美的孝道观念。与吴敬梓同时代的学者,也同样对于汉儒宋儒的解说不满,比如范家相《诗沈》就辨此诗无"母嫁"之意,说:"孟子曰:'《凯风》,亲之过小者也。'若既已改嫁,则义与父绝,非小过矣。盖不安其室,而七子作此以自责,欲嫁而中止,故曰'小过也',诗无母嫁之意,甚明。"魏源又根据《孟子》里把《凯风》和《小弁》相并提,《小弁》诗是咏诗人为后母虐待之事的,以为《凯风》为七子孝其继母之诗。② 这两种解释,也都认为没有"母思再嫁"之意,避免了赞美孝子与恶母再嫁之间的矛盾。然而均没有吴敬梓的解释通达、透彻,因为吴敬梓说诗是直接从诗意、从情理出发的。

吴敬梓说诗如此重视孝道,这一点在《儒林外史》中也是得到印证的。

《儒林外史》思想内容的深刻性,可以说,不仅表现在对否定性人物和文化现象的批判、讽刺之中,而且表现在对肯定性人物和文化现象的赞美、反思之中。在吴敬梓笔端所歌颂的人物,莫不以"孝"闻。如"楔子"中,写王冕七岁上死了父亲,母亲只好做些针线,供给他去读书;后来家境更艰难,母亲只好让他到邻居秦老爹家放牛。当母亲将这一想法告诉他时,王冕道:"娘说的是。我在学堂里坐着,心里也闷;不如往他家放牛,倒快活些。假如我读书,依旧可以带几本书去读。"此后,在秦老爹家放牛,每遇秦家煮些腌鱼、腊肉给他吃,他便拿荷叶包起来,给母亲吃。一个十来岁孩子如此孝顺母亲,真可催人泪下。王冕在历史上实有其人,但小说中这一情节却不见于《明史·王冕传》,也不见于明人宋濂《宋学士文集·王冕传》、清人朱彝尊《曝书亭·王冕传》。吴敬梓如此构造情节,显然旨在借王冕的事亲至孝为世人立一榜样。

除了楔子中的王冕之外,作者于正面赞美人物还有马二先生、杜少卿、虞育德、萧云仙、庄濯江等,他们无一不是崇尚孝道的。杜少卿是书中作者推举的一个极为重要的人物,他是一个有名的孝痴。他甚至"但凡

---

① 朱一玄编《明清小说资料选编》,南开大学出版社2006年版,第781页。
② 周兴陆著《吴敬梓诗说研究》,上海古籍出版社2003年版,第97—98页。

说是见过他家太老爷的,就是一条狗也是敬重的"。娄焕文不过是他家太老爷的一个门客,然而当其害病时,就"养在家里当做祖宗看待,还要一早一晚自己伏侍"。虞育德给人家看完葬坟地之后回家,得知有人因父亲病死无钱埋葬而欲跳水自杀后,便马上送给他四两银子,并说:"这是你的孝心,但也不是寻死的事。"萧云仙因修城工被工部核减追赔不得不回到家里,恰值父亲病死,萧云仙呼天抢地,尽哀尽礼,治办丧事。心里叹息道:"人说'塞翁失马',未知是福是祸。前日要不为追赔,断断也不能回家,父亲送终的事,也再不能自己亲自办。可见这番回家,也不叫做不幸。"可见在其心中,孝还是第一位,做官侍君则次之。

吴敬梓在写到那些读书人在仕途上逐渐堕落时,也是以孝悌观念的消退或丧失作为标志的。比如范进参加乡试回来,母亲已经饿了三天,他急忙抱了鸡去集上卖,好买几升米煮粥吃,这可见出他的朴拙和有孝心。可是中举后,母亲归天,却不管大礼上行得行不得,拿母亲去世一事,竟与张敬斋一起跑到高要县汤知县那里打秋风。再比如荀玫与匡迥二人,本来都是诚实的农民子弟,可是科举考中后,荀玫在王惠的怂恿下,竟去谋求范进要将自己父亲去世的消息瞒下,来一个匿丧不报;匡迥为考取内廷教习,母亲病危在家却根本不闻不问,又停妻再娶,人伦可说是丧失殆尽。

《论语·学而》:"孝弟也者,其为人之本与!"《孝经》:"夫孝,德之本也,教之所由生也。"《大学》:"古之欲明明德于天下者,先治其国;欲治其国者,先齐其家;欲齐其家者,先修其身。"在吴敬梓心目中,孝悌理所当然是人生修身之本、立命之本,他认为一个失去了孝悌之心的人,就不可能成为真儒与名士,也不可能成为一个爱民如子的好官。

由此,我们知道,《儒林外史》中表现出来的孝道观念,与其《诗说》是一脉相承的。表现的都是对儒家传统治国、治家思想的重视与认同。

第三节 《女曰鸡鸣》与《儒林外史》的功名富贵观念

《女曰鸡鸣》一诗,今人一般注为:"这是一首新婚夫妇之间的联句诗。夫妇俩用对话的形式联句,叙述早起、射禽、烧菜、对饮、相期偕老、杂佩表爱的欢乐和睦的新婚家庭生活。"闻一多《风诗类钞》亦持有相同的观点:"《女曰鸡鸣》,乐新婚也。"[①]关于这首诗的解释,汉宋诸儒也有不

---

① 闻一多著《风诗类钞》,湖北人民出版社1993年版,第235—236页。

同的观点。《毛序》云:"刺不说(好)德也。陈古义以刺今,不说德而好色也。"把这首诗解释为好色不说(好)德,真让人有些莫名其妙。朱熹《诗集传》云:"此诗人述贤夫妇相警戒之词,言'女曰鸡鸣',以警其夫,而'士曰昧旦',则不止于鸡鸣矣。妇人又语其夫曰:'若是则子可以起而视夜之如何。'意者明星已出而烂然,则当翱翔而往弋,取凫雁而归矣。其相与警戒之言如此,则不留于宴昵之私可知矣。"①朱熹的解释推翻了"好色不好德"之说,但他认为这诗写的不是夫妇相乐,而是夫妇互相警戒,似乎又与情理不合,夫妇岂有新婚即相警戒的?

吴敬梓说诗,对汉儒与宋儒两家的解释均不以为然。《儒林外史》第三十四回中,杜少卿的解说《女曰鸡鸣》一诗,即为一证,杜少卿说:"但凡君子横了一个做官的念头在心里,便先要骄傲妻子,妻子想做夫人,想不到手,便事事不顺心,吵闹起来。你看这夫妇两个,绝无一点心想到功名富贵上去,弹琴饮酒,知命乐天。这便是三代以上修身、齐家之君子。这个前人也不曾说过。"关于这诗的主旨,吴敬梓在《文木山房诗说》的《鸡鸣》篇中描写的内容与小说中是基本相同的。吴敬梓说:"此士乃乐天知命而能化及闺房者也。……此士与女岂惟忘其贫,亦未尝有意于隐。遇凫雁则弋,有酒则饮,御琴瑟则乐,有朋友则相赠,士绝无他日显扬之语以骄其妻,女亦无他日富贵之想以责其夫。优游暇日,乐有余闲。此惟三代太和宇宙时,民间或不乏此,而郑当淫靡贪乱之世,乃有此修身、齐家之君子。故诗人述其夫妇之私言,佩诸管弦,便可使威风翱翔,而游鱼出听也。比户尽如此士女,倘所谓风动时雍者矣。其所关于人心政治者,岂细故哉!"吴敬梓解释这一首诗,显然是包含了夫妇相乐的内容,这一点与闻一多及今人是不矛盾的。但他又在此基础上进一步发挥,来表白自己的人生态度,即对热衷功名富贵的批判,对于绝意功名富贵的赞赏,特别是对诗中夫妇"优游暇日,乐有余闲"的描写,认为这是三代之民风。而于此,我们就看出了吴敬梓的思想观念和政治观念。

关于吴敬梓对于功名富贵的态度,在《儒林外史》中的体现是强意识的,也是最为明显的。"五四"以来关于《儒林外史》的主题问题存在诸多争论,有的认为是反对八股科举,比如胡适的《吴敬梓传》,②有的认为是

---

① 周兴陆著《吴敬梓诗说研究》,上海古籍出版社2003年版,第105页。
② 竺青选编《名家解读儒林外史》,山东人民出版社1999年版,第3—4页。

儒林丑史,比如《儒林外史》评论组的《儒林群丑的讽刺画卷》①,有的认为是儒林痛史,比如傅继馥的《一代文人的厄运——儒林外史主题新探》②,也有的认为是文化反思,比如宁宗一《吴敬梓对中国小说美学的贡献》③,但是不管哪一说,它都是围绕"功名富贵"四字展开的,只有这四字才是全书的核心,才是全书的主脉,因为封建社会文士们围绕着旋转的中心无它,就是功名富贵。于此,业师张锦池先生则一语道破玄机:"八股科举—功名富贵——代文人有厄,是作品同一主题的三个侧面,功名富贵以其对社会人心的直接毒害而被置于三个层面的中心,但作者机锋所向却是整个仕途经济和世态人情。"④闲斋老人曾评述:"其书以功名富贵为一篇之骨:有心艳功名富贵而媚人下人者也;有倚仗功名富贵而骄人傲人者也;有假托无意功名富贵自以为高,被人看破耻笑者;终乃以辞却功名富贵,品地最上层为中流砥柱。"⑤因此,可以说"功名富贵"四字作为全书的主脑,它既是作品的主题,也是作者描述百年士人行状的思想线索。

书中主要人物杜少卿一般认为是吴敬梓本人的写照。⑥ 他就是极鄙视功名富贵的,书中不但描绘他在老家天长县散尽家资济人之急,而且写他搬到南京后又托病辞掉朝廷的征辟。还有书中其他作者肯定人物都是反对功名富贵的,比如王冕、庄绍光、虞育德等。以上表明,小说中吴敬梓对于功名富贵的态度与他说诗的本旨是一脉相承的。

在《儒林外史》第三十三回中,写杜少卿夫妻同游。"这日杜少卿大醉了,竟携着娘子的手,出了园门,一手拿着金杯,大笑着,在清凉山冈子上走了一里多路。背后三四个妇女嘻嘻笑笑跟着,两边看的人目眩神摇,不敢仰视。"细观杜少卿夫妇,不就是《女曰鸡鸣》诗中夫妇的影子吗?还有作者赞美的奇女子沈琼枝,从有钱的盐商人家中逃走,只身到利涉桥卖文为生。她为的是什么?为的就是要自己的人格,尽管盐商富可敌国,但

---

① 安徽大学《儒林外史》评论组《儒林群丑的讽刺画卷》,安徽人民出版社1977年版,第23—25页。
② 竺青选编《名家解读儒林外史》,山东人民出版社1999年版,第207页。
③ 宁宗一著《吴敬梓对中国小说美学的贡献》,《儒林外史学刊》1988年第1期,第22页。
④ 张锦池著《中国古典小说心解》,黑龙江人民出版社2000年版,第364页。
⑤ 朱一玄、刘毓忱主编《儒林外史资料汇编》,南开大学出版社2003年版,第255页。
⑥ 何泽翰著《儒林外史人物本事考略》,上海古籍出版社1985年版,第110页。

沈琼枝视之如粪土、如敝履。而与此正好相反的是,第五十三回中,写妓女聘娘侍奉陈木南睡下后,梦见自己正穿戴着凤冠霞帔到国公府去,突然从路边走过一个黄脸秃头师姑,一把把她从轿中揪出。梦境固然暗示娉娘最后的归宿,但这里不也正是《诗说》中吴敬梓所批判的所谓"五花诰、七香车,时时结想于梦魂中"的生动写照吗?于此,是能见出作者的鲜明态度的。

第四节 结论与余论

通过吴敬梓的《诗说·七子之母》,比照《儒林外史》一书中的人物与情节,我们不难发现,吴敬梓思想观念中含有儒家的思想,推崇的是儒家的仁孝观念。而通过《诗说·女曰鸡鸣》,我们又会发现吴敬梓是否定功名富贵观念的,这种否定是站在儒家思想的角度上进行的。换言之,若说功名富贵是一篇之骨,那么仁孝则是一篇之魂。而这在《儒林外史》中是一以贯之的。

同时,吴敬梓治经说诗的特点是不受汉儒、宋儒所限,采取的是斟酌汉、宋,兼取众家的方式,不仅表现出他文学上的深刻见地,而且表现了他的人生观念和政治态度。

在《儒林外史》中作者曾借迟衡山说:"我本朝太祖定了天下,大功不差似汤武,却全然不曾制作礼乐。"又说道:"我们这南京,古今第一个贤人是吴泰伯,却并不曾有个专祠,那文昌殿、关帝庙,到处都有。小弟意思要约些朋友,各捐几何,盖一所泰伯祠,春秋两仲,用古礼古乐致祭。借此大家学习礼乐,成就些人才,也可以助一助政教。"可见,吴敬梓的世变情怀不是严夷夏之防,更不是所谓的倡导反清复明,他只是不满意当权的统治者践踏了传统的礼乐文化,他要借泰伯祠大祭,来助助政教,表达他对当权者的一种希冀与期待。关于这一思想,在《诗说》也有所体现,如第二十七篇《秦人不用周礼》的内容,吴敬梓说《蒹葭》诗,感慨"秦不能用周礼,致知周礼之人,遥遥在水一方,而不知访求",而致使"天地闭,贤人隐"。[①] 第二十八篇《秦之士贱》的内容,指出秦国士人贫贱且不见用,而

---

① (清)吴敬梓撰,周延良笺证《文木山房诗说笺证》,齐鲁书社2002年版,第135页。

秦王所用的都是非礼非义之士。"吾于其来秦也悲其遇,而犹于其去秦也信其贤。"①也就是说,秦国沦丧了儒家的礼乐,不能以礼待士,因此士离开秦国,是可敬的。此其一。

书中吴敬梓的影子人物杜少卿借病辞官后,与迟衡山说:"这征辟的事,小弟已是辞了。正为走出去,做不出什么事业,徒惹高人一笑,所以宁可不出去的好。"庄征君辞官还家,也曾感叹"我道不行"。萧云仙奏凯青枫城,立下大功,却因筑城而被工部核算为"任意浮开",追赔得家产荡尽。汤总镇剿灭苗匪,不但得不到擢升,反而落个"率意轻进,糜费钱粮,着降三级调用"的下场。这些都寄寓了吴敬梓"无道则隐"的人生态度。这一点,在《诗说》中,表现得更是直接。如第十七篇《简兮》说:"余反复《简兮》诗,而叹'硕人'之见浅也。士君子得志则大行,不得志则龙蛇。遇不遇,命也。鸿飞冥冥,弋人何篡?何必以仕为?"②吴敬梓反对追求官爵俸禄,认为这种世俗追求,容易落入他人的罗网之中,若能像高飞的鸿鹄,远离尘嚣,则会避免中了"弋人"的机关。若不得已而出仕,则应抱关击柝,恭奉其职。若不得志,就应该退隐田下,洁身自好。此其二。

研究《儒林外史》的内容,曾经有过一种说法,那就是认为吴敬梓的思想存在一种转变,是"封建家庭的浪子到封建阶级的逆子""从笃信儒家思想到竭力追求民主思想"。如果联系《诗说》的内容,我们发现吴敬梓还不能说是"封建阶级的逆子"。因为,他用来批判当时科举制度和程朱理学制约下的世道人心的武器,是儒家原教旨的礼乐文化,他并没有走出儒家的诗教传统。吴敬梓在《诗说·豳》中曾引王安石对《七月》的评价说:"仰观日星霜露之变,俯察昆虫草木之化,以知天时,以授民事。女服事乎内,男服事乎外。上以诚爱下,下以忠利上。父父子子,夫夫妇妇,养老而慈幼,食力以助弱。其祭祀也时,其燕飨也节。此《七月》之义也。"③再联系上面述及的《鸡鸣》内容说:"此惟三代太和宇宙时,民间或不乏此,而郑当淫靡贪乱之世,乃有此修身、齐家之君子。"又说:"比户尽如此士女,倘所谓风动时雍者矣。其所关于人心政治者,岂细故哉!"这

---

① (清)吴敬梓撰,周延良笺证《文木山房诗说笺证》,齐鲁书社2002年版,第138页。
② (清)吴敬梓撰,周延良笺证《文木山房诗说笺证》,齐鲁书社2002年版,第101页。
③ (清)吴敬梓撰,周延良笺证《文木山房诗说笺证》,齐鲁书社2002年版,第143页。

些,若与《儒林外史》中泰伯祠大祭联系起来看,就更会看出吴敬梓的理想不过是要用上古礼乐社会来对比当时世风的浇薄。我们还看不出吴敬梓有什么背离封建主义、走出儒家思想的迹象。只能说,吴敬梓是用儒家原始的"礼"来补助当时主宰人性的"理",用儒家原教旨的礼乐文化来取代科举制度下腐蚀士人的所谓名士文化。此其三。

要而言之,说《儒林外史》包含着吴敬梓对明清文化与思想巨变的历史反思,固是无差,但这还不是《儒林外史》的本旨所在。显然,业师张锦池先生认为,吴敬梓创作《儒林外史》是"悲怆在缅怀三代"①,是一语中的的。因为,这不但与吴敬梓说"诗"的精神是一脉的,而且也正如同吴敬梓于楔子中借王冕之口所说的那样:"以仁义治天下,则何人不服!"

---

① 张锦池著《究竟是回归,还是叛逆》,《红楼梦学刊》1996年第2期,第51页。

第八章 《红楼梦说梦》作者二知道人家世与家学考

蔡家琬(1763—1835),字右戣,号二知道人,亦号陶门弟子、陶门诗叟,增贡生,江西候补州吏目①。以《红楼梦说梦》闻名于红学史②。其著作除《红楼梦说梦》外,尚有《陶门弟子集》《陶门续集》《陶门余集》《陶门诗话》和《烟谱》等。对于二知道人的研究,刘世德先生始据周绍良先生收藏的《红楼梦说梦》中作者自题诗及吴振勃《筠斋诗录》考证出二知道人乃合肥蔡家琬。③ 发覆之功,盖莫大焉! 邓庆佑先生亦撰《二知道人蔡家琬及其〈红楼梦说梦〉》(以下简称"邓文")④,重点评述蔡家琬的红学观念,同时亦略述及蔡家琬生平、经历等,但均不够详尽。笔者近因新见民国九年《蔡氏宗谱》与蔡家琬父亲蔡邦烜"佚著"《闻喜堂集》,同时又蒙蔡氏后人蔡继钊赠予1996年纂修《蔡氏家谱》和2000年续修《蔡氏家谱》两部珍稀文献,故撰本章,对蔡家琬的家世、生平及创作《红楼梦说梦》等情形予以考证,并述及蔡氏家学、家风从明到清,而至于今,六百余年仍心香一瓣,不绝如缕。

第一节 二知道人蔡家琬祖先迁徙情形

"邓文"认为:"现在从《合肥县志》《庐州府志》中,很难找到有关他(按:指二知道人)家的记载,难于知道他家的世系,甚至他父祖辈的行踪事迹,也无从查考。"其实不然。以上两志均保存了有关蔡家琬家世的大

---

① 《蔡氏宗谱裎公支谱》卷二《绅衿总纪》,民国九年(1920)木活字本。按:袁行云《清人诗集叙录》云:"诸生。"蒋元卿《皖人书录》云:"嘉道间候补知县。"均误。
② 同治二年(1863),刘铨福为《甲戌本石头记》撰写《跋》,其文有云:"《红楼梦》纷纷效颦者无一可取,唯《痴人说梦》一种及二知道人《红楼梦说梦》一种尚可玩,惜不得与佟四哥三弦子一弹唱耳。"(见甲戌本《脂砚斋重评石头记》卷末。)
③ 刘世德著《〈红楼梦说梦〉作者考》,《红楼梦学刊》1981年第1辑。
④ 邓庆佑著《二知道人蔡家琬及其〈红楼梦说梦〉》(上、下),《红楼梦学刊》2011年第1、2辑。

量史料,若结合民国九年(1920)《蔡氏宗谱裡公支谱》①世系瓜藤,其家族世系直可视诸指掌。

据《蔡氏宗谱裡公支谱》,可以查知合肥蔡氏乃庐郡望族,二知道人蔡家琬的先祖蔡悉甚至与包拯齐名(详见下文)。二知道人蔡家琬谱系为十六世,其始迁祖蔡福,明洪武三年(1370)由句容迁合肥。二世祖蔡文富,三世祖蔡晓乙。

蔡邦焕《蔡氏重修宗谱序》:"吾蔡氏自明初由句容迁合肥,始迁祖为福公。先世相传由福建迁江苏,由江苏迁句容,由句容迁合肥,第福公以上,其详不可得闻矣。"

卷三《传赞·始祖福公传》:"公迁肥之始祖也。有明洪武三年,由句容县来肥,遂家焉。是时犹沿元俗,以保名里,编户伽蓝。保即肥邑之东门也。二世、三世祖皆潜德不耀,以诗书课其子孙。……乃益信我公流泽之长,俾世世子孙食德于糜涯者,渊源有自也。爰敬溯之,以不忘其始云。"卷十二《五代总纪》:"始祖福,配吴氏,合葬城东关城,原有碑。生子二:文富、文旺。文旺附葬,文富茔不传。二世文富,福公长子,配查氏,合葬城东南九十里庙忠大岩冈。生子一:晓乙。三世晓乙,文富公子,配窦氏,附文富公茔,合葬。生子清。"

四世祖蔡清,字孟洁,天顺六年(1462)举乡饮大宾,荐于部,授八品,管理合肥一县军粮。

卷十二《五代总纪》:"清,字孟洁,晓乙公子,享年八十二岁,配陈氏,享年七十岁,继阎氏,共合城东倪家小圩原。生子五:祯、祥、祓、祐、裡。祯、祓、祐不传。"卷二《绅衿总纪》:"清,天顺六年举乡宾,剖理民词,总率一县军粮,恩赐八品冠带。"卷三《传赞·孟洁公传》:"公笃实孝友,公平正大。治家清白,尤刻意教子。庭帏之顺,友让之风,翕然动间里。明天顺六年,举乡宾。郡伯邑侯素闻公贤敦,请之具详咨部,题准恩赐八品冠带。剖理民词,啧啧有声,因命总理合肥一县军粮。"关于二知道人蔡家琬四世祖蔡清,嘉庆八年《庐州府志》卷三十四《笃行》亦有记载,其文云:"蔡清,字孟洁,合肥人,孝友笃实,推重乡间。天顺六年举乡宾,赐八品

---

① 民国九年《蔡氏宗谱裡公支谱》十六卷,蔡麟毓、蔡有芝等重修,承合肥蔡氏家谱续修委员会执行会长蔡继钊先生复印全稿,得以遍观,特此致谢。下文所引《蔡氏宗谱》文字皆出是谱,不再一一注出,只标明卷数及篇目。安徽省合肥蔡氏家谱续修委员会编辑《蔡氏家谱》,分上、中、下三册,1997年版,现藏上海图书馆家谱阅览室,可参照。

顶带,寿八十有二。"①

五世祖蔡禋,即本支谱之禋公,字元敬,通经史,以孝、友闻于乡里。生子七,即蔡廷珪、蔡廷璋、蔡廷玺、蔡廷瑶、蔡廷玉、蔡廷用、蔡廷簠。

卷十二《五代总纪》:"禋,字元敬,清公五子,配詹氏,继徐氏。公与徐合葬城东夏老人原,詹葬城东小圩祖茔侧。生子七:廷珪、廷璋、廷玺、廷瑶、廷玉、廷用、廷簠。廷珪、廷玺不传。"卷三《传赞·荣封元敬公传》:"公性敏达,夙承庭训,涉猎经史,以孝友闻。……公襟怀洒脱,规模阔大。平生与物无忤,非特以含忍之力胜人为强,恢恢乎有容之士也!生于富厚,殊不屑屑,轻财好施,急人之难,亦如其身受。以是渐即于窘,则又若素贫者。每以诗酒自娱,日手一编,与古人相晤、对视。人世之富贵,蔑如也。中年以往,后人皆树立,公环顾之,喜动颜色。欣然曰:'吾将大有望于来许也。'后果以孙肖谦公贵,膺受封典,荣被泉壤。"肖谦公,即与包拯齐名之蔡悉。

嘉庆八年《庐州府志》卷三十四《笃行》亦记载蔡禋事迹,云:"蔡禋,字元敬,合肥人,性孝友,天爵自尊,与物无忤,家本素封,轻财好施,浸以困乏,弗顾也。居恒手一编,诗酒自娱。子孙各视其才箴授以职业,咸得有成。"①

六世祖蔡廷簠(1506—1591),行七,字昆器,号西泉。好义若渴,因数次出粟赈饥,赠匾曰"淮西义士"。举乡饮宾,寿八十有六。

卷十三《老七房一派总纪》:"六世廷簠,字昆器,号西泉,禋公第七子。生于明正德丙寅年九月二十三日巳时,终于万历辛卯年十月初八日子时,享年八十六岁,配朱氏,生于正德辛未年二月二十日未时,终于万历己酉年正月二十五日酉时,享年七十五岁,合葬城东司徒庙原。生子二:志、懿。"卷三《传赞》有袁鸣泰撰《西泉蔡公传》。其文有云:"盖公家世孝,谨承父兄教,力行不息。……居乡睦族恤邻,族党慕其义,群相效法。辛未(1571)、庚辰(1580)岁大饥,公出粟以赈,郡守颜其堂曰'淮西义士'。尝建大学堂,公于朔望必召诸孙性大、昌大辈,集堂下勉以力学,而戒以勿荒曰:'其以此堂为吾家读书公所,使子孙世世读书其中,吾之志也。'"卷三《传赞》有蔚博撰《西泉公暨朱孺人合葬墓志铭》。其文有云:"乐施予,每周急,无吝色。间贷有者,即背券,弗计也。修造庙宇、桥梁,不下十数处;计捐资不下千金,咸首事而落成之。隆庆辛未年,岁适大祲,

---

① (清)张祥云纂《庐州府志》卷三十四,《中国地方志集成》,江苏古籍出版社,1998年影印嘉庆刻本。

君出粟赈饥,郡丞罗公、节推陆公贤其事,登堂为贺,赠'敦义'匾。至庚辰、己丑复赈如前,又赠'淮西义士'匾。"

嘉庆八年《庐州府志》卷三十四《笃行》亦有载,云:"蔡廷簋,字昆器,合肥人,少孤,勤俭自励,与诸兄合爨三十年,迨析产,推让不较。隆庆辛未岁大祲,出粟赈饥,郡丞罗公、节推陆公赠额曰'敦义'。庚辰、己丑复赈如前,额曰'淮西义士'。举乡饮宾,寿八十有六。"①

七世祖蔡懿,行二,字士秉,号醇庵,郡庠生。通经史,不喜时文,有汉人之风,颇负文名,赠额曰"蜚声艺苑"。

卷十三《老七房一派总纪》:"七世懿,字士秉,号醇庵,廷簋公次子,享年六十岁,配方氏,继傅氏。公与傅合葬于城东北七里八角塘东原,方葬于城东中七里河方家庙北首,墓有大槐树一株。生子四:学大,方氏出;容大、有大、昌大,傅氏出。"卷三《传赞》有刘世学撰《荣封醇庵公传》:"公讳懿,字士秉,号醇庵,吾师堂弟也。少颖悟,渔猎经史,生平不喜为时文,著作醇雅,入汉人之室。髫龄入郡庠,益肆力于古。公家道丰裕而淡素自如,不裘不帛。处昆弟朋好间,晨夕讲贯,孜孜不辍。同社中寒士亟赈之,无德色。一时文名之盛,甲于九庠,郡伯刘公为颜其额曰:'蜚声艺苑。'乃屡试南闱不遇,竟以诸生终。"

第八至第十二世祖依次为蔡学大、蔡世翰、蔡国俅、蔡业新、蔡宸。

八世祖蔡学大,行一,字景醇,邑庠生。卷十三《老七房一派总纪》:"八世学大,字景醇,懿公长子。配蔚氏,合葬城东北三十五里包城寺西三里平塘上首。生子三:世屏、世翰、世垣。"

九世祖蔡世翰,行二,字佐明。卷十三《老七房一派总纪》:"九世世翰,字佐明,学大公次子,配吴氏,合葬城东二十里铺万家冲原。生子六:国俅、国俨、国侃、国僖、国仙、国倚。"

十世祖蔡国俅,行一,字以恭。卷十三《老七房一派总纪》:"十世国俅,字以恭,世翰公长子,配范氏,合葬城东中七里河。生子三:业新、牲、喆。"

十一世祖蔡业新,行一,字孕美。卷十三《老七房一派总纪》:"十一世业新,字孕美,国俅公长子,配王氏,合葬城东中七里河。生子四:宸、元、芳、茂。元、芳不传。"

---

① (清)张祥云纂《庐州府志》卷三十四,《中国地方志集成》,江苏古籍出版社,1998年影印嘉庆刻本。

十二世祖蔡宸(1656—1690),行一,字相周。卷十三《老七房一派总纪》:"十二世宸,字相周,业新公长子。生于顺治丙申年,终于康熙庚午年六月初一日,得年三十五岁,配罗氏,继毛氏,生于顺治丙申年十二月十二日戌时,终于乾隆壬戌年二月二十八日未时,享年八十七岁,公与毛合葬城东中七里河。生子五:泰来、泰启、泰昌、泰嗣、泰正,俱毛出。正不传。"

第二节　二知道人蔡家琬近祖世系

曾祖蔡泰来(1678—1747),行一,字阳吉,太学生。有孝义,好施予。

卷十三《老七房一派总纪》:"十三世泰来,字阳吉,宸公长子,生于康熙戊午正月初四酉时,终于乾隆丁卯年十一月十二日未时,享年七十岁,配杨氏,生于康熙戊午年八月十六日子时,终于乾隆戊辰年十二月十二日戌时,享年七十一岁,合葬城东下七里河。生子三:应奎、卉、应斗。"

嘉庆八年《庐州府志》卷三十四《笃行》亦记载蔡泰来生平事迹,云:"泰来,性好施予。每岁终,捐米五十余石,分给族邻之贫乏者,行之五十余年,率以为常。"①

祖父蔡卉(1706—1774),行二,字药林,乾隆十二年(1747)丁卯年举人,乾隆十九年(1754)甲戌明通榜进士,授旌德教谕,乾隆二十一年(1756)捐升国子监典簿,举乡饮大宾,以孝悌著称,著有《大学堂文稿》,已佚。

卷十三《老七房一派总纪》:"十四世卉,字丹亭,号药林,泰来公次子,生于康熙丙戌年七月初八日亥时,终于乾隆甲午年九月十二日亥时,享年六十九岁,配杨氏,生于康熙丙戌年八月初九日子时,终于乾隆辛丑年八月十一日丑时,享年七十六岁,合葬城东中七里河。生子三:邦耀、邦义、邦烜。义继应斗。"卷二《绅衿总纪》:"乾隆丁卯科举人,甲戌明通进士,任旌德县儒学教谕,内补国子监典簿,举乡饮大宾。"卷三《传赞》有金光悌撰《国子先生蔡药林公传》,其文云:"先生讳卉,字丹亭,号药林,兄弟三人,序行二。……先生世家庐州,髫年绩学,文宗韩、柳,字法钟、王。食饩胶庠,累举优行。乾隆丁卯领乡荐,登甲戌明通榜,授旌德县教谕。

---

① (清)张祥云纂《庐州府志》卷三十四,《中国地方志集成》,江苏古籍出版社,1998年影印嘉庆刻本。

毅然以作育人材为己任，每朔望，集诸生讲论经史，教以立品、正行为先。于寒士，辄助以膏火，教养兼至。以故先生任旌邑，邑之科名较昔为盛。孝弟节义有关风化，虽穷乡僻壤，必详查举报，以树坊表，后闻兄讣，几废寝食，急图归里，奉例捐升国子监典簿，乞休。去之日，旌之士民犹恋恋焉。盖先生教人之道亦本诸身而已。先生事二亲以孝闻，温清定省，始终无懈，亲病，衣不解带者岁余。亲殁，哀泣终丧，延师卜兆，表志墓庐。于兄故，则伤惨去官，以营葬事。于弟故，则命子承祀以慰幽贞。孝友固天赋云！至于任姻睦族，济乏周贫，未易枚举。尤著者，整理先人祠宇，监修两学黉宫及东郭水闸、东门街道，或捐资乐助，或竭力独成，略无德色。先生教人之道，岂外此哉？丙戌，郡守王公举行乡饮，敦请为大宾，观者如堵。"

嘉庆八年《庐州府志》与嘉庆九年《合肥县志》分别载有蔡卉生平事迹。嘉庆八年《庐州府志》卷三十四《笃行》云："蔡卉，字丹亭，合肥人。乾隆丁卯举人，甲戌登明通榜，授旌德教谕，加捐国子监典簿。……为人和平温厚，人咸以长者称之。著有《大学堂文稿》。"①嘉庆九年《合肥县志》卷二十四《人物传》云："蔡卉，字丹亭，乾隆丁卯举人，甲戌明通榜，授旌德教谕。性友爱，闻兄丧，告归。营葬抚恤弟侄，恩谊甚笃。岁丙戌，知府王公举乡饮大宾。著有《大学堂文集》。"②嘉庆十三年《旌德县志》卷六《职官》云："蔡卉，合肥人，举人，二十一年捐升去。"③嘉庆二十年《宁国府志》卷四《职官表》的乾隆二十年条下载："蔡卉，合肥人，举人，捐升去。"④

父亲蔡邦烜（1744—1787），行三，字霁霞，号月樵，一号咏花主人，太学生。擅画菊、兰、竹，平生追慕陶渊明、白居易。其诗亦为袁枚所激赏，因而誉其为"合肥诗人"。著有《闻喜堂诗集》《咏花人诗草》等。

卷十三《老七房一派总纪》："十五世邦烜，字霁霞，号月樵，卉公三

---

① （清）张祥云纂《庐州府志》卷三十四，《中国地方志集成》，江苏古籍出版社，1998年影印嘉庆刻本。
② （清）左辅纂《合肥县志》卷二十四，《中国地方志集成》，江苏古籍出版社，1998年影印嘉庆刻本。
③ （清）陈炳德等纂《旌德县志》卷六，《中国方志丛书》，文成出版社，1985年影印嘉庆刻本。
④ （清）洪亮吉等纂《宁国府志》卷四，《中国方志丛书》，文成出版社，1985年影印嘉庆刻本。

子,生于乾隆甲子年正月初十日辰时,终于乾隆丁未年二月初九日申时,配赵氏。公葬城东三清观后原杨家松冈,碑立淮南咏花人之墓。赵氏厝江西省汪家祠后原。生子七:家琬、家瓛、家班、家琎、家珂、家理、家瑄。班不传。"卷四《传赞》有袁枚撰《月樵公传》,称:"余与君未谋面而神交者十年,卒以诗合君之学及其子,余乃即其子所述而为君传。信乎? 杜老所云:'文章有神交、有道者与?'"

嘉庆八年《合肥县志》卷十五《艺文志》亦记载蔡邦烜撰有《咏花人诗草》,不题卷数。① 二知道人蔡家琬《陶门弟子集》卷首吕士淑《序》云:"陶门世居合肥,……其尊人月樵先生,性恬雅,闭户著书,尤耽韵事。"②

张维屏《国朝诗人征略》卷五十三载:"蔡邦烜,字月樵,江南合肥人,太学生,有《闻喜堂集》。"张维屏亦对蔡邦烜诗给予好评。他在《听松庐文钞》中说道:"月樵癖于诗。其子陶门尤癖于诗。余至吉安,陶门携其诗并先人诗质于余。月樵自得家园啸歌之乐,而陶门不免异乡羁旅之悲。然陶门穷老,卒能以诗自怡,且勤勤焉。惟恐其父湮没而不彰,可谓孝之用心也已。余为之录其诗、存其人,不惟慰樵翁,且以慰陶门也。"在《听松庐诗话》中复评:"岁荒散赈,人众拥挤,有死者。月樵诗云:'倾仆万足践,苟延乃速死。'十字惊心怵目。"③

胞弟蔡家瓛、蔡家班、蔡家琎、蔡家珂、蔡家理、蔡家瑄。

蔡家瓛,行二,字宝符。卷十三《老七房一派总纪》:"十六世家瓛,字宝符,邦烜公次子,配王氏,继王氏,生子四:有稳、有恒、有顺、有武,均继王出。公与继葬中七里河原,稳不传。"

蔡家班,行三。卷十三《老七房一派总纪》:"十六世家班,邦烜公三子,葬中七里河原,不传。"家班幼极聪慧,能诵古文《尚书》,不幸早亡。蔡邦烜《闻喜堂集》卷二《招魂曲》之三:"夕阳梅影映疏棂,记得琅琅诵壁经。知尔羁魂终恋此,可能重向梦中听。"诗前小序曰:"己亥(1779)正月廿七日晡时,至塾闻三儿家班背诵《禹贡》一册,澜翻可听,心甚爱之。其

---

① (清)左辅纂《合肥县志》卷十五,《中国地方志集成》,江苏古籍出版社,1998年影印嘉庆刻本。

② (清)蔡家琬撰《陶门弟子集》卷首,《清代诗文集汇编》,上海古籍出版社,2010年影印嘉庆刻本。

③ (清)张维屏辑《国朝诗人征略》卷五十三,《续修四库全书》第一七一三册,上海古籍出版社,1986年影印道光刻本。

夜堕井卒,终莫解何因也。"①

蔡家琏,行四,字钟倩,号寓园,从九品。卷十三《老七房一派总纪》:"十六世家琏,字钟倩,号寓园,邦烜公四子,配高氏,继王氏,公附葬七里河祖茔侧,高葬江苏沭阳县西门外仇家庄原,生子四:有锐、有祥、有纯、有衡。锐、祥、纯,高氏出;衡,王氏出。锐嗣家琬。"卷四《传赞》有蔡有仁撰《寓园公传》,其文曰:"寓园公讳家琏,字钟倩,仁从伯父也。公清德雅望,纵情诗酒,胸次旷逸,傲岸不羁,有古高士风,而临事谦退,又未尝矜才使气。其作诗旨趣高简,每出一言,当时名流皆为倾倒。诗稿多为友人携去,而其家存者不获十一。著有《寓园诗草》一卷,未及付梓,公长兄陶门公馆于沭阳吕氏,公遂从游焉。闭户力学,慎交游,沭阳人每乐亲其教,至今诗稿相与传诵,亦可见公之学问大过人也,是为传。"

蔡家珂,行五,字鹤邻。卷十三《老七房一派总纪》:"十六世家珂,字鹤邻,邦烜公五子,配赵氏,公葬霍山县东门外三板桥原,赵葬河南省安徽公地。子有稜。"

蔡家理,行六,太学生。卷十三《老七房一派总纪》:"十六世家理,邦烜公六子,配霍氏,生子有樑。"

蔡家琯,行七。卷十三《老七房一派总纪》:"十六世家琯,邦烜公七子,配黄氏,生子三:有穰、有稜、有典,稜嗣家珂。公葬江苏省沭阳县西乡住驾丘原,黄葬城东中七里河。"

嗣子蔡有锐,蔡家琏之子,行一。有锐,亦名有称,字粹生,亦字芝铭,号爱枫。长孙蔡庆诏,字金门,仲孙蔡庆楹,字万清,《蔡氏宗谱》皆无传。

卷十三《老七房一派总纪》:"十七世有锐,字粹生,号爱枫,家琬公子,配周氏,继孙氏,生子二:庆诏、庆楹。"蔡有锐当亦名蔡有称,蔡家琬《陶门续集》卷三载有两首写给其子蔡有称的诗,当时蔡有称来吉安探望蔡家琬。其一《口占寄示称儿》:"过去曾亲历,未来应预知。源泉原不竭,逝者总如斯。老子犹惜日,尔曹乃废时。茫然无一术,怅怅欲何之。"其二《寄示称儿来吉》:"父子各谋食,无非舌代耕。苦无陶淑益,空有别离情。鸟尚栖同树,人翻隔数程。尔须旋撤帐,与雁共南征。"②则知蔡有称亦是为人做馆谋生。另外,蔡家琬《陶门弟子集》《陶门续集》《陶门余集》及《陶门诗话》皆题"男有称芝铭校字"。

---

① （清）蔡邦烜撰《闻喜堂诗集》卷二,清代嘉庆十八年刻本。
② （清）蔡家琬撰《陶门续集》卷三,《清代诗文集汇编》,上海古籍出版社,2010年影印道光刻本。

卷十三《老七房一派总纪》:"十八世庆诏,字金门,有锐公长子。庆桎,字万清,有锐公次子。"据《蔡氏宗谱裡公支谱》,蔡家琬十八世以下则不传。

第三节 理学家蔡悉理学渊流

蔡悉(1536—1615),乃蔡家琬之七世祖蔡懿之堂兄弟。蔡悉,字士备,号肖谦,谥文毅。嘉靖戊午(1558)科举人,己未(1559)进士,历宦十七任,累官至南京尚宝司卿、太仆寺少卿;著书达七十余种,《四库全书》录有《书畴彝训》《大学注》等。蔡悉与包拯齐名,谓"宋以包孝肃公为第一,明以蔡文毅公为第一"①。亦曾诏赐"理学名臣",有"昌明理学,一代儒宗"之称,其学术路径、思想态度对蔡家琬及合肥蔡氏一族的影响颇大。

蔡家琬《陶门弟子集》卷首吕士淑《序》云:"陶门世居合肥,为明蔡文毅公裔孙。"卷十一《老六房一派总纪》:"七世悉,字士备,号肖谦,廷用公四子。生于嘉靖丙申年四月初三日午时,终于万历乙卯年正月二十七日巳时,享年八十岁。配孙氏,生于嘉靖戊戌年十一月初六日巳时,终于天启丙寅年二月十四日未时,享年九十岁,附葬元敬公茔,公葬左,孙安人葬右。生子三:惇大、慎大、性大。"

至蔡悉的学术理路,则为通六经,且宗法于朱子理学。认为《大学》之宗旨在于"毋自欺"三字,因而被誉为合肥"理学鼻祖"。卷三《传赞》有李菖撰《明理学符卿蔡文毅公传》,其文有云:"独能研究六经,阐明心要,直接洙泗渊源,为吾庐鼻祖者,蔡先生其人也。先生登嘉靖己未进士,初筮分刺武陵,以廉明著分经楚闱,所取士号一时名俊。闻胡公倡鹅湖、鹿洞之传统,慨然以斯道为己任。首揭'毋自欺'为宗旨,而风化攸端矣。"

蔡悉一生仕宦,达十几任,多有政声,崇礼乡贤,终谥文毅。卷二《绅衿总纪》:"悉,嘉靖戊午科举人,己未进士,敕授文林郎,晋授承德郎,诰授中顺大夫。历任湖广常德府推官、署常州府知府、庚申科湖广乡试同考

---

① 雍正乙卯科提督学院姚三辰选拔庐州府诸生,策问:"宋明人物孰为最优?"曰:"宋以包孝肃公为第一,明以蔡文毅公为第一。"民国《蔡氏宗谱裡公支谱》卷三《文毅公事实》。

官、南京吏部考功司主事、兵部武选司主事、吏部验封清吏司主事、礼部祠祭郎中、山东东昌府临清州同知、河南直隶汝州同知、福建全州府通判、浙江处州府通判、南京太仆寺丞、光禄寺少卿、南京尚宝司卿、晋勋修正庶尹、署太常寺卿署国子监篆、掌太医院篆、升授太仆寺少卿、晋勋赞治尹。万历朝进呈《大学解》等书。优诏赐额理学名臣。天启朝大宗伯叶向高、董其昌等部院交疏,恩准崇祀乡贤专祠肖像。谥文毅,世袭奉祀。"

蔡悉亦曾谏疏张居正夺情,被罢归,为时人所推许。嘉庆《合肥县志》云:"蔡文毅公先生精阐洛闽之学。《皇明通纪》称为'理学名流'。为南京礼部主事。时疏江陵矫诏夺情,罪忤旨,罢归,与邹南皋有海内两君子之目。江陵败,屡荐,起南京光禄寺卿。母病乞养,未候俞旨即行,科臣纠之,奉旨弗议。嗣后朝臣有亲老,愿终养者,毋得强起,以示朝廷推广孝治之义,着为令。神宗时授南京尚宝司卿。进呈《先后大学解》《御制一箴解》《书畴彝训》。优诏赐额门'理学名臣'。"①

蔡悉罢归期间,不仅在家建大学堂以教族中子孙,而且凭借自己的智慧,解决了家乡的"矿税之争"。嘉庆《合肥县志》云:"致仕归,值矿税兴,貂珰四出,诏问庐六有无状,郡守欲奏无矿。公曰:'本有云无,是欺君也。'教以墟图献,言庐六有矿,高皇帝恐盗采,伤陵脉,禁不许开,是以庐、凤、英、六间得免骚动。家居建大学讲堂,率弟子弦诵其中,揭'毋自欺'三字为大学宗旨。著《孔子年谱》《儒学宪章记》《颜子见知经》《居身居家训词二十则》等书,凡七十余种。学者称淮西夫子。天启辛酉,叶向高、沈确等请祀乡贤,与其乡人私谥为文毅先生。李文定天馥书其训词二十则后云:'先生阐发理学,直接洛闽真传,从躬行实践,尝自道其得力处。'洵不诬也。"①

孙丕扬《蔡氏宗谱·明老谱原序》赞道:"合肥蔡子士备,余畏友也。当今之世释褐登朝,思致主于尧舜,俾斯民为尧舜之民,海内不过数人,而蔡子居其一焉。"万斯同《明史》卷三百二十八《列传》亦云:"悉有学行,恬于宦情,通籍五十年,家食强半,清操亮节,淮西人士咸宗之。"②

蔡悉的仕宦经历与治学理路,对其族人产生了深远的影响。袁枚撰《月樵公传》云:"明太仆寺卿悉之裔孙,明诸生壬午死难世和之六世孙

---

① (清)左辅纂《合肥县志》卷二十四,《中国地方志集成》,江苏古籍出版社,1998年影印嘉庆刻本。

② (清)万斯同撰《明史》卷三百二十八,《续修四库全书》第三二九册,上海古籍出版社,1986年影印北图藏清抄本。

也。君既为合肥右族,居乡以太仆为法,无惰容,无忤色。手缮太仆《居身居家二十则》于座右,家人子弟及乡里后辈,皆惮其温肃。"蔡悉的《居身居家二十则》,《蔡氏宗谱》中有载。蔡邦烜能亲手书写蔡悉的"家训"来教育自己的后人,可见蔡氏后人的教育受蔡悉影响的程度。蔡家琬《陶门弟子集·自叙》云:"呜呼!小子夫复何言?伏念少时一无所知,颇以门地人才自负。"可以说,蔡氏族人,包括蔡家琬本人无不受到蔡悉理学思想的影响。

第四节 蔡家琬创作《红楼梦说梦》缘由

而对二知道人蔡家琬的思想与创作,尤其是阅读《红楼梦》与创作《红楼梦说梦》,产生直接影响的当是他的父亲蔡邦烜。

蔡家琬曾长期寓于海州,馆于当地望族吕氏,与吕士淑多有诗词唱和。吕士淑亦曾为《陶门弟子集》作序,提及蔡邦烜读书著述之事。其文有云:"陶门世居合肥,……其尊人月樵先生,性恬雅,闭户著书,尤耽韵事。"①《蔡氏宗谱》卷四有袁枚所撰《月樵公传》一文,对于考证蔡邦烜生平极具参考价值。从《月樵公传》中可以看出袁枚十分欣赏蔡邦烜,说:"家琬尊甫月樵,合肥诗人也。忆前数年,有人为余诵'江上黯然秋'之句,余极赏其神韵,而忘其人名与地。蔡生袖月樵诗集,求为点订。展卷则五字在焉,信翰墨之契如神。而蔡生之诗,其渊源有自也。"并评其诗道:"五古冲淡,入陶、韦之室;七古近山谷道人;五七律出入盛唐诸家。古近体皆以气格胜,谋篇铸局,惨淡经营,不仅以句新语隽见长。余辑诗话,欲采君诗中,断句不可得,可以想君诗律之高矣。"同时也提到了蔡邦烜的撰述情况,说蔡邦烜著有《闻喜堂诗集》六卷、《咏花人诗草》一卷。

今查嘉庆八年《合肥县志》卷十五《艺文志》,发现蔡邦烜撰有《咏花人诗草》,不题卷数,而其《闻喜堂集》不见载。② 张维屏《国朝诗人征略》卷五十三亦载:"蔡邦烜,字月樵,江南合肥人,太学生,有《闻喜堂集》。"同时,张维屏亦对蔡邦烜诗给予好评。在《听松庐文钞》中说道:"月樵癖于诗。……月樵自得家园啸歌之乐。"在《听松庐诗话》中复评:"岁荒散

---

① (清)蔡家琬撰《陶门弟子集》卷首,《清代诗文集汇编》,上海古籍出版社,2010年影印嘉庆刻本。

② (清)左辅等纂《合肥县志》卷十五,《中国地方志集成》,江苏古籍出版社,1998年影印嘉庆刻本。

赈,人众拥挤,有死者。月樵诗云:'倾仆万足践,苟延乃速死。'十字惊心怵目。"①

对于蔡邦炽及其著作,"邓文"认为:"据刘体重在《陶门续集·序》中说,'陶门执其尊人遗集及《陶门弟子集》来谒'中的'尊人遗集',应是他父亲'月樵先生'的诗集,只可惜现在我们已无法见到了。"

笔者有幸,去岁索书津门,于北京大学图书馆查到了蔡邦炽的所谓"佚著"《闻喜堂集》。此书为嘉庆十八年(1813)刻本,行九,字十九,白口,左右双边单鱼尾,共六卷,即诗五卷,诗余一卷。其首有徐世塾、朱黼、赵履廉三人《序》与陈古渔题诗一首。卷末有蔡家琬撰于嘉庆癸酉(1813)年跋语,题家瓛、家琎、家珂、家理、家瑄校字。其跋语云:"乾隆丁酉,先大人有倡和诗存之。刻,既而悔之,删去过半。今敬录旧刻之所存及后来未刻之什,编成四卷。先大人又有题画诗若干首,自题曰无声诗评;有诗余若干首,自题曰横竹词。琬敬谨缮书,都为一集,登诸梨枣。呜呼!先大人见背今已廿七年矣。父书诵读之余,情景宛然。然音容已杳,而琬亦霜盈两鬓矣。若不梓以行世,则不孝之罪不尤重耶!嘉庆癸酉夏六月,不孝男家琬泣识。"《闻喜堂集》的发现为考证蔡邦炽生平思想及对二知道人蔡家琬的影响提供了诸多线索。笔者以为蔡家琬平生极慕陶渊明,甚至以陶门弟子自称,喜读《红楼梦》,并撰红学专著《红楼梦说梦》,均是受到了其父蔡邦炽的影响。

蔡邦炽平生是十分钦慕陶渊明的。赵履廉《序》曰:"此子宜置丘壑间,登亭皋而啸咏,玩花石而流连。……歌曰:'身心相戏香山句,形影追随靖节篇。会得此中有真意,何妨我与我周旋。'"蔡邦炽亦曾亲画陶渊明像,并题诗曰:"晋人尚元虚,唯公矢拳拳。卷怀归畎亩,饮酒全其天。与道为汙隆,岂得非名贤?胸臆抱大志,见之荆轲篇。试问添毫客,此意谁能传?"②

《红楼梦说梦》一书刊刻于嘉庆年间,那么蔡家琬阅读《红楼梦》的时间当更早于此时。《红楼梦说梦》有文云:"曩阅曹雪芹先生《红楼梦》一书,心口间汨汨然欲有所吐……谋生碌碌,无暇及此。"可见,蔡家琬阅读《红楼梦》当在外出谋生之前,即居家读书之时。那么,他是从哪里得到《红楼梦》并进行详加研读的呢?笔者以为当是在其父亲的红杏书屋及

---

① 以上三条均见(清)张维屏辑《国朝诗人征略》卷五十三,《续修四库全书》第一七一三册,上海古籍出版社,1986年影印道光刻本。

② (清)蔡邦炽撰《闻喜堂诗集》卷五,清代嘉庆十八年刻本。

咏花楼中。

蔡邦煃平生除了仰慕陶靖节外,亦是酷喜读书,达到无所不读的境地。袁枚《月樵公传》云:"君性恶烦剧,中年后委家政于其子。构红杏书屋于古逍遥津左偏槿篱茆舍,植花树绕之,日与友朋觞咏其中。又构小楼名咏花楼,自号咏花主人。……记闻奥博,喜访古碑碣,多识周秦,奇九经、十七史,皆手录藏于家,好学至老不倦。"关于蔡邦煃广闻博览的记载亦见于徐世墅、朱黼等人的《序》中。徐世墅撰《序》曰:"月樵于书无所不览,家有园林,吟诗作画而外,足不出户。"朱黼撰《序》云:"月樵性好读书,手钞录者不下数千卷。"

《闻喜堂集》卷六《倾杯乐》词,有句云:"恰值阳春,小思排遣计,红友能将愁扫。"句中"红友"一词应具双关义,既指与蔡邦煃一起吟诗读书于"红杏书屋"的朋友,亦指读《红楼梦》的好友。郑志良先生认为"红友"当作"酒"解,似不妥,或可为一说①。蔡邦煃此词作于中年以后,当在乾隆五十年(1785)前后。由此,可知蔡邦煃不仅拥有《红楼梦》一书,而且还与好友同读《红楼梦》,同时他的儿子蔡家琬亦是被《红楼梦》深深地吸引了。《陶门弟子集·自叙》:"少时一无所知,颇以门地人材自负。先大人构成别业,莳花种竹。命小子读书其中。"蔡家琬作于乾隆四十七年(1782)的《斋中杂兴》之五云:"此日惟邀红友,他日再买青山。"即是明证。然而,蔡邦煃却为此担忧了,因为他希望作为长子的蔡家琬应挑起振兴祖业的重担。于是便写下了《西江月 偶感示琬儿》一词。曰:"短榻摊书白昼,残樽醉月清宵。从来佳兴我偏豪,不料如今潦倒。我自性成疏懒,儿今莫任痴娇。自将辛苦告儿曹,休学而翁误了。"事与愿违,蔡家琬的思想不但深受其父亲的影响,而且在"学陶读红"的路上走得更远,不仅以"陶门弟子""陶门诗叟"自居,命其诗文集曰:《陶门弟子集》《陶门续集》《陶门余集》,而且还创作了红学专著《红楼梦说梦》。

第五节 蔡家琬创作《红楼梦说梦》时地考

蔡家琬阅读《红楼梦》当在早年居家读书之时,而其撰成《红楼梦说梦》却是在嘉庆十七年(1812)从沭阳吕氏馆移家云台山时。此年,蔡家琬五十岁。那么,蔡家琬为何会到海州并馆于沭阳吕氏而后又移居云台

---

① 郑志良撰《蔡家琬诗中"红友"小议》,《红楼梦学刊》2011年第5辑。

山呢？"邓文"认为，蔡家琬之所以来到这里，"风景幽美"是一个原因，其次，他要"一心一意跟着吕昌际学习"。笔者认为蔡家琬到沭阳吕氏并非单是游学而来，乃是为吕氏所延请坐馆课子，而这又与其族伯蔡邦烈任沭阳教谕、族兄蔡家瓒亦先馆于沭阳吕氏有关。

吕士淑于嘉庆二十二年（1817）为蔡家琬《陶门弟子集》作《序》，有文云："辛酉来游吾沭时，先大父家居，一见遂深器许，留馆于家，课予两弟。陶门亦执贽于先大父。"嘉庆辛酉（1801）年，蔡家琬三十九岁，正是蔡邦烈于沭阳教谕解职与蔡家瓒馆于沭阳吕氏之际。

《蔡氏宗谱》卷四《传赞》有合肥人赵席珍撰《陶门公传》，于考证蔡家琬生平颇有价值。其文有云："余家与同邑蔡氏皆自前明洪武间籍于合肥，迄壬午张献忠袭陷郡城，余先烈憨公以外卫袭职死贼，蔡公世和以邑诸生，城破奋向骂贼死。同入忠义祠。嗣后两姓互为婚姻百余年不绝。陶门先生，余表丈也。……先生四旬，数试不第，橐笔出游，止于沭阳吕氏。先是先生省试白门，以诗谒随园，称善，籍弟子列。吕观察恩湛，故随园交。知先生名。授馆焉，久之，名益彰，拜门墙日众。西江，故风雅薮，得先生以诗倡之，坛坫压江浙。吉安太守延主娄江讲席三年。先生从父德裕亦为沭阳教谕，过从甚欢。时先生已由增贡生援例得州目，始迎母赵太孺人，即余从祖姑，来沭色养，逾十年。季弟家琬亦能诗善饮，依先生于沭，白首兄弟，怡怡如也。母殁卜葬讫，与兄弟咸属家于沭。"

"先生从父德裕"即是蔡邦烈。蔡邦烈（1733—1809），字德裕，号箴六，乾隆四十八年（1783）癸卯科举人，嘉庆四年（1799）任沭阳教谕。卷十一《老六房一派总记》："十五世邦烈，字德裕，号箴六，兆麟公长子，配杨氏。生子五：家瓒、家隽、家斌、家贻、家箕。隽继邦侗。"卷四《传赞》有张延邠撰《沭阳县教谕箴六传》，其文曰："公讳邦烈，字德裕，号箴六，封翁瑞郊公子，母黄太孺人生。有凤慧，颖悟过人，年二十补诸生，乾隆癸卯举于乡，年将五十矣。是科江南得人最盛，名卿硕辅咸萃。是榜闱艺传诵，一时纸贵。数上春官不第，谒选得沭阳教谕。"民国《重修沭阳县志》："蔡邦烈，安徽庐州府合肥人，举人，嘉庆四年任。"[①]

沭阳县濒临大海，民风悍直，蔡邦烈任沭阳教谕时，能"渐以礼让，泽以诗书"，遂使"家知向学"，科名渐昌。嘉庆五年（1800）值水灾，为了切

[①] 钱崇威纂《重修沭阳县志》卷三，《中国方志丛书》，台北成文出版社，1970年影印民国刻本。

实达到赈灾的目的,便不辞劳苦去"清釐户口,以期实济"。因此颇有政声。后因直言与上司龃龉,于嘉庆六年(1801)任上罢归。《沭阳县教谕箴六传》云:"与同官议不合,别以事龃龉,公挂名弹章。诸生咸为公惜,欲为申辨,公笑谢之,即日单车归里。"蔡家琬与蔡邦烈交游甚密。乾隆五十七年,蔡家琬寓于无为州时,蔡邦烈曾携门生过其寓斋小饮,蔡家琬作诗曰:"客中躬岑寂,良会能几何? 吾伯叙往事,不异频相过。"

蔡家瓒(1757—1801),字宾邕,号湘蘅,蔡邦烈长子,十八岁,县、府、院试皆第一,乾隆六十年(1795)乙卯举江南乡试十四名,会试不第,检选知县,不就。嘉庆六年蔡邦烈于沭阳罢官后,受邀馆于沭阳吕氏。卷十一《老六房一派总记》:"十六世家瓒,字宾邕,号湘蘅,邦烈公长子。"卷四《传赞》有张延邮撰《检选知县湘蘅蔡公传》,其文云:"沭阳吕姓者,巨族也。怜司谕公之得谤,而重公之才,开宾馆以舍公。"然而,蔡家瓒不幸于当年秋季染疾而亡。"秋痁骤作,误服热剂卒。卒之日,惟长君有缨在侧。"

蔡邦烈任沭阳教谕时,给沭阳吕氏留下极深刻的印象,后其子蔡家瓒馆于沭阳吕氏,不幸卒于馆中,亦让吕氏对合肥蔡氏感泣。蔡家琬于嘉庆六年(1801)年游海州时,蔡邦烈正在任上,嘉庆七年(1802)馆于沭阳吕氏,正是蔡家瓒卒后。《陶门公传》云:"吕观察恩湛,故随园交知先生名,授馆餐焉,久之,名益彰,拜门墙日众。"所谓"随园先生交知先生名",当指蔡家琬曾拜袁枚门下。袁枚撰《月樵公传》有云:"乾隆岁丁卯(按:应为乙卯),合肥蔡生家琬以诗为贽,受业随园,与舒城沈本升茂才称吾门籍。"可见,蔡家琬馆于沭阳吕氏并不单单是所谓景仰沭阳的吕昌际,也不单单是向其从师学习,而是吕昌际钦慕合肥蔡氏,而蔡家琬又是袁枚入室弟子,兼为蔡邦烈、蔡家瓒父子的精神所感,遂延其为西宾。同时,从蔡氏三人与沭阳吕氏的交往中,完全可以推断出合肥蔡氏与沭阳吕氏实是世交。

从嘉庆壬戌七年(1802)至嘉庆壬申十七年(1812),正是十年。这期间,蔡家琬大多时间是在沭阳吕氏家作馆。在此期间,蔡家琬除赴乡试外,每日以授馆、读书、吟诗为乐事。如其《陶门弟子集》卷六云:

谋食亦何拙,入山殊未深。(《四十自述》)
晓听生徒读,昨宵未了书。(《斋中漫兴》)
读书如调羹,精熟味乃出;读书如织布,宜细复宜密;读书如还乡,先劳而后逸。(《读书似有所得》)

> 忘尽诸缘梦亦清,闲中犹自以诗鸣。(《感怀》)
> 异书爱读懒求解,俗累偏多幸善忘。(《自笑》)
> 一载谈经心事违,岁残分手各依依。(《留示诸及门(其一)》)
> 能起予心岂忘心,三余莫负好光阴。(《留示诸及门(其四)》)
> 读书旧处今何在,纵得归来也白头。(《客中感怀》)

嘉庆十七年(1812),蔡家琬第七次乡试落榜后,心灰意冷,兼之其所馆吕氏子吕朗陵业已乡试中举,便绝意仕进,欲移居东海之滨。蔡家琬于此年作《五十自述》一诗,有句云:"七度战文闱,纸落羽频铩。移居东海郡,徜徉云水窟。"并寄诗与吕朗陵曰:"贤劳伫作皇华使,我向南天望客星。"蔡家琬移家后,徜徉于山水之间,接连游览苍梧山、云台山等,以遣内心之郁闷。比如其《僦居云台山下喜而有作》有句云:"昔有入山愿,而今真在山。但求是乡老,那问二毛斑。"《苍梧山》有句云:"春来东海滨,山似睡方醒。兼之一雨零,清光更炯炯。我生性爱山,独游心亦肯。"《云台山》有句云:"海势忽然徙,上下卅年间。我来登绝顶,俯视但桑田。"

不仅如此,蔡家琬还请人在云台山下筑屋三间,命之曰"知足知不足斋",开始撰写《红楼梦说梦》。其《小筑》诗曰:"云台山下三间屋,一间兀坐一间宿。药炉茶灶清醪樽,别贮一间殊不俗。"《陶门弟子集》卷首有蔡家琬作于嘉庆十九年(1814)的《自叙》,其落款便署为"嘉庆甲戌夏五,合肥蔡家琬书于知足知不足斋"。因此,蔡家琬之所以号"二知道人",其义也就不言自明了。其《自叙》有文云:"仆年逾半百,闲居寡欢,忽忽悠悠,诸缘渐尽。惟是结习在诗,不忍听其散佚。……迎母至沭,僦居此邦,爱日如年,倏已十载。回念挂名场屋,不能幸获一第,学毛义捧檄以博堂上欢,往往引以自愧。幸老母谅予,不愿儿求进取也。于是弹铗不已,倚门长歌。"则知蔡家琬移居东海后,其所挂怀者惟是侍母与著述了。

蔡家琬以前阅读《红楼梦》时虽是"心口间汩汩然欲有所吐",但因为"谋生碌碌,无暇及此"。现在隐居云台山下,终于可以专心撰写《红楼梦说梦》了。此书撰成后,蔡家琬便请曾任沭阳教谕并寓居于此的江阴人朱黼画了一张画,名曰《红楼梦说梦图》,并自题诗一首。《红楼梦说梦图》即刊于嘉庆十九年(1814)《红楼梦说梦》一书的卷首,题署"京江解半痴"画,可知"京江解半痴"即朱黼的晚年字号。图后又附蔡家琬自题诗,署"二知道人自题"。其下还钤有两方私章,一曰"陶门弟子",一曰

"知足知不足斋"。① 嘉庆十九年无疑是《红楼梦说梦》一书刊刻的时间,而其撰成的时间当在嘉庆十七年(1812)。因为,蔡家琬的《自题梦中说梦图》一诗即撰于嘉庆十七年,刊于《陶门弟子集》卷六。该诗完整记录了蔡家琬阅读《红楼梦》的体悟,移录于下:

> 处世若大梦,何待痴人说?无如梦中人,儿女情切切。妙年未同衾,远虑及同穴。斯爱如梁鸿,斯敬如冀缺。世有轻薄儿,心目无前哲。畴昔香火情,中道忽然绝。结此恶姻缘,谁肯悟其孽?况闻古人言,彭殇同一辙。三万六千场,几人登大耋?春秋日云佳,风驰更电掣。昨朝颜如花,今晨鬓如雪。骑鹤本荒诞,妻梅讵为拙。振古人如兹,倏忽随烟灭。我亦梦中身,梦中无可悦。长物俱消磨,一麈资谈屑。梦宅本空空,口中存一舌。双睫忽潜开,鼾声暂尔辍。敢云返迷途,遁逃出蚁垤。道逢虎头痴,为我图骨节。我爱图中凉,不爱梦中热。

---

① 嘉庆十九年解红轩刊本《红楼梦说梦》,曾在上海敬华艺术品拍卖有限公司2006年古籍善本拍卖会上展出,编号是0920;后于北京歌德拍卖公司2009年古籍文献专场上展出,编号是0001。笔者有幸睹其全貌,并得到图片两张。

第九章 《红楼梦赋》作者沈谦及其家世家学考

清代嘉庆年间,著名红学家沈谦创作了《红楼梦赋》二十篇,开创了红学史上以赋体形式评论《红楼梦》的先河,其文论价值十分重要。关于作者沈谦的生平事迹,坊间偶有论者涉及,亦多谓其生平无考。潘务正云:"《红楼梦赋》作者沈谦,生平事迹不详。"① 汪超宏论浙籍曲家《翻西厢》作者号东江子的沈谦时,考证清代有六个沈谦,认为撰《红楼梦赋》的沈谦是浙江萧山人,号萧山居士,惜乎《民国萧山县志稿》未有其点滴记载,故生平亦无考。② 笔者检书,得观道光十年、十一年《缙绅全书》有关沈谦的宦迹记载,并经眼两部《萧山长巷沈氏宗谱》,详悉沈谦家庭的家世和生平事迹,故缀文补说,并论及沈氏家学、家风传承。同时,对于《红楼梦赋》的文论价值,亦予以介绍。

第一节 沈谦与《长巷沈氏宗谱》

《红楼梦赋》最早版本为"绿香红影书巢藏版",刊于道光二年(1822)壬午秋,署名萧山青士沈谦著。沈谦尝撰《自叙》,刊于卷首,是考证其生平最具参考价值的材料。《自叙》文末署:"道光壬午中秋前十日青士沈谦自叙于京寓之留香书塾。改名锡庚。"③观此题署,则《红楼梦赋》刊刻的大致时间和地点已明,而号"青士""改名锡庚"和前面提及的署名"萧山居士沈谦著"为我们考证沈谦其人提供了重要的线索。笔者即是据此查阅了《萧山长巷沈氏宗谱》,结果大有斩获。

季芝昌《丹魁堂集》中有《三月七日沈青士同年招赏桃花赋谢》《青士复为觞桃之集醉后放歌》和《十二月七日研培移樽伴薇榭为消寒四集会

---

① 潘务正著《沈谦〈红楼梦赋〉考论》,《厦门教育学院学报》,2011年11月第13卷第4期。
② 汪超宏著《沈谦二题》,《明清浙籍曲家考》,浙江大学出版社2009年版,第284—285页。
③ (清)沈谦撰《红楼梦赋》卷首,道光二年刊本。

者七人各系一绝》三首诗题①,均涉及沈谦。其中《十二月七日研培移樽伴薇榭为消寒四集会者七人各系一绝》其二有句云"沈何王李当时会,不及今朝野性便",于"沈"下注云"丰桥青士";而《三月七日沈青士同年招赏桃花赋谢》诗题中"沈青士同年"下注云"锡庚"。潘务正先生据此断言这个名锡庚号青士的沈姓人即是沈谦,固是正确,但说沈谦与季芝昌是乡试同年,尚属臆测,因为沈谦籍贯浙江萧山,季芝昌籍贯为江苏江阴,笔者查阅《道光元年辛巳各省乡试同年全录》又没有沈谦其人,季芝昌却见载。②季芝昌(1791—1861),字云书,号仙九,道光元年中举,道光十二年一甲第三名进士,官至内阁学士,著有《丹魁堂集》,曾国藩尝为其撰写墓志铭③。

笔者经眼有两部《萧山长巷沈氏宗谱》,均为承裕堂藏版。道光二十一年(1841)辛丑年刊本为三十二卷,沈豫纂修;而光绪十九年(1893)癸巳年刊本为四十卷,卷首一卷,沈荇纂修,均藏于国家图书馆。本文考证沈谦家世生平以光绪十九年《萧山长巷沈氏宗谱》为主,参以道光二十一年《萧山长巷沈氏宗谱》。光绪十九年《沈氏宗谱》卷一至卷二十八为世系表,以下依次为纶音、选举、仕宦(附封荫)、家传、家训、宗约、典礼、田产、赠言、家学(附艺文)、原序、祠碑记和杂记。卷首有翁同龢和平步青二人的《序》各一篇,均撰于光绪十九年。翁同龢(1830—1904),字声甫,号叔平,江苏常熟人,咸丰六年(1856)一甲第一名,官至户部尚书、协办大学士,著有《瓶庐诗文稿》《翁文恭公日记》,《清史稿》有传。翁同龢《序》有文云:"吾观长巷沈氏,望族也。其先由文昭食采于沈,因为氏。绵蔓鼎盛,声震南邦。前叙已详,余不细述。惟其宗支之详,自宋迄今,大修特修而不一修,支流不纷而体例尤当。令人见之,不禁有瓜瓞民生之感矣。"④平步青(1832—1896),晚清文史学家、目录学家和藏书家,字景荪,号栋山樵,浙江山阴人,同治元年(1862)进士,官至江西布政使,后辞官归隐,著有《读经拾沉》《霞外捃屑》《樵隐昔呓》等。平步青《序》有文云:"萧山长巷沈氏,其先世所藏《草谱略》有邑前宿毛西河、周石公、任千之三先生旧《序》,源委晰矣。道光年间重辑,为之《序》者汤文端公、山阴杜尺庄征君也。谱中义例发明殆尽。今年其族人荇甫茂才、蔼庭学博续

---

① (清)季芝昌撰《丹魁堂集》卷三、卷五,清同治四年刊本。
② 《道光元年辛巳各省乡试同年全录》第一册《顺天榜》,道光十年刊本。
③ (清)曾国藩撰《曾国藩诗文集》,上海古籍出版社2005年版,第335页。
④ (清)沈荇修撰《萧山长巷沈氏宗谱》卷首,光绪十九年刊本。

修,嘱乙卯同年宽夫司马犹子春荪茂才请序于余。"①观二人之序,则沈谦家族修谱诸事宜甚明。翁同龢所言"前叙已尽",当指平步青《序》中所言的毛西河、周石公、任千之、汤文端公和杜尺庄等人的《序》,俱详载《萧山长巷沈氏宗谱》,不赘。

观翁同龢《序》,则知沈谦家世为萧山当地望族,其先"食采于沈",故为姓。平步青言及的"汤文端公",即汤金钊,亦是萧山人。沈谦与汤金钊相交甚厚,道光十一年(1831)辛卯,汤金钊曾经号召萧邑人在京修建萧山会馆,耗银近六千两,责沈谦全权办理。同为萧山的藏书家王端履著有《重论文斋笔录》,记其事甚详。其有文云:"吾邑于京师向无会馆,士子会试者咸寄寓客邸,旅费艰难,居大不易。道光辛卯汤敦甫尚书捐银三千为之倡率,并纠集同志买屋于西河沿。沈君青士经营缔造,落成,尚书为文以纪其事,亲书刻石。"②汤金钊于道光十四年夏撰文记其事,有文云:"吾萧人文蔚起,来试礼部者不下五十人,乡无会馆……岁辛卯,醵金集费,买得西河沿房屋一区,新其坚完,葺其颓敝,增其不足,整其规模,沈君青士谙练工程,实董斯役,逾年落成,凡用白金五千九百两。计东西两院,为房四十五间。又西偏二所房,共二十四间,出赁为岁修费。"③汤金钊(1772—1856),字敦甫,萧山人。乾隆五十九年乡试第一,嘉庆四年中进士,乾嘉道咸四朝元老,官至礼部尚书、协办大学士,加封太子太保,著有《寸心知室存稿》等。

汤金钊撰《沈氏族谱序》是在道光二十年夏,其文有云:"沈君豫通经,能文章,慨宗谱之频修而屡失也,与同志族人采访得一《草略》,有西河毛先生、石公周先生、千之任先生三叙,复得而问叙于予。予惟长巷沈氏之族望地灵,前人之述备矣,无待予言,特阐谱之所关于敦睦者书之简端。时道光二十年岁在上章困敦季夏之月。"④则知汤金钊撰《序》虽是应沈豫之请,但汤金钊早年通过与沈谦的交游,对萧山沈氏早就有所了解,所以此次欣然为之作序,大书特书沈氏修谱的意义。沈豫,道光庚子(1840)岁贡生,谱载为三十世。

---

① (清)沈荇修撰《萧山长巷沈氏宗谱》卷首,光绪十九年刊本。
② (清)王履端撰《重论文斋笔录》,道光二十六年刊本。
③ 转引王履端《重论文斋笔录》卷八,道光二十六年刊本。
④ (清)沈豫修撰《萧山长巷沈氏宗谱》卷首,道光二十一年刊本。汤金钊《序》亦见载于光绪十九年《萧山长巷沈氏宗谱》卷三十九《原序》。

第二节 沈谦生平、家庭及宦迹情形

沈谦先世在清初时即由萧山迁居京都,所以沈谦早就寄籍顺天。道光二十一年纂修的《萧山长巷沈氏宗谱》曾失载沈谦支世系,而在光绪十九年《萧山长巷沈氏宗谱》卷二十一《东溇支》后补全了此支世系,并在沈冰"小传"后加《案语》云:"案冰公四子沈九皋前载失考。此次修谱有顺天河西务本名昌本寄来系图,载冰公子名九皋,其后传阅三十一世,由冰公上溯至原道公世次历历注明。据云先世由萧邑西河转迁东门外,后俱宦游留京。查静学公后裔多迁居西河,想因转迁留京之故。我宗前番修谱,彼此旷隔不及查认,以致失考。据此则为冰公的派无疑,今照寄来系图编入,以承冰公一派。"①沈谦谱载为二十七世,沈冰谱载为二十一世,沈冰当为沈谦高高祖,约在清初始迁北京。由沈冰上溯四世即为十七世原道公沈恕。沈恕字原道,有孝行,事迹具载《萧山长巷沈氏宗谱》卷三十三《家传》。其文云:"原道公讳恕,行一,贤八公之长子。赋资谨厚,孝亲睦族,内外称之无间言。早通儒术,兼精于书数。理家务勤而有方,事上接下间无毫过。举见诸子,皆英英雅秀,有志于学者。尝戒之曰'读书贵求道,爵禄轩冕外物耳。若等能孝悌力田,使不坠先人业,吾无憾矣'。临终犹饮泣以申前戒,至今子孙皆能战兢自守,而家业赖以日炽焉。"②沈恕生四子,即为粮长派沈宏、出继派沈宣、染店派沈宜和东溇派沈寅,沈谦一支即东溇派沈寅之后,沈寅即前所谓"静学公",静学其号也。

沈谦有个令其荣耀的先祖,名叫沈衡,是迁萧山的始祖,谱载为四世。沈衡(1007—1074),字公持,北宋景祐甲戌(1034)进士,累官兵部尚书职方郎。苏轼撰《赞》,苏颂撰《墓表》。苏轼《赞》云:"文武名家,公侯巨族。"苏颂《墓表》云:"君讳衡,字公持,越州萧山人。其先世皆不仕,至君之皇考,始往依其外兄吏部郎中王丝以学,而君又力志奋起,遂中景祐元年进士甲科。……为人严整守法,尤精吏事。"③沈衡颇重视家学与家风的培育,曾留《家训》四条,其一云:"《盘庚》三篇言重迁之难,吾家世苏州长巷,移居萧邑之东偏洛思山下,人情朴秀,山水清幽。孔子曰:'里仁为

---

① (清)沈荇修撰《萧山长巷沈氏宗谱》卷二十一,光绪十九年刊本。
② (清)沈荇修撰《萧山长巷沈氏宗谱》卷三十三,光绪十九年刊本。
③ 上引均见光绪十九年《萧山长巷沈氏宗谱》卷三十七《赠言》。

美,择不处仁,焉得知?'吾子孙审之。"①正因此,沈氏虽迁居浙江萧山,仍保留"长巷沈氏"的称呼,即是不忘本也。

光绪十九年《萧山长巷沈氏宗谱》直接记载沈谦生平事迹的文字有若干条,分别移录于下:

> 锡庚官名谦,字青士,行一,嘉庆戊辰恩科举人,拣选知县,考取国子监学正,钦派仓场监督,俸满截取同知,教授文林郎、晋封中议大夫。著有古今体诗、骈体文待刊。生乾隆癸卯七月初十,卒道光壬辰八月初七。配张氏,晋封淑人,生乾隆丙午二月十九日,卒道光乙未正月初一日。三子:炯、邦济、昌本。葬城东范家埭。锡恒,字子常,行二,教授登仕郎,晋封朝议大夫,生乾隆乙巳三月十九日,卒道光丁未九月十二日,配钱氏,晋封恭人。锡治,字桐生,行八,贵州桐梓县典史,生嘉庆某年十一月初一日,卒道光甲午二月二十一日,配蔡氏。(卷二十一《世系表》)
>
> 沈锡庚原名谦,戊辰恩科第二十六名举人。(卷三十《选举》)
>
> 沈锡庚原名谦,拣选知县,国子监学正,俸满截取同知。(卷三十一《仕官》)

则知沈谦实为官名,即嘉庆十三年中举及之前所用之名。沈谦生于乾隆四十八年(1783)七月初十,卒于道光十二年(1832)八月初七,得寿五十岁。汤金钊命其修萧山会馆是在道光十一年(1831),逾年而成,则亦是在道光十二年,则可推知萧山会馆建成不久,沈谦即辞世。沈谦中举是在嘉庆十三年(1808),此科为"万寿恩科",即嘉庆帝五十大寿。据《丹魁堂年谱》,江阴季芝昌考中举人是在道光元年十月,参加的是顺天乡试,考中第二百七十八名举人,房师为商城人周祖培,座师为戴均元、那彦成和顾皋等人。季芝昌在道光二年(1822)会试落榜,道光三年五月考取咸安宫教习第四名,六月考取国子监学正第十三名。② 则知沈谦与季芝昌所谓同年并不是道光元年(1821)一同考取举人,因为沈谦早在嘉庆十三年时即已中举,比季芝昌早十二年。而二人所谓同年当时在道光三年六月一同考取了国子监学正。前引季芝昌《十二月七日研培移樽伴薇榭为消寒四集会者七人各系一绝》一诗题末首诗下注云:"曩宦成均,暇辄

---

① (清)沈苻修撰《萧山长巷沈氏宗谱》卷三十四《赠言》,光绪十九年刊本。
② (清)季芝昌撰《丹魁堂自订年谱》,《北京图书馆藏珍本年谱丛刊》册一四四,第535页。

举同堂之会,迭为主客。"①按:"成均馆"即国子监。

查《道光十年冬缙绅全书》,道光十年(1830)仓差栏有20人,其中南新仓监督通政司经历下载"国子监学正沈锡庚(青士),浙江萧山人(戊辰)"②。道光十一年(1831)国子监率性堂下载"学正加一级沈锡庚(青士),浙江萧山人(戊辰)",广业堂下载"学录加一级季芝昌,江苏江阴人(举人)"。③ 沈谦友人周乐清道光十年(1830)有《晤沈青士学正锡庚话旧》诗题,有句云:"臣朔久饥今得粟,毋须进学解昌黎。"入句后小注云:"君将应差天津仓务。"④则知沈谦道光三年(1823)考取国子监学正后,八年后才钦派外任,做天津仓场的监督。沈谦所谓俸满拣选知县当是在道光三年(1823)考取国子监学正之前,而俸满截取同知当在道光十二年上半年之前,因为在道光十二年的八月沈谦即已去世了。

沈谦隶属东溇支静学公,其祖父沈荣宗在京邑颇有名望,曾任乡大宾。父亲名沈兴,字庭诗。沈谦兄弟三人,沈谦居长。有三子:沈炯、沈洪和沈昌本,卷二十二《东溇支寒庵公派》分载其"小传"。其文略云:"沈炯,行一,字又初,国学生,配蔡氏,同邑湖北巴东县知县蔡聘珍女,继来氏,有二子:培源和坤。……沈洪,又名宏,原名济邦,行二,字再青,道光丙午科顺天举人,咸丰癸丑大挑二等,任内阁中书,户部贵州司实缺主事,遇缺题补员外郎,道衔花翔,配桑氏,刑部桑春荣女,生一子四女,子名沈国桢。……沈昌本,行三,字又青,曾任直隶平山、涞水、高阳等县典史,升补顺天府武清县河西务巡检,五品衔主簿用,配诸葛氏,有一子名沈棠。"前引光绪十九年沈氏修谱时,持沈冰公支世系图者即沈谦三子沈昌本,则知沈谦家族的"迁北京支谱"当为沈昌本纂修。

第三节 《红楼梦赋》的文论价值

《红楼梦赋》创作于嘉庆十四年,而刊于道光二年,其缘由均与沈谦科举有关。道光元年(1821),因改元有恩科乡试,沈谦在嘉庆十三年即已中举,故不会参加,但他一定会参加道光二年(1822)的会试。沈谦又不幸落榜,心情十分失落,于是便借刻《红楼梦赋》以自遣。《红楼梦赋》

---

① (清)季芝昌撰《丹魁堂集》卷五,清同治四年刊本。
② 《道光十年冬缙绅全书》卷二十七,京都英秀堂刊本。
③ 《道光十一年冬缙绅全书》卷六十八,京都荣觌堂刊本。
④ (清)周乐清《静远草堂初稿》,清代稿本,广东人民出版社2007年影印。

卷首《自叙》有文云："窃恐侍郎试罢,未必降阶;伧父成时,适以覆瓿耳。然而枯鱼穷鸟,寓旨遥深。翠羽明珰,选词绮丽。借神仙眷属,结文字姻缘。气愧凌云,原不期乎杨意;门迎倒屣,敢相赏于李谿?弄到偏弦,握余惭笔,因风屈体难堪;竹叶笑人,破梦吹香,却被梅花恼我。"①《红楼梦赋》刻于道光二年(1822),而其创作时间更早,是在十二年前的嘉庆己巳年(1809),即嘉庆十四年。沈谦是嘉庆十三年(1808)参加嘉庆帝五十大寿的恩科乡试中举的,则嘉庆十四年一定会参加会试,那么揆其《自叙》语气,当又是在落榜时创作。其《自叙》有文云:"《红楼梦赋》二十首,嘉庆己巳作。时则孩儿绷倒,纳官贡归。退鹢不飞,缩龙谁掇?破衫如叶,枯管无花。……感友朋之萍逢,负妻子之鹤望。钟仪君子,犹操土音;庄舄鄙人,不忘乡语。荒凉徒佇,块独寡偕。悁结弥深,郁伊未释。爰假《红楼梦》,阅之以消长日。"①

沈谦两次落榜,固是其人生不幸,然对于红学史而言,则又何其幸哉!因为他给我们留下了赋评《红楼梦》二十篇,在红学史上可谓独树一帜。《红楼梦》自诞生至沈谦嘉庆十四年创作《红楼梦赋》,一般的评论者往往采用评点、诗话、序跋等方式评论,总体上缺乏系列单篇论文。一部中国文学批评史,自陆机《文赋》以赋体的形式做论文之后,摆脱笔记、序跋、诗话和评点而独立的文学论文本就不多,因此,从文学批评的形式而言,《红楼梦赋》这二十篇赋文便弥足珍贵,何况从内容上看,它们又颇多价值。

《红楼梦赋》有借鉴八股句评的嫌疑,但是这二十篇赋文,不仅摆脱了句评的俗套,而且创造了典型事件和场景评论,一改以往的以人物为中心的评论。清代无名氏撰的《西厢文》,取《西厢记》十六套每套一句或两句,覆盖全部四折戏曲,恰好为二十篇。②《西厢文》虽有叙有议,评论与描写相结合,并在原作基础上合理想象补充,但它仅仅是截取原作中一句话加以敷衍,《红楼梦赋》则是选取小说中典型事件或场景进行评赞,描写细腻,婉转生动,议论风发,内涵深刻。

这二十篇赋评,沈谦依次选取的是宝玉梦游太虚幻境、宝钗滴翠亭扑蝶、黛玉葬花、探春海棠结社、栊翠庵品茶、秋夜制风雨词、芦雪广赏雪、宝玉雪中折红梅、晴雯病补孔雀裘、邢岫烟典衣、史湘云醉眠芍药茵、怡红院

---

① (清)沈谦撰《红楼梦赋》卷首,道光二年刊本。
② 无名氏著《西厢文》,《西厢记》前附,民国十三年上海启新书局刊本。

夜宴、黛玉见土物思乡、中秋夜品笛桂花阴、凹晶馆月夜联诗、四美钓游鱼、潇湘馆听琴、焚稿断痴情、熙凤月夜感幽魂和李纨稻香村课子等著名情节，几乎囊括了全书中所有的精彩段落和高潮部分。

沈谦的每一篇赋评结构的起破均是议论点题，以下承转则进入情境描写，然后再转入议论收尾，颇似时文八股。比如《梦游太虚幻境赋》起破两句是："有缘皆幻，无色不空。风愁月恨，都是梦中；恨不照秦皇之境，燃温峤之犀。早离海苦，莫问津迷。何须春怨秋怨，朝啼夜啼；泪弹珠落，眉锁山低。"①起破虽仅是一两句，却牵一发而动全身，全篇的精神就在这两句上。这二十篇起承大都很精彩。如《海棠结社赋》："我闻衔土避燕，烧残噪鸦；王子评镜，鲁门斗茶。陶令招隐，白傅放衙。"②《栊翠庵品茶赋》："问前身于宝路，寻觉路于金绳。鱼山梵呗，鹿女襁灯。三空竟辟，万应俱澄。"③等等，直接点题，非常精彩。接下来转入描写，《梦游太虚幻境赋》云："则有警幻仙姑，身寄清都，职司姻录。……云母屏前，水晶枕上，壳破蝉飞，香迷蝶放。境黑仍甜，云青无障，烔引双光，灵开十相。琼花瑶草，翻添妩媚之容；绿槲红亭，别构玲珑之样。于是手披旧册，目注新图，细摹诗谶，历访仙姝。"最后转合则又议论，点明主旨，《梦游太虚幻境赋》云："朝云暮雨之期，行来一度；红粉青娥之局，话了三生。无何仙界难留，锦屏易晓，眼前好景俱空，梁上余音犹绕。人生行乐只如此，十二金钗都是杳。不想"红楼"命名意，误煞少年又多少！"①毫无疑问，这种三段式的结构是具有现代意味的。

在《红楼梦》思想主旨方面，沈谦认为是一部写情炫情之作。他点明了色空观念。《红楼梦》第一回云："空空道人因空见色，由色生情，传情入色，自色悟空。"这是《红楼梦》中的名句，所谓色空观念即由此而起。沈谦运用赋评多方予以诠解，以维护原作这一主旨。二十篇赋，一个"空"字频频出现达十余次。如《梦游太虚幻境赋》提到两次，"眼前好景俱是空""无色不空"；《葬花赋》提到一次，"芳心欲醉，痴想成空"；《海棠结社赋》提到一次，"当年洒泪，空回思妇之肠"；《栊翠庵品茶赋》提到两次，"三空竟僻，万虑俱澄""台非镜而都空"；《焚稿断痴情》提到一次，"人间之色相俱空，天上之炎凉已变"，等等。

---

① （清）沈谦撰《梦游太虚幻境赋》，《红楼梦赋》，道光二年刊本。
② （清）沈谦撰《海棠结社赋》，《红楼梦赋》，道光二年刊本。
③ （清）沈谦撰《栊翠庵品茶赋》，《红楼梦赋》，道光二年刊本。

沈谦论《红楼梦》的色空观念,旨在阐明《红楼梦》是一部写情之作。这一点集中体现在《梦游太虚幻境赋》中,其文论起讲即云:"有缘皆幻,无色不空。风愁月恨,都是梦中。"切入主题,甚为明朗。俞霞轩读此亦作夹批曰:"已销《红楼梦》一部全案。"再看煞尾议论,则云:"仙界难留,锦屏易晓,眼前好景俱空,梁上余音犹绕。人生行乐只如此,十二金钗都是杳。不想'红楼'命名意,误煞少年又多少!"沈谦竭力点出小说命名"红楼"寓意,因此俞霞轩总评又说:"吹大法螺,击大法鼓,燃大法炬。如来说法,真要唤醒一切,救度一切。"

以后各篇之起讲破题、转合议论几乎都离不开一个"情"字,如其二赋《滴翠亭扑蝶》论"蛱蝶"云:"杨柳阴中春色稀,饯春今日送春归。惟有痴情蝶不知,双双犹傍花间飞。"其三赋《黛玉葬花》论"焚稿"云:"胜粉零香变可怜,焚巾难补有情天。不知三尺孤坟影,葬得姑苏何处边?"其六赋《秋夜制风雨词》,沈谦制于嘉庆十四年(1809)九月二日,正值深秋,境与情共,则其论"秋雨"云:"固宜词伤头白,冢泣颜红;传情命薄,寄恨途穷者矣。"朱襄注云:"昨宵秋雨滴阶,孤灯如豆。同青士坐西窗下共话旅况,寒蛩落叶,枨触愁怀。因谓君宜赋秋窗风雨夜矣。次日即手携此赋出示。读之幽香冷艳,真教我一想一泪零。己巳九月二日素园朱襄附笔。"其九赋《病补孔雀裘》论"晴雯"云:"妆慵素粉,靥晕红潮;影比梅而更瘦,声如燕而尤娇。能不悄然心醉,黯然魂消,枕以玉骨,覆以金貂?他年委怀琴书,怡情笔砚;小窗卷风,幽径积霰;见此故物,曷胜眷恋?霜高露冷,神伤翡翠之裘;玉葬香埋,肠断芙蓉之面。"十一赋《怡红院开夜宴》论"众丫鬟"云:"则见春草娇婢,朝云小环。歌喉珠贯,舞袖弓弯。帐因雾锁,门倩风关。银屏烛冷,翠幕鈎闲。深情若揭,俗例都删。"十五赋《潇湘馆听琴》论"弹琴"则云:"索来妙句,凄风冷雨之情;翻入新腔,流水高山之谱。则有洛阳阿潘,路归兰若。同公子之缠绵,得仙人之潇洒,引我津迷,问谁心写?"十六赋《焚稿断痴情》则云:"呜呼!海溢情波,穴缠鬼市。居在膏肓,攻非腠理。医谁换心,方无续髓?"显然,《红楼梦赋》二十篇无一例外地围绕着"情"字论赞,高度评价了《红楼梦》这部写情的名作。可以说《红楼梦》在作者沈谦心中就是一部"情"词。

总而言之,沈谦的《红楼梦赋》在红学史上乃至在中国文学批评史上都具有一定的贡献,当然,这些赋评,从论文的表达形式来看,有类乎八股,且偏重于赏析,而不是做正面的批评与理论上的归纳、分析。但是,我们应当明白它毕竟是一种介于创作与批评之间的特殊的文论,与今天的评论有本质的不同。

第十章　王希廉、王朝忠兄弟刊刻小说名著及其先世货殖考①

护花主人王希廉,清代红学评点家,曾刊刻并点评《红楼梦》。孙玉明先生尝誉王希廉为"红学评点派第一人",认为他是"中国红学史上第一个对《红楼梦》艺术结构做出系统分析的大评点家"。② 诚为的论。对于王希廉的生平,胡文彬先生于二十世纪九十年代尝撰《清代〈红楼梦〉评点家王希廉生平考述》一文予以发覆,后又撰文补考。③ 今亦有学者李永泉师兄撰文④补说,然均亦未详考其先祖世系和家学传承,更没有提及王希廉先世货殖之道、儒商并重的情形。

详细记载王希廉家族世系的家谱,笔者经眼有三部。一为道光六年(1826)刊本,王仲銮纂修,名"太原王氏家谱",共二十卷,首一卷末一卷。王仲銮(1786—1843),改名銮,号子兼,号亮生,王希廉族叔,其曾祖王奕组是王希廉高祖王奕经季弟,同为以润公支之德和公支后。二为宣统三年(1911)刊本,王仁宝等创修,名"洞庭王氏家谱",共二十八卷,首一卷末一卷。王仁宝(1840—1917),字晋良,号縠卿,王希廉族子,其五世祖王金增是王奕经仲弟,同为以润公支德和公支后。三为民国二十六年(1937)石印本,王季烈纂修,名"莫釐王氏家谱"⑤,二十四卷,上海元昌印书局印。王季烈(1873—1952),王希廉曾族孙辈,为光化公支后,是王鏊的十四世孙。王鏊即王希廉十一世祖壑舟公王磐从弟。王季烈,字晋余,号君九,又号螾庐,光绪壬寅(1902)科举人,甲辰(1904)科进士,是中国近代科普翻译家和昆曲大师,著有《物理学》《螾庐曲谈》等。

---

① 是文为予与武全全共同撰写,发表于《明清小说研究》2014 年第 1 期。
② 北京图书馆出版社曾于 2004 年影印《双清仙馆本·新评绣像红楼梦全传》,孙玉明先生尝为之撰《序》。后此《序》发表于《红楼梦学刊》2003 年第 1 辑,第 157—178 页。
③ 胡文彬先生两文分别发表于《红楼梦学刊》1991 年第 3 辑、1997 年第 2 辑。
④ 李永泉撰《王希廉家世生平补考》,《红楼梦学刊》2013 年第 2 辑。
⑤ 王季烈《莫釐王氏家谱·凡例》,洞庭东山有主峰曰莫釐峰,故名之家谱。

王希廉家谱自明光化公创谱以来，凡六修，即"一创五修"。道光谱为四修，宣统谱为五修，民国谱为六修。《莫釐王氏家谱序》云：

> 我王氏于宋建炎初由汴迁吴，至明弘治间先十五世祖光化公及先十四世文恪公始撰家谱。国朝乾隆、嘉庆间六世族祖晚壑公两度修之。道光间族高祖亮生公修之，宣统初族祖榖卿公修之，距今二十余年矣。①

观以上三谱，由于道光谱与宣统谱均为以润公支德和公后人修纂，记载本支世系较详，故本文以道光谱为主宣统谱为辅，而参以民国谱详考王希廉先世货殖及相关情形。

王希廉，谱载世系为第二十一世，其生平"小传"，学者李永泉师兄已录考，故不赘。至王希廉先祖世系，若以十二世祖以润公和高祖德和公为界，可分三段。下面即按此划分分别详考。

第一节　王希廉、王朝忠兄弟家庭先祖考

王希廉先世，始祖百八、第二世千七将军于南宋初因护送宋高宗赵构南渡而迁居洞庭东山。《太原王氏家谱》卷首有光化公撰于弘治九年《序》，其文云：

> 吾王姓之始远矣。相传有居于琅琊者、太原者、山阴者，而家于姑苏之洞庭，则自宋南渡时徙焉。②

历九世始分为五支，即东宅孟方公、北宅公荣公、以润公、光化公三公、南宅友泽公。《洞庭王世家谱》世系即以这五支为纲。光化公，即王希廉十二世祖王瑸胞弟王琬，太子太傅王鏊之父。明代状元谢迁曾撰有《光化公神道碑》。其有文云："三槐之胄，百八肇立。发祥濬源，千七万八。派衍支分，星罗环居。"③阳明先生王守仁亦撰《太傅王文恪公鏊

---

① （清）王季烈撰《莫釐王氏家谱序》，《莫釐王氏家谱》卷一，王季烈纂修，民国二十六年石印本。
② （清）王仲鏊纂修，《太原王氏家谱》卷首，道光六年刊本。
③ （明）谢迁撰《光化公神道碑铭》，《太原王氏家谱》卷十六，王仲鏊纂修，道光六年刊本。

传》。其有文云："王氏其先自汴扈宋南渡,讳百八者,始居吴之洞庭山。"①这里所说的百八、千七和万八便是王希廉的始迁祖、第二世祖与第三世祖三代。而其第四世祖则为王胜五,字兴宗,生二子:福十一、福十二。福十二为其第五世祖,字仲达,娶周氏,生二子:廷玉、廷宝。廷宝为其第六世祖,娶杨氏,生二子:彦祥、彦祺。

王希廉家族先世第一至第六世,均从武职,隐德不耀,能以忠厚传家。至第七世,即王希廉十四祖王彦祥始奋力治生,兼贾商贸,家世丰裕,遂择子孙或习贾或业儒。王彦祥(?—1415)字伯英,入赘同邑陆子敬家为婿。时值元朝末年,陆子敬淮西经商,不知所踪,其女陆素贞(1352—1436)贤而孝其母,不忍嫁。生五子,皆伟岸,遂归宗王氏,迁于陆巷之口。《先世事略》云:

> 曾祖讳彦祥,字伯英。当元季,比巷陆子敬者,贾淮西不返。有女以贤闻,遂馆甥于陆。生五丈夫子,皆环伟绝人,乃谢陆氏去。家巷之西,与诸子戮力治生,家以日昌。②

《伯英公墓表》亦云:

> 先大父讳彦祥,字伯英,曾祖讳兴宗,祖讳仲达,考讳廷宝。王氏世家吴县太湖东洞庭之王巷,王氏于元时皆不仕。元季比巷有陆子敬者,游淮西,值兵乱,莫知所终,遗孤女,慧而孝,因馆大父。以后子敬氏陆富宗强,大父旅其间,和而有礼,上下宜也。已而生先君兄弟五人,皆奇伟瑰硕。……陆氏长者,始欲大父还宗,而难于言。大父知其意指,则幡然去之。③

其族孙王言廷《七代图序》中还曾谈到王彦祥的事迹,说他"永乐间经商,岁荒散财数万,籴贵卖贱,以赈贫乏,一时赖以无饥"。④ 王彦祥所

---

① (明)王守仁撰《太傅王文恪公鏊传》,《国朝献征录》卷十四《内阁三》,明万历四十四年刻本。
② (明)王鏊撰《震泽集》卷二十四《传》,文渊阁四库全书本,台湾商务印书馆1986年影印。
③ (明)王朝用撰《伯英公墓表》,《太原王氏家谱》卷十五《墓表》,王仲鎏纂修,道光六年刊本。
④ (清)王言廷撰《七代图序略》,《太原王氏家谱》卷十四《状略》,王仲鎏纂修,道光六年刊本。

生五子分别为昇、礼、敏、逵、谨,老四王逵即为王希廉十三世祖。王逵(1390—1453)字惟道,因孙王鏊贵显,诰赠户部尚书兼文渊阁大学士。娶同邑叶妙贤,继室周氏,俱诰赠一品夫人。三子:璋、瑅、琬。一女,适张彝。王希廉先祖读书重礼,而或业儒或货殖即始于王逵。《先世事略》云:

> 先祖府君讳逵,字惟道。宽厚长者,有器识。初洞庭人不知学问,闻有为弟子员者,恐惧逃匿。府君独好学重礼,得朱子《小学》《四书》,诵读不去手。浦江郑氏最名,有家法,即仿其家规行之。①

主事刘昌撰《墓碣铭》,铭曰:"坦乎有容,扩乎有充。卓乎有识,伟乎其躬。称于当时,其声则雄。贻于后人,其业则丰。"②

王逵生三子,即王璋、王瑅、王琬。王希廉十二世祖即为王瑅,字以润,北宅以润公支祖。娶杨湾陆氏,继叶氏,因无子,嗣长兄王璋子王鏊为后。王瑅善理家政,长兄王璋则货殖于亳州,而季弟王琬专一业儒,两兄弟之所需均王瑅出。《以润公墓表》云:

> 治家丰能,施约能守。成化元年,江南大饥,巨家鲜有盖藏。而我王氏卒赖府君以全。③

王希廉本生十二世祖王璋,字公荣,北宅公荣公支祖。娶叶氏,生二子:王钟、王鏊。《公荣公墓志铭》云:

> 府君长身魁颜,见者惊为异。……景泰间,王氏少衰,府君奋曰:父祖业不可由我而废。货殖留亳,积十余年,不顾家。身无择行,口无二价。亳人至今称为"板王"。④

---

① (明)王鏊撰《震泽集》卷二十四《传》,文渊阁四库全书本,台湾商务印书馆1986年影印。

② (明)刘昌撰《惟道公墓碣铭》,《太原王氏家谱》卷十六,王仲鎏纂修,道光六年刊本。(刘昌,吴县人,字钦谟,明正统十年进士。)

③ (明)王铨撰《以润公墓表》,《太原王氏家谱》卷十五《墓表》,王仲鎏纂修,道光六年刊本。

④ (明)王鏊撰《公荣公墓志铭》,《太原王氏家谱》卷十六《志铭》,王仲鎏纂修,道光六年刊本。

王琬,字朝用,王鏊之父,业儒卒成,官湖北省光化县,其后人故称光化公支。王希廉家世业儒与货殖之传统,即成于十二世祖王璋与王琬,并使其家族最终成为明清时期苏州数一数二的文化世家。东宅孟方公支,则为王希廉十二世伯祖王琮,是王逵胞兄王昇之子;南宅永泽公支,则为王希廉十二世祖王琛,是王逵胞弟王谨之子。

　　王希廉十一世祖王鏊(1448—1525),字涤之,号壑舟。娶蒋湾叶氏,继朱氏,庶朱氏。子三:延仁、延绍、延问,延仁早亡。王鏊货殖有成,积金累万,淡于仕途,遂隐于洞庭东山,构置园林,名"壑舟园",取庄周"蒙庄藏舟"之意。王鏊为其撰《壑舟记》,明代大画家沈周、蒋文藻亦应邀先后画图,姚绶、杨廷和、费宏、唐寅、祝允明、文徵明等巨公名流皆有歌咏,汇为《壑舟园题咏》二册。

　　王希廉先世十世祖至七世祖分别为延绍、有莘、国珪、祚新,即王鏊《世数排行诗》中的"延有国祚"①也。八世祖王国珪本生父为有誉,有誉之本生父为延问。延绍与延问皆王鏊子。延绍、延问、有莘、有誉、国珪,家谱皆有"小传",详列生卒、子嗣等。至七世祖祚新,字君胄,万历庚子(1600)三月初九日生,戊午(1618)科浙江乡试武举人,康熙甲辰(1664)闰六月初五日故,寿六十五。娶杨湾慎诚吾女,生子七:斯骥、斯骝、斯骏、斯骅、斯䮤、斯虩、斯騠。一女,适荡田天启辛卯科举人江西饶州通判许元弼子霖光。《三代图像记》云:

　　　　先曾祖君胄公讳祚新,明万历戊午举人,具干济才,际时变不出,以孝廉终。②

　　需要指明的是,洞庭王氏之创谱始于明宏治年间,即由光化公支王琬王鏊父子纂修。《文恪公跋》曰:"家君谕德大夫公谱王氏,自始祖至于今,为世凡十有一,为支凡五。……予始作此谱,旁搜细勘,历十有七年而后成。鏊既受以卒业,有间进曰:详矣明矣,诚王氏之世宝矣!"王鏊(1450—1524),王琬次子,字济之,号守溪,晚号拙叟,学者称震泽先生,阳明先生谓其为"完人"。明代弘治、正德间名臣,官至户部尚书、武英殿

---

① (明)王鏊撰《世数排行诗》为:"延有国祚,斯显奕世。伯仲希仁,叔季守义。民彦思忠,元良允治。太平万年,臣子素志。"此排行诗即自十一世始。

② (清)王言廷撰《三代图像记》,《太原王世家谱》卷十九《记》,王仲鎏纂修,道光六年刊本。

大学士,卒谥文恪。文恪崇史策,取士必尚经术,险诡者一切屏去,宏正间文体为一变。著有《姑苏志》《震泽集》等,《明史》有传。文徵明、王守仁均有传赞。文徵明出其门下,谓其:"于经术为深,故粹然一出于正。"①王守仁评曰:"世所谓完人,若震泽先生王公者,非耶?内裕伦常无俯仰之憾,外际明良极禄位声光之显。"②光化公支后人业儒有成,在明代除王鏊外,尚有王禹声,王鏊曾孙,万历己丑(1589)科会魁,官至湖广提督学政,祀名宦乡贤。著有《鹃音白社诗草》二卷。

第二节　王希廉、王朝忠兄弟家庭先祖货殖情形

王希廉先世至七世祖君胄公、六世祖德和公,适值明清换代之际。君胄公王祚新虽举武乡试中试第四名,却隐居不仕,其子孙亦是读书而不仕,遂隐于货殖,以商贾治其家,故其家能"颇饶于资",为苏州巨贾。

王希廉六世祖王斯騋,字德和,即以润公支入清后德和公支支祖。顺治甲申(1644)十一月初五日生,康熙癸酉(1693)八月初三日故,寿五十。娶张巷张常伯女,生二子:显蛟、显兴。一女:适前山陆彩南。王希廉五世祖王显蛟,字文起,号孺怀,康熙甲辰(1664)正月初四日生,庚子(1720)十一月初三故,寿五十七。娶杨湾张公远女,生三子:奕经、金增、奕组,即王希廉高祖辈。王仁宝《五代图像记》云:

> 八世祖君胄公讳祚新,七世祖德和公讳斯騋,际鼎革,蟹居陆巷,隐于货殖。尝训子孙曰:"起居之道,如筑室然。基厚者,屋自久。心计不足用,多财不足恃。惟俭以自奉,厚以待人,斯堪持久耳!"六世祖讳显蛟,字文起,端方谨厚,浑然无圭角,家道虽裕,不敢自丰。曰:"财流物也,偶寄我耳。若据为固有,是人为财用,而非人用财也。"与人贾,每少取而多与,人称为仁厚长者。③

观王仁宝之语,则知德和公一支入清后则以商起家而以忠厚传家,颇

---

① (明)文徵明撰《文恪公传》,《王氏家谱》卷十三《传》,王仲鋆纂修,道光六年刊本。
② (明)王守仁撰《太傅王文恪公鏊传》,《国朝献征录》卷十四《内阁三》,明万历四十四年刻本。
③ (清)王仁宝撰《五代图像记》,《洞庭王氏家谱》卷二十三,王仁宝等纂修,宣统三年刊本。

得经商之道。同卷王世琛撰《德和公像记》,有文云:"盖自宋南渡时始迁祖即卜居于此。里人称忠厚王家,几六百年矣。翁承忠厚之绪,益循理自好。敦孝友,崇礼让。抚兄之孤,拯人之急。宗族乡党间号为长者。"

王希廉高祖王奕经,兄弟三人,其居长,字九如,号槐庭,监生。康熙癸酉(1693)七月初十日生,乾隆戊辰(1748)闰七月十二日故,寿五十六。娶叶自诚女,侧室周氏。生七子:世镛、世岐、世冕、世铭、世仁、世鋐、世景。女五:一适杨湾太学生张从龙,二适蒋湾太学生叶钦承,三适张巷贡生张应传,四适岱心湾太学生刘宗房,俱叶氏出;五适太学生朱德成,侧室出。仲弟王金增(1675—1748),字师李,号眉庵,附贡生。季弟王奕组(1700—1771),字九锡,号忍庵,监生。王希廉高祖兄弟三人经商有成,家业颇显。不仅重金赎回钱谦益红豆山馆所藏王鏊《壑舟园题咏》二册,而且斥巨资重建壑舟园林,并扩之,以继先祖之业。

明清易代,王希廉十一世祖王鏊的《壑舟园题咏》图册亦是几易其主,后归常熟钱谦益所有,吴梅村尝见而赋诗。至清代乾隆年间,历二百余年,始归王氏,沈德潜、吴庄各撰《壑舟园记》以记之。沈德潜云:

> 有明王涤之先生,隐居洞庭东山,名其居曰壑舟。取蒙庄"藏舟于壑"意也。(从)弟太傅文恪公为之记,石田翁、蒋春州为之图。一时巨公名流皆有歌咏。汇而成册,诚盛事也。后沧桑巨变,更为钱牧斋所有,吴梅村见而赋诗。继且易数主矣。后人眉庵不忍先泽之湮也,善贾赎而归之。并得朱氏旧宅,与兄槐庭、弟忍庵商酌,扩而大之。又增建楼阁,为眺览名胜之所。仍颜曰"壑舟",承前志也。①

《苏州府志》载:

> 壑舟园在洞庭东山,王文恪公仲兄鏊所筑。鏊隐居不仕。取藏舟于壑之意以名其园,即以自号。后废,裔孙金增、奕组购朱氏之缥缈楼,仍其名壑舟,以承先志。其地颇擅湖山之胜,吴伟业有《宿朱氏楼》诗。②

王希廉高祖三兄弟将《壑舟园题咏》赎回后,依图重建壑舟园,并建

---

① (清)沈德潜撰《壑舟记》,《太原王氏家谱》卷十九《记》,王仲鏊纂修,道光六年刊本。

② (清)冯桂芬等纂修《同治苏州府志》卷四十五,光绪九年刻本。

筑了天绘、云津、艺芸、护兰、慕德、孔安诸楼阁，又将壑舟园中庭改为祠宇，祀德和公三世。不仅沈德潜等撰《壑舟园记》予以记述，而且清代名流如彭启丰、吴庄、王芑孙、王仲鎏、张传易等均有诗文记之，王金增汇集成册，题为《壑舟园诗集》，刊而行世。诚为"艺林佳话"！

蒋元益撰《德和公三世墓表》亦是记载王希廉本支先世入清后"淡于仕进，寄志货殖"事甚详。蒋元益谓王希廉高祖奕经云：

> 公器宇岐嶷，才猷宏远。当孺怀公捐馆时方弱冠，两弟一习儒业，一尚幼。冲公一身总理家政，擘画井然，不数年，家业倍蓰于前。然公非算及铢锱者也。售产价每过其直。曰："人之弃产，必有所急，我乘其急而靳其直，不但不足以贻子孙，于心亦复何安？"①

彭启丰亦为其撰《墓志铭》，云："中吴著望，洞庭氏王。……伊槐庭公，宽裕温良。肫肫孝友，念笃不忘。三叶祔葬，祖兆之旁。"②

需要指出的是，洞庭王氏家谱乾隆、嘉庆时两次续修均为德和公支王奕组、王世钧（号晚壑）父子输资纂修，沈德潜、彭启丰、王芑孙、石韫玉分别作《序》。沈德潜《序》云："忍庵偕其族人子侄辈，悉心搜录，详加考核，缕析条分，汇成巨帙，忍庵真能善承先志者哉！"③光化公支入清后，习举业亦有大显者。王世琛（1680—1729），康熙壬辰（1712）科状元，王鏊八世孙，万历己丑（1589）科进士王禹声五世孙，官至山东学政，卒于任，著有《橘巢遗稿》二卷。王芑孙（1755—1817），乾隆戊申（1788）年三月召试举人，王鏊十世孙，官华亭教谕，著有《渊雅堂诗文集》五十卷等。

第三节　王希廉、王朝忠兄弟刊刻小说名著

王希廉高祖王奕经兄弟三人隐于货殖，颇擅经营，其家业不数年便数倍于前。不仅在洞庭广有资产，而且在常熟昭文亦有田产不下千亩。

---

① （清）蒋元益撰《德和公三世墓表》，《太原王氏家谱》卷十五，王仲鎏纂修，道光六年刊本。（蒋元益，字希元，号时庵，长洲人，乾隆乙丑进士，官至兵部侍郎，著有《清雅堂诗抄》等。其妹适王世琛次子王恺伯。）

② （清）彭启丰撰《槐庭公墓志铭》，《太原王氏家谱》卷十六《志铭》，王仲鎏纂修，道光六年刊本。

③ （清）沈德潜撰《己丑谱序》，《太原王氏家谱》卷首，王仲鎏纂修，道光六年刊本。

《莫釐王氏家谱》卷二十一《祠宇》详细记载了文起公义田、私塾各家捐田产数。道光十三年,王希廉从叔祖王熊伯倡建义庄义塾,昭文县各家捐田"八百十五亩八厘二毫",而王希廉之父王仲沅及叔王仲澶一家便捐"花田三百五十亩"。其家"颇饶于资",可以想见。《云津堂义庄记》:

> 沅等追念先君子素有是志,事虽未果,然时惓惓。今叔来敢不承命?爰将所置昭邑支塘花田三百五十亩,计值二千千。又于向捐孔安楼之百四十千内取百千入义庄。合捐通足钱二千一百千。所以承先志也。秋涛弟捐百五十千,静轩侄亦捐百五十千,又取所捐孔安楼之百千增入义庄,共得二千五百千。惟是为数犹寡,不能及远。①

道光二十、廿一年又两次续捐钱一千千文。在清末,王希廉家族又有一次重修"壑舟园"园林之举,倡议者亦是德和公支后裔王仁宝。据《重修壑舟园祠宇记》载,王仁宝为眉庵五世孙,念先人遗泽,思所以继绳之。乃于丁未(1907)之夏鸠工庀材,先葺云津堂、孔安楼、家祠及堂左之壑舟,次治缥缈楼、得月亭、艺芸馆、护兰室诸胜处。"丹楹粉壁,耀貌一新;奇石清泉,左右掩映。落成之日,族人毕至,额手称庆,乐兹园之复兴。"②

王奕经共生七子,去世后便命王希廉曾祖王世岐、祖父王伯巽照管昭文县田产,故王希廉先世自祖父辈便侨居常熟昭文。《毅斋公传》:"王君声坛,讳世岐,号毅斋,余同郡友也。……长游昭文县庠,诸先达咸器重之,然未尝稍有矜炫也。"③《蕴香公传》:"王朝忠,字蕴香,吴县人,侨居常熟。"④惜王世岐寿短,年三十一而卒。王希廉祖父王伯巽、父王仲沅及其兄王朝忠继其业,克绍家风,不堕乃志。则王希廉父祖辈货殖情形,还未见直接史料,然或经营园艺田产,亦未可知。王希廉从叔王临伯,字敦吉,号爱闲,王金增之孙。《爱闲公传》云:"大父以先世有贾肆在虞山,命

---

① (清)王仲沅撰《云津堂义庄记》,《洞庭王氏家谱》卷二《祠宇类下编》,王仁宝纂修,宣统三年刊本。
② (清)叶耀元撰《重修壑舟园祠宇记》,《洞庭王氏家谱》卷二《祠宇类下编》,王仁宝纂修,宣统三年刊本。
③ (清)彭绍观撰《毅斋公传》,《洞庭王氏家谱》卷十九《传状类上编》,王仁宝纂修,宣统三年刊本。
④ (清)庞鸿文等纂修《重修常昭合志》卷三十,光绪三十年刊本,台湾成文出版社1974年影印本。

府君至肆理其事,处置有条,人皆服之。"①观此,王希廉家在昭文似亦应有铺户之类生意。

王仲沇父子兄弟能继先世遗绪,亦以忠厚传家。《蕴香公传》:"性好义,值岁凶,纳谷千石以赈饥。咸丰中,又输千金助饷。旧与蒋大令因培、赵孝廉允怀、张文学尔且为文字交,有知己之感。没后,朝忠出赀刊其遗集。"②更可宝贵的是王希廉、王朝忠兄弟二人能刻书继业,以承继先世"隐于货殖"之志,实又创一新天地。《见闻随笔》云:

> 王朝忠,字梦霞,号月山,又号蕴香,东洞庭山老布衣也。家颇饶于财,曾翻刻《三国演义》,补刻一百二十四人图像传世。③

王朝忠除翻刻《三国演义》外,还曾刊印《域外丛书九种》,共二十一册,道光壬寅(1842)刻。首有王鎏《序》。王鎏即王仲鎏。其文云:"蕴香侄素爱奇书,乐以公之于人,得其本而梓之。附以他书言:'海事者粲然可观,吾尝叹刻书者未能有益于世也。'若蕴香之用心,其真切于时务者哉!"④王朝忠还刊有《海外番夷录》一书,藏清华大学图书馆,看来,王朝忠当是较早介绍海外著作的人。而王希廉则翻刻《红楼梦》,撰写《总评》《回评》,并刻六十四人图像,及六十四幅名花,此即为双清仙馆本《新评绣像红楼梦全传》。王希廉《自序》云:"余之于《红楼梦》,爱之读之,读之而批之,因有情不自禁者矣。"⑤王希廉翻刻《红楼梦》是在道光壬辰(1832),王朝忠所刻之《域外丛书》在道光壬寅,则可推知王朝忠翻刻的《三国演义》亦应在此十年之间,或与《红楼梦》同时翻刻。王希廉与王朝忠二人"兄弟怡怡,白首友爱",一起翻刻小说名著,实体现了其先世"读书不仕,隐于货殖"之志节情操。

笔者亦检得王希廉佚诗一首,载《虚斋名画录》。诗云:

---

① (清)王仲涝撰《爱闲公传》,《莫釐王氏家谱》卷十五《述德下》,王季烈纂修,民国二十六年印本。
② (清)庞鸿文等纂修《重修常昭合志》卷三十,光绪三十年刊本,台湾成文出版社1974年影印本。
③ (清)齐学裘撰《见闻随笔》卷十六,清代同治十年刻本。
④ (清)王仲鎏撰《域外丛书序》,王朝忠辑《域外丛书九种》卷首,道光二十二年刻本。
⑤ (清)王希廉撰《红楼梦批序》,双清仙馆本《新评绣像红楼梦全传》卷首,道光十二年刊本。

遨游何处好？胜地数西湖。慈竹烟云绕,蓝舆侍奉娱。陈思谁企及？小宋我友于。莫向桃源问,且瞻武库图。①

署"奉题《西湖侍游图》,即请恺堂仁兄大人正之。雪瓿弟廉甫草"。恺堂者,即曹士虎,字恺堂,汤贻汾侄女婿。王希廉此诗后尚有其侧室周绮同题诗,署"戊午大暑日,奉题《西湖侍游图》",则知王希廉之诗亦署于同时,即咸丰八年(1858)。此时,王希廉偕才女周绮正寓沪上,而其所刻《新评绣像红楼梦全传》亦在热销与翻刻中②。

---

① （清）庞元济撰《虚斋名画录》,清宣统间刻本。
② 据孙玉明先生对勘四种双清仙馆本《新评绣像红楼梦全传》的版本,认为这四种版本之间存在的差异,恰好证明王希廉刻印的《红楼梦》在当时颇受读者喜爱,因而印刷量极大,甚至坊间还出现了盗印本。孙玉明先生撰《〈双清仙馆本·新评绣像红楼梦全传〉序》,《红楼梦学刊》2003年第1辑,第157—178页。

第十一章 《镜花缘》作者李汝珍家世生平考实

《镜花缘》一书,内容博杂,炫鬻学问,五花八门,无所不包。用李汝珍自己的话来说,就是:"以游戏为事,……上面载着诸子百家,人物花鸟、书画琴棋、医卜星相、音韵算学,无一不备。还有各样灯谜、诸般酒令、以及双陆、马吊、射鹄、蹴球、斗草、投壶,各种百戏之类。"①《镜花缘》中所庋藏的音韵、训诂、校勘及经史知识,无不与乾嘉考据有着密切的关联,是故,李时人先生认为,李汝珍首先是一位乾嘉考据学派学者,然后才是一位小说家②。因此从这个角度来看,《镜花缘》不失为一部典型的考据派小说。清人王之春认为:"小说之《镜花缘》,是欲于《石头记》外,别树一帜者。"③所谓"别树一帜"当是就其逞才炫学的性质而言的。鲁迅先生评价《镜花缘》,云:"盖以为学术之汇流,文艺之列肆,然亦与《万宝全书》为邻比矣。惟经作者匠心,剪裁运用,故亦颇有虽为古典所拘,而尚能绰约有风致者。"④以"万宝全书"比称《镜花缘》,可谓恰当至极。

每位作家,其成长历程与创作过程都摆脱不了家世的影响。是故,研究作家的家世,对于理解作家的思想、作品的主旨都将起到推进的作用。20世纪20年代,胡适最早开始关注李汝珍的家世,撰《〈镜花缘〉的引论》一文,予以发覆。随后孙佳讯撰写《镜花缘补考——呈正于胡适之先生》一文,刊于1928年《秋野》第2卷第5期。孙佳讯的考证弥补了胡文之不足,并据许桂林《北堂永慕记》订正了胡文的错误。随后,吴鲁星又撰写《〈镜花缘〉考证》一文,力主《镜花缘》作者为海州"二乔",即许乔

---

① 《镜花缘》第二十三回"说酸话酒保咬文,讲迂谈腐儒嚼字",《古本小说集成》影印本,上海古籍出版社1990—1994年版,第402页。
② 李时人撰《出入"乾嘉":李汝珍及其〈镜花缘〉创作》,《国学研究》第四卷,袁行霈主编,北京大学出版社1997年版,第383页。
③ (清)王之春撰《椒生随笔》卷四,清代光绪七年文艺丛刊本。
④ 鲁迅著《中国小说史略》,《鲁迅全集》第九卷,人民文学出版社2005年版,第260页。

林、许桂林兄弟。①

　　进入20世纪80年代以来,张友鹤先生校注出版了《镜花缘》一书②,其在"前言"中,论述了李汝珍的生平与创作。嗣后,李时人先生相继撰写了《李汝珍"河南县丞"之任初考》和《出入"乾嘉":李汝珍及其〈镜花缘〉创作》③。此二文亦论及了李汝珍生平、出仕等内容,将这些方面的研究推进到新的阶段。此后徐子方的《李汝珍年谱》④,台湾学者王琼玲的《镜花缘研究》⑤等著作,也各有其新意。但由于没有发现新的材料,李汝珍家世研究尚有待于新的突破,而其生平中"之官河南"的经历亦尚待补证,并证实。本章笔者将依据新发现的珍贵史料《道光乙未恩科直省同年全录》和《道光乙未科会试同年齿录》⑥(为了行文方便,《道光乙未恩科直省同年全录》,下文简称《直省同年录》,《道光乙未科会试同年齿录》,下文简称《会试同年录》),并结合中国历史一档馆朱批奏折、台湾内阁大库文档的题本文会材料、清人诗文集及史志材料,详细考证李汝珍的家世与候补河南县丞的问题。

第一节　李汝珍家世新考

　　祖父李廷栋,监生,北平大兴人。祖母贾氏。《会试同年录》云:"高祖廷栋,太学生,敕赠修职郎,晋赠征仕郎。高祖母氏贾,敕赠太孺人。"《直省同年录》同此。

　　父亲李馥,监生,候选主簿。李馥先娶陈氏。陈氏卒,续娶徐氏。徐氏,旌表贞节。《会试同年录》云:"曾祖馥,候选主簿,敕赠修职郎,晋赠

---

① 关于孙佳讯与吴鲁星撰文与胡适讨论的情形,见孙佳讯著《〈镜花缘〉公案辨疑》一书《引言》,齐鲁书社1984年版。
② (清)李汝珍撰,张友鹤校注《镜花缘》,人民文学出版社1984年版。
③ 前文发表在《明清小说研究》1987年第1期,后文发表在袁行霈主编的《国学研究》1997年第4卷。
④ 徐子方著《李汝珍年谱》,《文献》2000年第1期。
⑤ 王琼玲著《镜花缘研究》,《清代四大才学小说》,台北商务印书馆1999年版。
⑥ 李维醇是李汝璜之孙,记载其进士中式的"同年录"有两份。一份名曰《道光乙未恩科直省同年全录》,文奎斋藏板,国家图书馆藏;一份名曰《道光乙未科会试同年齿录》,文奎斋藏板,哈佛大学汉和图书馆藏。后者记载较前者详细,故本文据此予以考证李汝珍家世。

征仕郎。曾祖母氏陈,敕赠太孺人。曾祖母氏徐,敕封太孺人,申请旌表贞节。"《直省同年录》同此。李馥有子三人,分别为李汝璜、李汝珍、李汝琮。至李汝珍生母究竟是陈氏,还是徐氏,尚未可知。笔者以为,李汝珍与其弟李汝琮极有可能是徐氏所生,李汝璜赴任海州板浦场时,李馥已去世,二人年龄尚小,徐氏尚年轻,孀妇弱子。所以于乾隆四十七年壬寅(1782),全家随陈氏所生李汝璜一同赴海州板浦。《李氏音鉴》卷五《第三十三问著字母总论》云:"壬寅之秋,珍随兄佛云,宦游朐阳。"①

兄长李汝璜,字佛云。监生,考补方略馆誊录。历任海州板浦场、泰州草堰场盐课大使和高唐州州判。《会试同年录》和《直省同年录》皆云:"祖汝璜,历任两淮板浦场、草堰场盐课大使,山东东昌府高唐州州判。"李汝璜初任海州板浦场盐课大使,实是乾隆四十七年(1782)捐纳,随后拣发两淮试用。乾隆四十八年(1783)试署海州板浦场盐课大使。按清代官制,盐课大使为正八品。《两淮鹾务考略》云:"各场大使,向俱未入流,秩差于巡检,故称场司。雍正六年,改为正八品。"试用一年期满后,实授板浦场盐课大使,负责"经征折课,稽煎缉私,弹压商竈"②。

《重修两淮盐法志》卷一百三十五《职名表》海州分司板浦场盐课大使条下载:"乾隆四十八年,李汝璜,顺天大兴县人,监生。"③

《海州直隶州志》卷五《职官表》板浦场盐课大使条下载:"李汝璜,大兴人,监生,四十八年任。"④

李汝璜初任海州板浦场盐课大使,自乾隆五十年(1785)三月实授到任,至乾隆五十六年(1791)正月止,任满六年。台湾《内阁大库文档》两淮盐政董椿《题报板浦场盐课大使李汝璜六年俸满堪膺保荐折》云:

> 据运使曾燠等会详称,案查首领佐贰职等官,奉部议履历,俸已满六年,详加甄别。其中人材出众、著有劳绩、堪膺保荐者,出具切实考语保题等。因查海分司属板浦场大使李汝璜,顺天府大兴县人。

---

① (清)李汝珍著《李氏音鉴》,《续修四库全书》第二六〇册,上海古籍出版社2002年版,第461页。

② (清)不著撰者《两淮鹾务考略》,《四库未收书辑刊》第一辑第二四册,北京出版社1997年版,第705—706页。

③ (清)王定安等纂修《重修两淮盐法志》,《续修四库全书》第八四五册,上海古籍出版社2002年版,第387页。

④ (清)唐仲勉等纂修《海州直隶州志》,《中国方志丛书》,成文出版社1970年版,第115页。

由监生考补方略馆誊录,捐盐课大使,拣发两淮题署板浦场大使。应遵新例,查该员自乾隆五十年三月实授之日起,连闰扣至五十六年正月,六年俸满。行据署海运分司运判京袁宗勋查核加考,详送盐转前来本司等覆核,该大使李汝璜明白谨慎,才具优长,堪膺保荐之员,除履历考语,请册分送部科。外臣谨会同两江总督臣书麟、江苏巡抚臣奇丰额合词保题。伏乞皇上睿鉴,敕部议覆施行,为此谨题。请旨。

乾隆五十六年(1791)正月,李汝璜板浦场盐课大使任满后,并未离任,因"明白谨慎,才具优长"而被董椿保举,继续留任,至嘉庆四年(1799)六月金翀接任。金翀(1751—1823),字振之,号香泾,著有《吟红阁诗集》。《重修两淮盐法志》卷一百三十五《职名表》海州分司板浦场盐课大使条下载:"嘉庆四年,金翀,安徽休宁人,拔贡。"嘉庆三年冬《大清缙绅全书·两淮盐院属》载:"板浦场盐课大使李汝璜,佛云,顺天大兴人,四十八三月题。"①嘉庆五年冬《大清缙绅集成·两淮盐院属》载:"板浦场盐课大使金翀,安徽休宁人,生员,四年六月题。"②

嘉庆七年(1801)二月,李汝璜授泰州分司属草堰场盐课大使,至嘉庆十六年六月离任。《重修两淮盐法志》卷一百三十五《职名表》泰州分司属草堰场盐课大使条下载:"嘉庆六年,李汝璜,大兴县人,监生。嘉庆十六年,宋继辉,汉军正黄旗人。"③嘉庆九年春《大清缙绅录集成·两淮盐院属》载:"草堰场盐课大使李汝璜,佛云,顺天人,监生,七年二月授。"④嘉庆十一年春《缙绅全书·中枢备览·两淮盐院属》载:"草堰场盐课大使李汝璜,佛云,顺天人,监生,七年二月授。"⑤嘉庆十七年秋《缙绅全书·两淮盐院属》载:"草堰场盐课大使宋继辉,汉军正黄旗人,监生,十六年六月授。"

---

① 清华大学图书馆,科技史暨古文献研究所编《清代缙绅录集成》,第五册,大象出版社2008年版,第71页。
② 清华大学图书馆,科技史暨古文献研究所编《清代缙绅录集成》,第五册,大象出版社2008年版,第254页。
③ (清)王定安等纂修《重修两淮盐法志》卷一百三十五,《续修四库全书》第八四五册,上海古籍出版社2002年版,第384页。
④ 清华大学图书馆,科技史暨古文献研究所编《清代缙绅录集成》,第五册,大象出版社2008年版,第458页。
⑤ 清华大学图书馆,科技史暨古文献研究所编《清代缙绅录集成》,第六册,大象出版社2008年版,第78页。

据《会试同年录》，李汝璜亦曾授山东东昌府高唐州州判。然而，李汝璜并没有到任。许乔林《弇榆山房诗略·都门早秋怀人诗》（共三十二首）中有怀李佛云诗。其下有注云："佛云曾仕高唐州州判。"①按嘉庆十六年六月，李汝璜卸任草堰场盐课大使后，即会授高唐州州判。然《高唐州志·职官表》州判条下载："张果达，大兴监生，嘉庆十六年任；耿润，灵石监生，嘉庆二十一年任；梁大受，闻喜监生，道光十年任。德毓，正白旗汉军州同，道光十六年署任。"②则知李汝璜因故并未到任。

李汝璜的妻子是徐氏。《会试同年录》《直省同年录》皆云："祖母氏徐，敕封孺人，晋封太孺人，诰封太宜人。"

李汝璜有二子。长子李兆翱，次子李若金。

李兆翱（？—1835？），一名李时翱，字书圃。《李氏音鉴》卷首题："侄时翱书圃校。"嘉庆十八年（1813）癸酉科举人，嘉庆二十五年（1820）钦点景山官学教习，候选知县。《会试同年录》载："嘉庆癸酉科举人，庚辰钦取景山官学教习，候选知县。敕授文林郎，诰封奉直大夫，刑部山东司主事加一级。"李兆翱至迟在道光十五年（1835）以前已去世。《会试同年录》载："慈侍下。"

李兆翱之妻为徐氏（？—1845），顺天府宛平县人。《会试同年录》云："敕封孺人，诰封太宜人。母氏徐，敕封孺人，诰封太宜人。乾隆庚子科进士、刑部郎中讳蠲公孙女，候选通判讳禾公女，议叙州判讳采公、附贡生名廷栋公胞侄女，太学生名莹公胞姊。"

徐氏的祖父是徐蠲（1751—？），一名徐汝澜，乾隆四十五年（1780）庚子科进士，乾隆五十六年（1791）签分山西潞安府屯留县知县，嘉庆元年（1796）正月补授福建漳平县知县，嘉庆六年（1801）调补晋江县知县，嘉庆十二年（1807）二月迁升直隶州同知，嘉庆十三年（1808）署理台湾府知府，最后官刑部郎中。

《清代官员履历档案全编》载："冲，简缺。徐汝澜，顺天府宛平县人，年四十岁，乾隆四十五年进士，候选知县，今签掣山西潞安府屯留县知县。"随后，徐汝澜所上奏折称："臣徐汝澜，顺天府宛平县人，年四十岁，乾隆四十五年进士，候选知县，今签掣山西潞安府屯留县知县。缺。敬缮

---

① （清）许乔林撰《弇榆山房诗略》，清代道光年间刻本，国家图书馆藏。
② （清）周家齐等纂修《光绪高唐州志》，《中国方志丛书》，成文出版社1968年版，第272页。

履历。恭呈御览谨奏。乾隆五十年四月二十九日。"

《清代官员履历档案全编》又载:"徐汝澜,顺天人。年五十七岁。由进士归班铨选拣发福建差委。嘉庆元年正月内,补授漳平县知县。六年七月内调补晋江县知县。十二年二月内拿获盗首并通盗要犯多名,着以直隶州同知用。十三年三月内拿获蔡逆贼目各盗犯,加恩赏给知州同知顶戴,署理台湾府知府。"①

徐氏的父亲是徐禾,候选通判。徐禾至少有子三人,一名徐莹,太学生;一名徐文煐,道光八年(1828)举人;一名徐文爚,道光十三年(1833)进士。《同年录》载:"母舅徐老夫子名莹,太学生……母舅徐老夫子名文煐,戊子科举人,候选教谕。母舅徐老夫子名文爚,癸巳科进士,刑部山东司主事。"

徐氏的胞叔有议叙州判徐采、附贡生徐廷栋等。

李汝璜次子李若金,字君竹,县学生员。嘉庆十九年(1819)己卯科挑取誊录生,充功臣馆誊录。《会试同年录》载:"胞叔若金,邑庠生,嘉庆己卯科挑取誊录,充功臣馆誊录。"黄纯煅《草草草堂诗选》录有李若金一首诗②,署为大兴李若金(君竹)。其诗曰:

世事大都皆草草,草堂岁岁草离离。
草荣草枯草聚散,自有草堂草宅之。
草芳之臣草衣士,草堂同坐草新诗。
草色入帘青几日,原头宿草已经时。
劳人草草草头露,诗草流传草岂知?
吁嗟乎!人生那得金光草?高咏长同草不老。

诗后有注云:"题梦馀姻丈遗稿,即以吊之。"

李若金有子李维厚,候选从九品。亦有孙李泰,尚幼。《会试同年录》载:"堂弟维厚,候从九品。堂侄泰,幼。"

胞弟李汝琮,行三。嘉庆五年因邵壋决口捐赀投效,保举南河巡检,候补试用,未得实授。《会试同年录》载:"胞叔祖汝琮,南河候补巡检。"又《会试同年录》载:"堂叔韵(疑似翔)。"《李氏音鉴》卷首载:"侄李时翔

---

① 秦国经主编《清代官员履历档案全编》,华东师范大学出版社1997年影印,第二十二册第587页、第592页;第二册第501页。

② (清)黄纯煅撰《草草草堂诗选》,清代道光年间刻本,国家图书馆藏。

安圃校。"则二人应为同一人，即李翔，一名李时翔，字安圃，是李汝琮之子。由此亦知，李汝珍可能无子。

李兆翱长子为李维醇，即李汝璜之孙。李维醇字春醴，号醴泉，一号饮和。嘉庆十六年(1811)生。道光十四年(1834)考中举人，道光十五年(1835)乙未恩科进士，殿试二甲第三十五名。钦点刑部主事，签分山东司行走。历任刑部山东司主事、奉天司主稿、陕西司主事、贵州司员外郎、奉天司郎中、山东沂州府知府、湖南衡永郴桂道道员。《会试同年录》云："李维醇，字春醴，号醴泉，一号饮和，行一。嘉庆辛未年二月初四日吉时生。顺天府大兴县监生，民籍。乡试中式第九十六名，会试中式第三十三名，殿试第二甲第三十五名，朝考入选第二十四名，钦点刑部主事。"

《清代官员履历档案全编》载：

> 李维醇，现年四十一岁，系顺天府大兴县人。由道光十四年甲午科举人中式、十五年乙未科进士引见，以主事用签分刑部山东司行走。十六年充奉天司主稿。二十三年五月，总办秋审处行走。二十四年十二月总办减等处。二十五年正月丁母忧。二十七年五月服满，赴部。九月充秋审处坐办。二十八年五月随钦差前任吏部右侍郎福济、右庶子骆秉章驰驿前往河南、江苏、山东查办事件。二十九年七月充律例馆提调，管理赎锾处。八月补授陕西司主事，充律例提调馆纂修。三十五年五月补授贵州司员外郎，充律例馆提调，兼管汉档房。是年九月补授奉天司郎中。咸丰二年，京察一等引见。准其一等加一级。八月俸满，截取奉旨记名以繁缺知府用。本年十一月内奉旨补授山东沂州府知府。①

李维醇是咸丰二年(1852)十一月授沂州府知府，咸丰五年(1855)离任，赴湖南衡永郴桂道任。咸丰三年《大清缙绅全书》山东沂州府条下载："知府，加一级。李维醇，顺天大人，乙未二年十一月授。"②国家历史第一档案馆藏有李维醇于咸丰二年十一月二十四日《奏为奉旨补授山东沂州府知府谢恩并吁求恩训事》朱批奏折。其文曰：

---

① 秦国经主编《清代官员履历档案全编》第三册，华东师范大学出版社1997年影印，第396页。

② 清华大学图书馆，科技史暨古文献研究所编《清代缙绅录集成》，第二十册，大象出版社2008年版，第461页。

> 本月二十三日内阁奉上谕山东沂州府知府员缺,著李维醇补授,钦此。窃臣钀辅下士,知识庸愚,由进士以主事用签分刑部补授主事,洊升员外郎郎中,总办秋审处、减等处,充律例馆纂修提调。京察一等引见。准其一等加一级,俸满,截取记名以繁缺知府用。涓埃未效,就惕方深。兹复渥荷温纶,补授今职。闻命之下,倍切悚惶。伏念山东为繁要之区,知府有表率之责。如臣梼昧,惧弗克胜。惟有吁求恩训敬谨遵循于地方。一切公事实力实心、矢勤矢慎以冀稍酬高厚鸿慈于万一所有。微臣感激下忱,谨缮折叩谢天恩,伏乞皇上圣鉴。谨奏。

国家历史第一档案馆藏湖南巡府骆秉章于咸丰五年(1855)六月十六日《奏请饬催新放衡永郴贵道李维醇速来任事》一折的录副奏折。其文曰:

> 湖南衡永郴桂道员缺,已奉谕旨著李维醇补授。前因该员尚未到楚,经臣奏明,以本任道员调补湖南按察使文极暂留衡永郴桂道任,以资熟手。现因该司委罢湖南藩司篆务,所遗道篆□此。两粤贼匪纵横南路,各属防剿正值吃紧之时,亟须实任道员督办。免滋贻误。合无仰恳天恩,俯念员缺紧要,迅赐敕部丛催新放湖南衡永郴桂道李维醇速即来南赴任,以重戡守,而专责成谨附片具奏。伏乞圣鉴。谨奏。咸丰五年六月十六日奉。朱批:钦此。

李维醇的妻子黄氏,乃黄纯煦孙女,黄恒增女儿。《会试同年录》载:"娶黄氏,候选布政司经历讳纯煦公孙女。太学生名恒增公女。"黄纯煦(1758—1823),原名黄鼎晋,一名晋,字锡之,号梦馀。其先世系出江夏,后迁安徽歙县,因曾祖太仆公出仕淮地,于是定居扬州。黄纯煦善诗、能画。《历代画史汇传》卷三十一《画史门》有云:"黄纯煦,字锡之。善画、工诗。有豪气。"①构筑草草堂,经常与一些友人在此赋诗为乐。有诗集《草草草堂诗选》传世。林溥撰《黄梦馀先生传》,其文有曰:

> 先生诗清澹简远,处率胸臆,不落前人窠臼。尤不喜为才气语,盖以韵胜也。工六法,得倪、黄意,然不轻为人作。所著有《清啸轩

---

① (清)彭蕴璨撰《历代画史汇传》,《续修四库全书》第一○八三册,上海古籍出版社2002年版,511页。

稿》《南游草》《泰岳纪游》,俱散佚不存。存者仅《草草草堂诗选》而已。可惜也!年六十五,无疾而卒。子一,恒增;孙二,咸宝、咸宣。①

黄恒增为《草草草堂诗选》撰写《后记》。其文云:

> 先君少工诗文,著有《清啸轩稿》《南游草》《泰岳纪游》,录目,以为少作,皆删去,不复存。今遗《草草草堂诗选》,大率中年以后遣兴之作,曾自序之。恒增忆癸未年弃养时,诗稿藏笥中,未获编次成帙,亦未敢率尔付梓。每念手泽之遗,思存不殁之意。因家多故,辄未遑也。丙申春,大儿咸宝谨录副本,携入京师。戊戌秋,因同人劝已开雕于琉璃厂,旋因事出京,示克蒇事。兹于甲辰春,始复刊成。先君生平无所好,惟喜与二三知己吟咏为乐。尝谓:"吾诗何足存?聊以自娱而已。第此亦嗜好之年在。"存之以志不忘云尔。至世之采风者,或有取焉,则又恒增之所拜祷者也。此稿二卷,共古今体诗二百二十三首,附词十三首,并著有《风猗书屋文稿》,尚待梓焉。

李维醇的儿子名李镁,尚幼。

值得注意的是,《会试同年录》李汝珍条下所载为:"胞叔祖汝珍,河南候补县丞。"这就为李汝珍的出仕问题提供了一个佐证。说明李汝珍的嘉庆六年与嘉庆十年两次"之官河南",均是以候补身份试署,一年满后,并未得实授。

另外,从《会试同年录》所载李汝珍之母为徐氏、其兄李汝璜之妻为徐氏、而李汝璜之子李兆翱之妻仍为徐氏的情况来看,这李家与徐家实为世代姻亲。这就让人不禁联想到为嘉庆十五年镌本《李氏音鉴》做参订的"北平大兴徐铨、徐鑑"二人。而李汝珍与"二徐"极有可能是中表兄弟。

徐铨(1777—?),字藕船,行五,著有《音绳》。徐鑑,字香坨,行六,著有《韵略补遗》《枕芸阁诗草》等。二人实为一对兄弟,曾于嘉庆九年(1804)甲子、十年(1805)乙丑科同榜联捷进士。一时声名鹊起,被誉为"二龙"。许乔林《弇榆山房诗略·都门早秋怀人诗》中有怀徐铨、徐鑑的诗。怀徐铨诗为:"一曲新声唱懊□,竟辞香案领花封。鹊山铜水风流地,怳过平舆忆二龙。"怀徐鑑诗为:"使君清似卜油溪,秋色来从蜀道西。

---

① (清)黄纯畡撰《草草草堂诗选》,清代道光年间刻本,国家图书馆藏。

作万首诗行万里,寻香山下好诗题。"①

《顺天府志》卷一百十六《人物志·选举进士》嘉庆十年乙丑榜条下:"徐鑑,散馆归班,福建兴化府知府。徐铨,庶吉士,知县。"②

《清代官员履历档案全编》:"臣徐铨,顺天府大兴县进士,年三十一岁,由庶吉士散馆引见,奉旨以知县即用,原选陕西甘泉县知县,亲老题明,改掣近省。今签掣河南汝宁府上蔡县知县,缺。敬缮履历恭呈御览。谨奏。嘉庆十三年八月二十九日。"③则知徐铨生于乾隆丁酉年(1777)。

徐鑑《枕芸阁诗草》后有徐炳炎《跋》。叙"二徐"生平较详,可资考证。其文曰:

> 五先伯藕船公,讳铨。六先伯香坨公,讳鑑。于嘉庆甲子、乙丑科同榜联捷进士,改庶吉士。藕船公官河南上蔡、荥泽等县知县,并许、陕、汝、光各直隶州知州,卒于光州直牧任所。香坨官四川遂宁县知县,出守福建兴化府知府,层台咸倚重之。欲处于首郡,暨台湾观察之任,香坨公逊谢弗遑,讵意竟以谦抑开罪,左迁湖南衡州司马,卒于京师。两公著作宏富,尤善书画,吉光片羽,为世所珍。藕船公稿未及见。香坨公稿梓以行世者,亦仅诗文、集、史、骈、音沜等卷。此外,尚有谑浪《九莲灯》等杂作,但耳其名,未见其书。余则悉归湮没,良可慨也。大抵文人为造物所忌,故于官则不显,于文字则不存,此亦天定胜人者也。然手泽云亡,父书难读,顿使先人一生精血付之子虚乌有,问衷其何以安?炎生也晚,未及随侍两公左右,深以为憾。去冬由白下旋京,得香坨公此卷于中表李袗三兄案头,询知购于书肆。当即借抄,仍将原本归赵,并叙其缘以志幸。然则两公手泽散漫于市肆者,何可胜数?安得贤子孙,随处留心而检藏也哉!光绪四年岁次戊寅暮春之初和敬轩主徐炳炎谨志于之罘山东海关幕次。

则知文中提到的李袗,很有可能是李汝璜或李汝琮的后人。

---

① (清)许乔林撰《弇榆山房诗略》,清代道光年间刻本,国家图书馆藏。

② (清)张之洞等纂修《光绪顺天府志》,《续修四库全书》第六八六册,上海古籍出版社2002年版,第373页。

③ 秦国经主编《清代官员履历档案全编》第二四册,华东师范大学出版社1997年影印,第386页。

第二节　李汝珍投效河工新考

许乔林《弇榆山房诗略》卷一载《送李松石县丞汝珍之官河南》一诗，其编年为"嘉庆辛酉"，即嘉庆六年（公元1801年）。诗云："……河南天下中，黄河流经贯。地脊踞上游，宜防重守扞。丞尉虽小官，汛地有分段。……"①嘉庆十年石文煃为《李氏音鉴》作《序》云："今松石行将官中州矣。以其慷慨磊落之节概，任人所难为之事。"②又吴振勃《筠斋诗录》中《奉题李松石赞府意钓图》七绝二章："领得烟波趣有余，青蓑黄箬暂相於。投竿好拟任公子，谁钓溪头尺半鱼？（其一）树色山光总绝尘，白蘋风里水粼粼；披图怅触情多少，我亦频年结网人。（其二）"③

"丞尉""赞府"皆是对县丞的称呼。县丞是正八品，属于县的佐贰职官。《清史稿·职官三》载："县丞、主簿，分掌粮马、征税、户籍、缉捕诸职。典史掌稽检狱囚。"④事繁之县，县丞、主簿设置周全，事简之县，则不全设。清代全国共设县丞345人，主簿55人（乾隆间全国有县丞414人，主簿98人），若不设县丞、主簿之县，则由典史兼领其事。⑤又《治河全书》卷十三载：河南省沿河有5府23县，共设县丞17人。则县丞一职专管一县之黄河两岸工程。⑥这里，与李汝珍同时代的人多次提到李汝珍分别于嘉庆六年、嘉庆十年两次"之官河南"。那么，李汝珍两次"之官河南"的具体情形究竟如何呢？

关于李汝珍首次"之官河南"，孙佳讯解释说："嘉庆六年，也就是在其兄李汝璜调往淮南草堰场这一年，李汝珍不知由谁推荐，到豫东一县任治水县丞。"⑦而第二次"之官河南"，胡适认为："自乾隆四十七年至嘉庆

---

①（清）许乔林撰《弇榆山房诗略》，清代道光年间刻本，国家图书馆藏。
②（清）李汝珍著《李氏音鉴》，《续修四库全书》第二六〇册，上海古籍出版社2002年版，第381页。
③（清）吴振勃著《筠斋诗录》，清代道光二十八年刻本，挹韵轩藏板，国家图书馆藏，第12页。
④（清）赵尔巽等撰《清史稿·职官三》，中华书局1976年版，第3357页。
⑤陈茂同著《历代职官沿革史》，华东师范大学出版社1988年版，第581—582页。
⑥（清）张鹏翮撰《治河全书》，《续修四库全书》第八四七册，上海古籍出版社2002年版，第617—619页。
⑦孙佳讯著《镜花缘公案辨疑》，齐鲁书社1984年版，第7页。

十年(1782—1805),凡二十三年,李汝珍只在江苏省内,或在淮北,或在淮南(《音鉴》石文煜序)。他虽是北京人,而受江南、江北学者的影响最大;他的韵学能辨析南北方音之分,也全靠长期居住在南方。嘉庆十年石文煜序中说:'今松石行将官中州矣。'但嘉庆十九年(1814)他仍在东海(《音鉴》题词跋),似乎他不曾到河南做官。"①孙佳讯则认为:"李汝珍再度'之官河南',是蝉联旧职,还是另有门路,不得而知;就石序有'任人所难为之事'一语,可能还是参加治河的。总之,确确实实是去了。"②

张友鹤先生校注本《镜花缘》的《前言》③和黄毅先生为《古本小说集成》影印本《镜花缘》作的《前言》④,均认为李汝珍于嘉庆六年(1801)到河南做过县丞,嘉庆九年(1805)前又回到江苏海州。而徐子方撰《李汝珍年谱》一文,甚至认为:"嘉庆六年(1801),(李汝珍)近40岁。赴任河南砀山县丞,并参与治理河患,防汛分段邵家坝。"⑤徐氏之说,确认李汝珍做了县丞,而且还指出了做官的地点,实是臆测。要之,自孙佳讯、胡适以后,李汝珍两次"之官河南",因史料缺乏,遂成为悬案。

综观这一时期的研究,颇能给人以启发的,是李时人先生撰写的《李汝珍"河南县丞"之任初考》一文,李时人先生始据河南黄河水利委员会档案馆复印的清宫档案资料,认为:"李汝珍嘉庆六年'之官河南'实是捐资('资'疑为'赀',下改)投效河工,未得沿河州县实授县丞职。如果他确有二次河南之行的话,大概也与河工有关。"又解释说:"李汝珍即使有再次'河南'之行,想得到沿河州县的实授县丞之类的官,可能性也是不大的。因为自嘉庆四年以来欲在河工上谋出路而捐赀投效者人数甚多,但沿河州县数字有限。而李汝珍既然嘉庆六年投效河工时间较迟,未得沿河州县实授县丞,欲以'熟谙河务'请升的可能性更是不大。因此,根据目前掌握的材料,我们似乎只能说,李汝珍的仕途,只是因捐赀得到一个县丞衔,并没有继续发展。"⑥照我看来,李时人先生这一"捐赀县丞

---

① 胡适著《中国章回小说考证》,上海书店1980年版,第514—515页。
② 孙佳讯著《镜花缘公案辨疑》,齐鲁书社1984年版,第12页。
③ 张友鹤著《镜花缘·前言》,人民文学出版社1984年版,第7—8页。
④ 黄毅著《镜花缘·前言》,《古本小说集成》,上海古籍出版社1990—1994年版,第1—3页。
⑤ 徐子方著《李汝珍年谱》,《文献》,2000年第1期,第162—171页。
⑥ 李时人著《李汝珍"河南县丞"之任初考》,《明清小说研究》1987年第6期,第237—242页。

说"是目前较为合理的一说。

由于李时人先生看到的河南黄河水利委员会档案馆资料是复印清宫档案的，而且数量有限，致使李汝珍这一"捐赀县丞说"与李汝珍之官河南的实际情形还存在距离。

《大清缙绅全书》收录一份"分发河工试用人员"表，李汝珍赫然在内。兹移写于下。至有关实授人员问题，俟后文详考。其文曰：

> 南河布理颜尔懋宝市，广东连平人，保举；主簿王絧祖菊亭，山东济宁州人，保举；直隶河工州同李训书芝由，山东济宁州人；南河同知郑巨川沧若，安徽凤台人，廪贡；州同郑澄川鉴如，安徽凤台人，监生；北河主簿吴炘见三，江西新建人；从九彭衍性善励，广东陆丰人，保举；东河主簿钱鸿谔省斋，浙江嘉兴人，保举；南河从九沈清半厂，浙江海宁人，保举；南河县丞韩慧均云泉，山西汾阳人，保举；江苏县丞王汝琛献其，山西汾阳人，廪贡；东河从九韩可均甸庵，山西汾阳人，保举；北河从九韩绍基步峤，山西汾阳人，保举；北河主簿李廷珍谦思，山东历城人，保举；从九马鄟静涵，山东历城人，保举；从九马钧陶庵，山东历城人，保举；北河同知余溶覃安，江苏兴化人，保举；东河从九陆延禧云亭，江苏宝应人，保举；南河从九梁德树一□，直隶正定人，保举；江苏从九史绍闻苍坪，山东高密人，保举；北河布理师遹祖祇堂，陕西韩城人，保举；直隶县丞师艺公忍斋，陕西韩城人，保举；直隶从九黄开先亦香，安徽桐城人，保举；北河布经叶凤池西□，江苏吴县籍山东东滕县人，保举；直隶州同贠怀义宜亭，河南陕州人，保举；东河同知孙尔端处斋，江苏金匮人，保举；东河通判吴茂楠，直隶沧州人，保举；河南县丞李汝珍聘斋，顺天大兴人，保举；北河县丞王镇安斋，广东海康人，保举；直隶从九张全鳌松堂，陕西韩城人，保举；江苏县丞朱城鹤楼，安徽歙县人，保举；河南从九范□瑞云庄，江苏长洲人，保举；东河从九张恒勿轩，顺天大兴人，保举；北河从九陈源亦泉，湖北汉川人，保举；河工布经何维绮颍川，山东新城人，保举；江苏从九程利平远斋，顺天宛平人□□；南河主簿张鼎荣枝卜，直隶盐山人，监生；北河从九熊炯立斋，湖北汉阳人，监生；江苏县丞杨超铎春鸿，汉军正黄旗人，保举；河南从九田霶润斋，顺天大兴籍四川巴县人，保举；河南县丞汤继勋渊如，江苏长洲人，保举；东河从九周黻补堂，浙

江山阴人,保举;南河通判宋兰生佩征,直隶长垣人,附贡。①

此表刊于嘉庆五年冬《大清缙绅全书》,共录河工试用人员四十三人。其中李汝珍排名第28,保举为河南县丞。"聘斋"二字,显系其字。嘉庆六年奎文楼刊本《大清缙绅全书》亦录此表,内容完全相同。由是可知,嘉庆六年,李汝珍所谓"之官河南",实是分发试用河南县丞。

李汝珍因何分发试用河南县丞呢? 孙佳讯、李时人先生认为李汝珍"之官河南"与邵家坝决口有关,无疑是十分合理的推断。其实,李汝珍以河工分发试用河南县丞,还与川楚白莲教起义有关系。许乔林于嘉庆六年作《拥炉诗》,其第四首"云栈旧踪香火誓,宜防虚境水衡官"句下注云:"余生于蜀。前投效河工未果。""即今瓠子凌床冷,诸将连营铁甲寒"句下注云:"河决邵坝。川楚捕白莲教匪。"②即为明证。《拥炉诗》与《送李松石县丞汝珍之官河南》作于同一年,许乔林所谓"投效未果",说明他自己亦去投效河工了。

国家一档馆收录嘉庆五年四月二十四日两江总督费淳和南河总督吴璥联名"奏为南河亟须整顿请暂准捐赀投效事"奏折。其文曰:

恭恳圣恩暂准捐赀投效,以济工需,以资佐理事。窃照江南邵壩漫工,遵旨于秋汛后堵筑。诚如圣谕,不得过百万之数,约计已可敷用。惟连年溃堤旁溢,正河淤高,必须先将河身认真挑濬,使水有去路,壩工方易堵合。计自邵家壩起,至徐城三山头止,淤垫一百七十余里。臣等率同道将并谙练工程之厅营等,用水平逐段较量,分别择要,估计约需土方银八九十万两。再查南北两岸大堤,自丰、沛、萧、砀,以至宿迁、桃源一带,堤身单薄,残缺之处甚多,并有仅高滩面一二尺,甚至有堤与滩平者。将来堵合口门,河归故道,一经水长漫滩,在在可虞。倘此堵彼溃,更属不成事体。是欲堵现在之口门,应先筹两岸之保障。束水培堤,实系大工善后至要之务。臣等督同道将等,逐细勘估,择其紧要之处,酌加帮培,亦非数十万金不可。此两项经费,系在堵筑邵壩之外。臣等再四熟商,凡稍可停缓之工,必为力求

---

① 清华大学图书馆,科技史暨古文献研究所编《大清缙绅全书》第五卷,大象出版社2008年版,第374页。

② (清)许乔林撰《弇榆山房诗略》,清代道光年间刻本,国家图书馆藏,第17页。

樽节,而此等最要工程,实未敢再事因循,致滋贻悮。惟工需一切,亦尚须设法妥筹。我皇上念切民生,原不惜发帑兴办。但国家度支,岁有常经,岂宜格外多费,且挑河培堤工段绵长,需员较多,近年山东修筑运河,纤道曾有捐赀投效之例,得以妥速藏功。今江南河工,事同一例,似可循照办理,合无仰恳皇上天恩俯准循例投效,既可集费鸠工,而平素稍谙河务者,又得及时自效,于办工用人两有裨益。其情愿仍遵川楚例捐纳者,仍听其赴部报捐,亦属并行无碍。谨拟章程十条,另缮清单。敬呈御览,如蒙俞允,臣等即移咨各省,以便各员遵照赴工,具呈投效,为此恭折具奏。伏乞皇上睿鉴训示遵行。再挑河、培堤,秋间即须兴办,而投效人员陆续赴工,势不能一时毕集,所有工需银两,应请先于江苏、安徽、江西、浙江、山东各藩运关等库酌拨应用,以免迟悮。投效各员捐赀缴纳若干,另行奏明,解还归款。如有赢余,并即解贮江宁藩库,报部拨用。合并陈明,谨奏。嘉庆五年四月二十四日。朱批:该部速议具奏。

据奏折可知,李汝珍若以河工试用,实有三途:一是按川楚例捐纳,二是捐赀投效山东运河,三是如费淳与吴璘所请的捐赀投效南河。而李汝珍是哪一种呢?

关于捐纳,《清史稿》卷一百一十二《选举》载:"捐例不外拯荒、河工、军需三者,曰暂行事例,期满或事竣即停,而现行事例则否。捐途文职小京官至郎中,未入流至道员;武职千、把总至参将。"①而所谓按川楚例捐纳,则是嘉庆三年的事了。国家一档馆收录嘉庆三年三月二十八日蒋赐棨"奏请在川楚等省援例暂准开捐事"的录副奏折。其文曰:

> 奏为敬陈管见,仰祈圣鉴一。窃查川楚等省自戡定苗疆剿办教匪以来,陆续拨发军需不下七八千万两,现在各省官兵屡次奏捷首逆,歼擒其余,匪党已极究戮,不日即可藏功。惟嗣后一切善后事宜,及抚恤各处难民,需费甚巨。仰惟圣主惠爱黎元,恩施稠渥,原不靳此区区。但备查从前平定金川时,曾开川运军粮事例,原仿古人输粟于边之义。此次办理军务,阅时三载,而所发军需银数已较金川为多,似可暂开捐例,以济要需,伏念臣父臣蒋溥前任户部曾经奏开捐例。仰荷允行,臣世受国恩,职司农部,当此需费浩繁之时,不得不预

---

① (清)赵尔巽等撰《清史稿·选举七》,中华书局1976年版,第3233页。

为筹画。合无仰恳皇上天恩暂准开捐。勒交部臣查照前例酌拟条款核议具奏，庶使急公图报之人均得及时效用，而合计支发之数亦借可稍资储备矣。臣不揣冒昧，折具奏，伏乞皇上训示。谨奏。嘉庆三年三月二十八日奉。朱批：大学士九卿科道议奏。钦此。

《清史稿》载："嘉庆三年，从户部侍郎蒋赐棨请，开川楚善后事例，帝虑正途因之壅滞，饬妥议条款。寻议：'京官郎中、员外郎，外官道府，有理事亲民之责，未便滥予登进。进士、举人、恩、拔、副、优、岁贡，始许捐纳。非正途候补、候选正印人员，亦得递捐。现任、应补、候选小京官、佐贰，止准以应升之项捐纳。'从之。"李汝珍试用河南县丞属候选佐贰，按例只能"以应升之项捐纳"，他在嘉庆五年冬被保举分发试用，亦有可能是嘉庆三年按川楚例捐纳的。因为"捐纳官分发各部、院学习三年，外省试用一年。期满，各堂官、督、抚实行甄别奏留，乃得补官"，而这亦是定例。①

又按费淳、吴璥奏折中称："近年山东修筑运河，纤道曾有捐赀投效之例，得以妥速蒇功。"山东运河隶属东河总督，从嘉庆六年"之官河南"的时间来看，李汝珍捐赀投效山东运河亦有可能。

再看捐赀投效南河。据《黄河志》，南河徐属邵家坝于嘉庆年间首次决口是在嘉庆四年七月二十六日，同年十一月二十九日初步堵合，然没过十天，在十二月七日又再次决口，堵合时间是第二年十一月十八日，费时近两年。② 再据费淳、吴璥奏折，则捐赀投效南河的时间，亦与李汝珍之分发河南试用相合。邵坝因"连年溃堤""此堵彼溃"，加之河床高出地表，如果还是一味堵筑，实为下策。而最佳方法应是挑河疏通，俟堵筑合龙后，缮后束水培堤。然而，这样大的工程，实是用资甚巨。又因镇压川楚白莲教起义，军费开支庞大，致使国库空虚。是故，费淳、吴璥才奏请按川楚例捐赀投效。

那么，李汝珍"之官河南"究竟是哪一种呢？《镜花缘》中有几段论治河的文字，最可注意。其文曰：

> 河水泛滥为害，大约总是河路壅塞，未有去路，未清其源，所以如此。明日看过，我先给他处处挑挖极深，再把口面开宽，来源去路，也

---

① （清）赵尔巽等撰《清史稿·选举七》，中华书局1976年版，第3236页。
② 袁仲翔等编纂《黄河志》，河南人民出版社1991年版，第107页。

都替他各处疏通。大约河身挑挖深宽，自然受水就多；受水既多，再有去路，似可不致泛滥了。……

两边堤岸，高如山陵，而河身既高且浅，形像如盘，受水无多，以至为患。这总是水大之时，惟恐冲决漫溢，且顾目前之急，不是筑堤，就是培岸。及至水小，并不顾为设法挑挖疏通；到了水势略大，又复培壅。以致年复一年，河身日见其高。若以目前形状而论，就如以浴盆置于屋脊之上，一经漫溢，以高临下，四处皆为受水之区，平地即成泽国。若要安隐，必须将这浴盆埋在地中。盆低地高，既不畏其冲决，再加处处深挑，盘形变成釜形，受水既多，自然可免漫溢之患了。……

第河道一时挑挖深通，使归故道，施工甚难。盖堤岸日积月累，培壅过高，下面虽可深挑，而出土甚觉费事；倘能集得数十万人夫，一面深挑，一面去其堤岸，使两岸之土不致壅积，方能易于藏事。……

凡河有淤沙，如欲借其水势顺溜刷淤，那个河形必须如矢之直，其淤始能顺溜而下。再者，刷淤之处，其河不但要直，并且还要由宽至窄，由高至低，其淤始得走而不滞。假如西边之淤要使之东去，其西边口面如宽二十丈，必须由西至东，渐渐收缩，不过数丈。是宽处之淤，使由窄路而出，再能西高东低，自然势急水溜，到了出口时，就如万马奔腾一般，其淤自能一去无余。……①

上引几段治河文字，与邵坝治河情形颇为相符，而与运河毫无关系。足可说明李汝珍是参加过邵坝治河的。《天一遗书》云："黄河埽湾之处，对岸必有沙滩。滩在北，则南地险；滩在南，则北地险。治之法，除险处做矶嘴坝，下护埽，并抢筑里越之外，救急之善，莫过于沙滩之上挑掘引河，为效甚速。且河成之后，险亦永平，诚一劳永逸之计也。"②李汝珍所论治河，可谓深得"挑掘引河"之法。

费淳与吴璥于嘉庆五年十月初九日所上奏折记载邵坝治河情形颇为详尽。其文曰：

---

① 《镜花缘》第三十五回"揭黄榜唐义士治河"，《古本小说集成》影印本，上海古籍出版社 1990—1994 年版，第 609—627 页。

② （清）陈潢撰《天一遗书》，《续修四库全书》上海古籍出版社 2002 年版，第 244 页。

> 奏为徐属各厅堤埽各工,有应于邵坝合龙前预行筹办各要务,恭折具奏,仰祈圣鉴事。……臣等业经奏明,择要分别估挑在案。现在石林惟上淤垫高厚处所,开宽数十丈,挑深二三丈不等。其地势较低之百余里,因工长费巨,只可择要酌办,以归樽节。……至邵工以下徐属各厅,两年来,黄水断流,旧时埽壩未经镶修,多有糟朽。合龙后,黄水骤然拥至朽埽,势必刷蛰,恐致塌及堤。向臣等现饬该道厅等,查明迎溜扫湾,各埽工内苟可抵御者,暂缓估办。……再桃源厅属临河集地方,近接马陵山根。该处河身内有一段,悉系砂礓,性坚如石,难经大溜,亦不能冲刷。以上地势较量,竟与门限相似。河水至不免稍有停壅,难以迅驶遄行。惟因向在水底,人力无从刨挖,实为多年积病。现今河身干涸,正可趁此水尚未到之先,乘时挑办。臣等现已遴委妥干之员,赶紧挑挖,于合龙前完竣,需费尚属不多,实可除去多年隐病,以收河流畅顺之益。……朱批曰:总宜实力妥办,以期永庆安澜。至于帮项,用之于工料,虽多亦不惜。若仍听浮日月,以致料不实贮,建造花园,侵肥入己,为子弟捐官等事,朕必能知,既知必办,慎之勉之。严察属员为要。

要之,李汝珍当是嘉庆五年捐赀投效南河河工,亦有可能是嘉庆三年即已按川楚例纳捐,然后又于嘉庆五年捐赀投效南河河工。那么李汝珍为什么会在嘉庆五年冬被保举为河南县丞呢?

邵坝是在嘉庆五年十一月十八日合龙的。嘉庆五年十二月初三日费淳与吴璥所上奏折中,称:"邵工于前月十八日合龙后,臣等当即亲督道将等,将前面边埽,后面裹戗,竭三昼夜之力,赶紧镶筑……"那么,邵坝合龙后,费淳与吴璥当具奏保举河工投效有功人员,而李汝珍是其中之一。现在还不能看到邵坝合龙后,费淳与吴璥具奏保举河工效力有功人员名单的奏折,然嘉庆十年东河总督李亨特《奏为遵旨保举本年伏秋大汛在黄河等工出力各员请量予纪录事》一折可为旁证。其文曰:

> ……本年豫东黄沁二河,叠经盛涨,寒露以后,尚有秦家厂、蔡家楼等处。险工在在,抢办平稳。仰蒙恩旨,令臣秉公保奏,当即钦遵。转饬黄河各道查明,据实开造去后。兹据各该道先后详送前来,臣查本年伏秋汛内河工文武员弁,并协防之沿河知府、州、县及地方委员人等,会同实力防护,处处周密,获庆安澜。虽俱不辞劳瘁,奋勉出力,均系该员等分所当然,未敢格外仰邀恩施。所有此次出力人员,臣详加覆核,考其劳绩,分别等第,循照向例造册,咨部可否量予纪录

以示鼓励……朱批：吏部知道。

清代地方官制，对河缺拣选补授，有明确的规定："如直隶的通永道、永定河道，江南的淮扬道、淮徐道，均应由该河督将派往人员、现任、留工人员或应升人员，拣选谙熟河务者，题请委署一年后，经历三汛，能胜任者保题，送部引见，请实授。"①而邵坝隶属淮徐道，为南河河督辖。因此，李汝珍于嘉庆六年所谓"之官河南"亦明矣，当是李汝珍于嘉庆五年捐赀效力南河，"不辞劳瘁，奋勉出力"，终于在年底因邵坝合龙而被费淳、吴璥保举为县丞，随后于嘉庆六年分发河南试用的。

第三节　李汝珍候补县丞新考

那么李汝珍有没有实授河南县丞呢？没有。《道光乙未恩科会试同年齿录》之李维醇条下有载："胞叔祖汝珍，河南候补县丞。汝琮，南河候补巡检。"

李维醇，乃李汝珍之兄李汝璜之孙，字春醴，号醴泉，一号饮和。顺天府大兴县人。道光十四年乡试中式第九十六名，道光十五年会试中式第三十三名，殿试第二甲第三十五名，朝考入选第二十四名，钦点刑部主事。《清代官员履历档案全编》载：

> 李维醇，系顺天府大兴县人，由道光十四年甲午科举人中式、十五年乙未科进士引见，以主事用籤分刑部山东司行走。十六年充奉天司主稿。二十三年五月，总办秋审处行走。二十四年十二月总办减等处。二十五年正月丁母忧。二十七年五月服满赴部，九月充秋审处坐办。二十八年五月随钦差前任吏部右侍郎福济右庶子骆秉章驰驿前往河南、江苏、山东查办事件。二十九年七月充律例馆提调，管理赎锾处；八月补授陕西司主事，充律例馆纂修。三十五年五月，补授贵州司员外郎，充律例馆提调兼管档房；是年九月补授奉天司郎中。咸丰二年京察一等，引见准其一等加一级；八月俸满截取奉旨记名以繁缺知府用，本年十一月内奉旨补授山东沂州府知府。②

---

① 刘子扬著《清代地方官制考》，紫禁城出版社1988年版，第405—406页。
② 秦国经主编《清代官员履历档案全编》第三册，华东师范大学出版社1997年版，第396页。

是故,李汝珍"之官河南",终其一生未得实授,仅是候补县丞。而那"分发河工试用人员"名单上,笔者据台湾"中央研究院"史语所《内阁大库文档》所收录的"移会"和"题本"材料,考证出或得实授或升迁者若干。其中有南河布理颜尔懋,嘉庆十八年,吏部尚书铁保题覆,如江南河道总督黎世序所请,淮安府高堰河务通判沈琪升署海防河务同知,遗缺以谙练修防、结实可靠之邳州州同颜尔懋升署。批示:依议。北河主簿吴炘,嘉庆十四年,直隶总督温承惠题报,署安州州判廖功远、署元城县主簿吴炘,俱试署一年期满,查该员等自任事以来经历三汛所管河道堤工深通稳固俱系堪以胜任之员,依例请准其实授。批示:该部议奏。东河主簿钱鸿诰,嘉庆十七年,直隶总督温承惠谨题为循例题署事,该臣查得阜平县钱鸿诰调补武清县,声明所遗阜平县选缺另行请补在案。北河从九韩绍基,嘉庆十七年,直隶总督温承惠题请以固安县管河县丞韩绍基升署南皮县知县。北河主簿李廷珍,嘉庆十五年,总督温承惠题报,署永定河南岸头工上汛霸州州同祝庆谷、南岸三工涿州州判何贞南、下汛宛平县县丞李廷珍俱系试署一年期满,克胜河防之员,照例请准其实授。批示:该部议奏。南河从九沈清,嘉庆十六年,江南河道总督陈凤翔题,为江南徐州府萧县主簿、宿迁县运河主簿、淮安府阜宁县马逻司巡检、安东县长乐司巡检等各员缺,请以李廷瑶、金衍鼎、李培南、沈清等分别补授。批示:该部议奏。直隶从九黄开先,道光二十七年,吏部移会,稽察大湖县丞黄开先署归化县事。东河通判吴茂南,嘉庆十年,东河河道总督李亨特题报,河南省归德府仪睢通判华□丁忧遗缺,请以熟谙河防办事勤干之曹考通判吴茂南调署。北河从九熊炯,嘉庆十四年,温承惠题报,署任东安县主簿熊炯试署一年期满,署堪以胜任之员,应请照例准其实授。另外,嘉庆二十一年,吏部移会,稽察房两江总督奏京口驻防闲散邬勒兴阿之妾吴氏自缢身死后,邬勒兴阿亦即自缢殒命一案,奉旨署丹徒县南汇县丞杨超铎著即革职,交松筠胡克家提讯贿银来历。可见他确是实授了的。就目前所知,这张四十三人的大名单,得实授或升迁的仅为十人。另外,有趣味的是,州同郑澄川因其父令其弟郑定川顶冒其执照一事,情愿照例捐银请准赎罪,则知其是不可能实授的了。

李汝珍试署河南县丞一直没有被实授,是肯定的了。在上述试用后得实授的十人中,值得一提的是,北河从九韩绍基,他竟于嘉庆十七年由直隶总督温承惠题请以固安县管河县丞升署南皮县知县。韩绍基由从九品主簿升至正八品县丞,再升至正七品知县,诚为不易。内阁大库文档所录题本全文如下：

> 太子少保兵部尚书都察院右都御史总督等处地方军务紫荆密云等关隘，兼理粮饷河道巡抚事，革职留任臣温承惠谨题，为沿河知县要缺，需员循例拣选，具题升署以资治理事。该臣查得南皮县知县彭希曾升署通州知州，所遗南皮县一缺系繁、疲、难三项沿河要缺，例应在外拣选。兹据直隶布政使方受畴、按察使灵保会呈称，查有固巡县管河县丞韩绍基，才具明干，熟谙河工，堪以升署南皮县知县。详请具题前来。臣查韩绍基，年四十三岁，山西汾阳县人，由从九品职衔投效东河，议叙籤掣直隶河工委用。嘉庆六年，咨署河间县景和镇巡检，历升永清县县丞。丁忧回籍，服阙赴直题补今职。奉准部覆于十四年五月十五日到任。该员才具强干，办事奋勉，以之升署南皮县知县，实堪胜任，与例亦属相符，仍俟部复到日，给咨送部引见，恭候钦定，并照例试看。另请实授，谨题请旨。

韩绍基是以从九品职衔投效东河的。而这职衔是哪来的呢？无疑是捐纳的。嘉庆六年，他到直隶（即北河）河工试用，担任河间县景和镇巡检，是"议叙籤掣"的。依此似可推知，李汝珍分发河南试用县丞，亦是"议叙籤掣"的。总之，嘉庆六年，李汝珍"之官河南"只是试署的候补县丞，一年期满，并没有实授。

第四节　李汝珍再官河南新考

嘉庆十年，石文煃作《李氏音鉴·序》所说的"今松石行将官中州矣"是指李汝珍第二次"之官河南"。胡适、张友鹤先生认为，正如石文煃所言，只是"行将"而已，实际上并没有实现。孙佳讯先生则持相反意见，认为李汝珍确实于嘉庆十年又去河南做小官了。而李时人先生推测说："如果李汝珍确有二次河南之行的话，大概也与河工有关。"李时人先生之推测，颇具见地。照我看来，李汝珍于嘉庆十年"之官河南"，实是与"衡工投效事"有关。中国一档馆收录东河总督嵇承志、河南巡抚马慧裕于嘉庆八年十月初六日"奏为衡工需用浩繁请广开登进途径暂开衡工投效事例事"奏折。其文曰：

> ……自邀圣明洞鉴，查运河、南河办理工程，向有投效之例，臣等自应查照奏请举行。第运河投效，系在未开川楚善后事例以前，各省

士民进身无阶，是以踊跃趋公，所捐银数计有一百一十余万。其后南河投效，已在川楚事例之后，统计银数十不及一，盖投效与报捐同一急公而银数多寡悬殊，人情窦不无趋避。……因思乾隆二十六年豫省黄河漫口，经大学士刘统勋等奏蒙高宗纯皇帝特开豫工事例。嘉庆六年，直隶永定河漫溢，经侍郎臣那彦宝等奏蒙圣恩特开工赈事例，均得迅速蒇功，寔为逾格旷典。今衡家楼漫工事同一例，合无仰恳皇上天恩俯允臣等所请照豫工之例，暂开衡工事例，勑议条款通行各省，急公奉上者自必众多，既可少佐工需，更得广开登进。……伏乞皇上睿鉴训示，遵行谨奏。嘉庆八年十月初六日。朱批：军机大臣会同该部速议具奏。

另外，国家一档馆收录嘉庆八年十二月十八日大学士庆桂等"奏为会议衡工捐例章程事"的录副奏折。其文曰：

……臣等悉心商议，谨将此次捐例较之工赈酌减二成银数，并拟推广恩施，酌为增改各条，俾官生等登进多途，以仰副皇上嘉惠士民至意。至捐纳贡监、捐职、捐封加级纪录及捐免保举、免试俸、免考试、免实授、免坐补及离任应补捐复等项，仍照现行常例办理，毋庸增减。……今此次开捐，钦奉谕旨以工竣日停止，自毋庸定立卯期。惟工程现已兴筑，不日即可合龙，而云、贵等省接奉部咨已须来年正月。官生远涉赴京，计须三四月中方能到部，似又未便以工程已竣阻其上进之心，且现在工程需费，已奉旨就近拨解帑项，以应急需。俟该官生等报捐上兑后，再行陆续拨还归款，亦可不虞迟悞。应请以来年开印后，于二月初四日开卯起，至七月三十日截止。毋庸按照省分远近分立日期，统以六个月作为头卯。吏部于九年八月内，将十九省报捐人员汇总，同日籖掣名次以归画。至应如何铨选之处，臣等详加酌议。从前文职捐纳人员，俱奏明定以四新一旧，挨次铨选，惟川楚、工赈例内因各旧例尚有未经铨选人员，奏明改为三新一旧。此次衡工事例应请仍照川楚、工赈旧例，定以三新一旧，轮班铨选，其旧班各例，捐纳之员，俟新班选用三人后，各轮选一人，如某例无人即以其次之班选用。……

石文焴谓李汝珍"往岁游淮北"，似应指嘉庆八、九年间，李汝珍为衡工报捐。而嘉庆十年的所谓"之官河南"，应与嘉庆五年的分发试用河南县丞一样，也是试署河南县丞。此次"之官河南"仍不得实授，实是因川楚、工赈例之旧班未经铨选人员较多,而衡工新班人员又渐次增加,是以采用"三新一旧"之法进行铨选,使得实授机会变得渺小。

而且,东河总督李亨特为人贪酷无比,任意勒索河工。《清实录》载:

> 李亨特防汛驻工,每日需银六七十两,勒令下北厅同知垫发,并未给还。凡遇临工,每厅每次勒要门包二百七十两。今春勒派曹考厅通判,于曹汛十堡创造公馆一所,计房六十余间,催令于端阳前完竣,以便住彼过节。并令于考城旧有公馆内,添建房屋二十余间,亭子一座,俱不发价。又派令下南厅同知,将祥符上汛八堡及陈家寨旧有小房一所,俱改建大房,有水处俱种荷花。该厅因无银置买砖瓦木料,惟恐催问,甚为惶惧。又原任协备傅文杰,系李亨特母舅,因伊回避告病离任,强派在睢宁厅同知处管总,每年勒帮银四百两。又李亨特从前缘事在京,有通判华灿进京引见。李亨特曾向借银三千两,凑交赔项。华灿无银借给。因此挟嫌,一经到任,查该通判有老亲迎养在署,即勒令告养,又将不谙河务之同知锡福、通判王相纶委用河厅,几误要工,于人地是否相宜,并不与巡抚及该管道员虚衷商酌等语。……①

国家一档馆收录嘉庆十一年五月初七日"主部左侍郎托津等呈查抄李亨特任所物件缮写清单"。其文曰:

> ……皮夹单纱男衣共二百四十四件。皮棉夹单纱女衣共四百零九件。貂狐羊□各色皮统、皮张共二百四十六件。锦缎呢雨绸绫纱罗布匹共四百七十件。……宝石碧玺等朝珠二十挂。……玉器共二百三十九件。银器共一百三十件。……

李亨特是在嘉庆十年由臬司擢升东河总督的,到次年四月,仅仅一年多的时间,其任所内贪索之物件竟达如此之多。李亨特终为河南巡抚马慧裕参倒,落得个发配伊犁的下场。《吴菘圃先生奏疏》有嘉庆十一年八月二日"奏为豫东二省分管黄河厅员缘事全行降革"一折,其文曰:"现在候补丞倅不敷补用,恭折籲恳圣慈俯准分别留任协防,以资熟手,而重河

---

① 《清实录》第三〇册,中华书局1986年版,第54—55页。

务。……"①笔者查所参员弁中并无李汝珍,而题请补用人员中亦无李汝珍。按李亨特嘉庆十年任东河总督,而李汝珍亦于此年"之官河南"试署县丞,其虽不得实授,然能清白守身,不至与李亨特辈同流合污,亦属不幸之中大幸。石文煃为《李氏音鉴》作序,曾赞李汝珍:"以其慷慨磊落之节概,任人所难为之事。而益以其澄心渺虑之神明,周人于不见之隐,将大力而济以小心。其所以黼黻皇猷,敦谕风俗者,又岂特詹詹小学利萩林之咕哗云尔哉!"②并非虚誉也。

---

① (清)吴璥撰《吴菘圃先生奏疏二卷》,《天津图书馆孤本秘笈丛书》第二册,中华全国图书馆文献缩微复制中心1999年影印,第538—542页。

② (清)石文煃著《李氏音鉴·序》,《续修四库全书》第二六〇册,上海古籍出版社2002年版,第382页。

第十二章　黄炎培家世与家学渊源考略

黄炎培(1878—1965),字任之,号楚南,江苏川沙(今上海浦东)人。是我国著名的诗人、教育家、政治家和社会活动家,曾发起和组建了"民盟"与"民建"两个民主党派,1949年中华人民共和国建立后,曾担任政务院副总理兼轻工业部部长。关于黄炎培的家世,学界已有所关注。① 然囿于新材料的缺乏,尚未取得重大突破。笔者曾检阅黄炎培的《举人中式朱卷》,获悉家世的一些初步情形;近又觅得黄炎培的两部珍贵家谱史料,即《黄氏雪谷公支谱》初辑本与重辑本,通观一过,颇有斩获。不仅使得《朱卷履历》中若干疑问涣然冰释,而且又得睹有关黄炎培家世的若干史料,故缀文详论,将黄氏家族有关家学和家族教育若干史料考证如下,并重点论述黄氏"商才儒魂"的家风传承。

第一节　黄炎培与《雪谷公支谱》的编纂

《雪谷公支谱》有初辑本和重辑本。初辑本由黄士焕②编纂于民国十二年(1923),华德印务公司校印,黄炎培曾作谱序;而卷首题签"黄氏支谱"由沈恩孚书写。沈恩孚(1864—1949),字信卿,江苏吴县人,光绪甲午(1894)科举人,民国著名的词人、教育家与社会活动家,曾与黄炎培一同建立中华职业教育社,著有《沈信卿先生文集》十六卷,书名即黄炎培题签。

该谱是从黄炎培所藏旧谱《黄氏家乘》中抄录出的雪谷公一支的支

---

① 许汉三撰有《黄炎培年谱》,文史资料出版社1985年版;黄方毅撰有《我的父亲黄炎培与母亲姚维钧》,《江淮文史》2012年第5期。此两部文献对黄炎培的先世,仅仅是对其父、祖辈偶有涉及,对其祖父以上先世情形均未详考。

② 黄士焕,谱载为二十六世,号伯文,生于光绪七年(1881)七月二十七日,十六岁在衣庄做学徒,在英租界棋盘街萃丰,十九岁辞职。廿二岁读英文,廿六岁考入邮政局。三十岁调九江,辞职。三十一岁民国成立,为江西南昌府都督盛世藩处购办军械临时翻译员。三十二岁,考入上海新闻,为通事。

谱。黄士焕《序》云:"余于民国八年(1919)冬由族侄任之(黄炎培)处觅得旧谱一部,计五十本,费数月之精神,始悉我始祖宋侍卫元一公由汴梁徙,宋高宗南渡至句曲,即南京句容县,距今七百九十余年。"①至黄炎培所藏旧谱,黄炎培《序》云:"按今所存家谱,为清同治六年丁卯,崇明埌庵氏所辑。"②则知,黄埌庵所修《黄氏家乘》当为上海黄氏通谱。

黄士焕《序》云:"我黄氏之有谱创自大明年间,第十三世祖怀宇公因年迈而不克竣,后有第十七世祖白之公重修,又未果。使五服弟古发公与素荣公任其劳,始于康熙十八年,成于康熙十九年。"①则知黄氏创谱虽很早,始于明代,然因种种原因,均未果,后于康熙年间始修成。

现存黄氏"雪谷公支谱"初辑本始修于民国九年(1920)。黄士焕《序》云:"十九世祖雪谷公生五子,距今二百余年。五房子孙散处各方者百数十人,几亲面不相识。于民国九年春,适值余祭雪谷公之期,遂通告诸同族,拟修雪系支谱,族人均表同情。"①雪谷公即黄炎培的九世祖黄霖,谱载为第十九世,共生五子,支派繁衍较盛。《雪谷公支谱》即以雪谷公五房世系为主。黄霖,字既霈,号雪谷。黄炎培举人中式《朱卷履历》云:"字既霈,号雪谷,诰封奉直大夫。徐无可先生有《传》,并载邑《志》。"③《黄氏雪谷公支谱》卷一《世纪表》亦有其详细世录。

民国十二年(1923)《雪谷公支谱》初辑本共十卷,上、下两册,内容包括世系、世纪表、特别支系、特别支世纪表、世传、文录、志乘辑录和旧谱杂序、雪社社章、记年表、正伪表等。民国三十七年(1948)《雪谷公支谱》重辑本亦为十卷,分四册,内容、体例基本相同,世表、世传等部分内容有所补充。卷首题签"重辑黄氏雪谷公支谱"则由黄炎培书写,以下则依次增补了若干帧图像,包括雪谷公及其夫人的画像、黄炎培等人的相片以及夏敬观所绘《木雕雪社图》,还有黄炎培撰写的《导言》等。夏敬观(1875—1953),字剑丞,又字盥人,晚清举人,近代江西派词人、画家,江西新建人,生于长沙,晚年寓居上海。其《木雕雪社图》跋云:"黄氏自雪谷公先生后,一本五枝。其宗谱旧有《木雕雪社图》,一松五干,前列五峰。今谱重修,而木板已朽,属为重绘此图。戊子(1948)初秋,新建夏敬观。"④观

---

① 黄士焕著《雪谷公支谱初辑序》,《黄氏雪谷公支谱初辑》,民国十二年刊本。
② 黄炎培著《雪谷公支谱初辑序》,《黄氏雪谷公支谱初辑》,民国十二年刊本。
③ 顾廷龙主编《清代朱卷集成》,第二〇三册,台北成文出版社1992年版第341页。
④ 夏敬观撰《木雕雪社图跋》,《黄氏雪谷公支谱重辑》,民国三十七年刊本。

夏氏之画,实暗喻雪谷公一支的五房世系。

《雪谷公支谱》的编纂体例颇具创新价值,即黄炎培发明的"男女双世系图",一改过去谱牒重父系、轻母系的谱法,具有一定的开拓意义。黄炎培所撰《导言》有文云:

> 尊父系而略母系,万难认为合理。然欲两系并列,则资料之调查与方式之排列,两感困难。既在世系图表中,苦于无法求合吾人理想,惟有勉就可能,试为之范,以供学人研究,中有洪培、炎培试制一部分男女双世系图,实本此意。①

黄炎培对传统家谱谱法的改良还表现在人物世系排列及"小传"撰写方面,他一改过去欧苏五世一表从上到下的排列模式,而是创制从右到左的表格法:一页之内的世表或载三世,或载六世,或载八世,甚至载十世不等;而人物"小传"则细分为世次、名号、年岁、经历、配偶、子女、住址、坟墓等内容,从上到下一一列出。这种改良既突出了世表内容,又增加了每页世表的含量,而且内容清楚,观者一目了然。

第二节　黄炎培家庭的先祖世系考证

据黄炎培所云"吾家就谱考之,当是春申君后裔",知其为春申君后裔。故黄炎培《雪谷公支谱初辑序》又云:"宋淳熙己酉(1189),春申君之五十二世孙细一公创建法昌寺于清溪,旁设家庙,供春申君为始祖云云,此殆据其所见旧谱。果尔,则细一公为春申君五十二世孙,元一公先细一公十一世,即春申君先元一公四十一世。其自元一公以下,固斑斑可考也。"《雪谷公支谱》载黄炎培为元一公二十七世孙,则其为始祖春申君六十八世孙。作为"战国四公子"之一春申君的后裔,黄炎培心中亦是充满无限自豪感。故其《雪谷公支谱初辑序》云:

> 相传黄浦为春申君所开,以通吴水利者,故亦称春申江。吾子孙沿浦东西而居,历二千年未之夷,且加繁焉。远念先泽之留传如此,其长且久。观夫滨浦以托迹者,其人包五色种,其所徙来遍五大洲,此一衣带水,名闻于全世界。吾宗固足以自豪,而吾后人所负光且大

---

① 黄炎培著《导言》,《黄氏雪谷公支谱重辑》卷首,民国三十七年刊本。

之责亦重矣哉!①

可见,黄炎培亦慨然以发扬光大祖先之德业为己任,并以此教育、激励黄氏子孙。

黄氏上海始迁祖是黄彦,北宋时由汴梁迁来。《雪谷公支谱》卷一《世纪表》云:"一世黄彦,号元一,宋建炎朝侍卫公善德之子,自宋南渡以来世居句曲。……惟吾祖元府君侍卫由姑苏至嘉定滕阳之清溪,孤悬海内,后迁居瀛洲之西沙,地曰黄家村。室顾氏。子五:长留句曲,次徒湖广,三迁淮安,失名,四天祥,五天瑞。"②观此,则知黄彦,号元一,是宋高宗侍卫黄善德之子,其迁徙路线是由汴梁至江苏句容,后又迁至上海嘉定。

雪谷公是黄彦第五子黄天瑞之后,黄天瑞是第二世,则第三世至第十九世雪谷公依次是:黄学蔚、黄世忠、黄国樑、黄子仁、黄伯俊、黄官一、黄文富、黄子富、黄昇、黄亨、黄锦、黄洲、黄述、黄学禄、黄文珪、黄锡周、黄霂。

黄炎培先世至十六世黄学禄始由上海嘉定迁居高行镇。《雪谷公支谱》中《世纪表》云:"学禄公与兄侍泉公皆以布业起家,侍泉公为南房祖,公为北房祖。室孙氏、副曹氏,子四:文瑞、文珪、文琰、文珆。女二:适居高行镇。"③则知黄炎培先祖迁居高行镇,即从黄学禄及其兄侍泉公开始,且黄学禄与其兄侍泉以经营布业起家,当视为川沙黄氏经商之始。至侍泉公,即黄述四子黄学易,《雪谷公黄氏支谱》中《黄氏特别支序》载有《侍泉公传》,为黄子文撰,由黄士焕从崇明老谱中抄出。其文略云:"始迁高行十六世祖讳学易,字畴似,号侍泉,兄弟五人。时兰溪丁氏客高行,公赘焉。因偕思雛公自楼下后宅南迁高行,遂以贸易迁家。"④则又知黄学易始迁高行镇,始是因入赘高行镇丁氏,以货殖迁家。

十九世黄霂,即雪谷公,字既霶,号雪谷。生于顺治十七年(1660),殁于康熙四十一年(1702)五月十二日,年四十三岁。待人谦敬,持己端严,膂力过人,而意气和平,乐善好施,因行次居三,里人有"三老佛"之称。有子五人,分别名为:岱松、衡松、华松、恒松、中松,故以"应岳"名其

---

① 黄炎培著《黄氏雪谷公支谱初辑序》,《雪谷公支谱》卷首,民国十二年刊本。
② 黄士焕等纂《雪谷公支谱》卷一,民国十二年刊本。
③ 黄炎培等纂《重辑黄氏雪谷公支谱》卷三,民国三十七年刊本。
④ 黄士焕著《黄氏特别支序》,《初辑黄氏雪谷公支谱》卷一,民国十二年刊本。

堂。《雪谷公支谱》所载主要支系即是这五子后裔。黄士焕撰《应岳堂》，有文云："清初我第十九世祖雪谷公有五子，爰以应岳名其堂。堂建于明末，在高行南镇颛桥北首，隶属川沙，为黄氏始兴之地也。"①

黄炎培隶属老四房黄恒松一支，黄恒松为第二十世，黄炎培为第二十七世，则第二十世至黄炎培的世次依次是：黄恒松、黄焜、黄堂、黄铭鼎、黄志渊、黄典谟、黄熤林、黄炎培。

其《世纪表》"小传"分别为：

> 黄恒松，字觐东，号古存，雪谷公四子。生于康熙三十五年正月十五日，殁于乾隆廿六年九月初九日，年六十六岁。国学生，以炳诰赠奉直大夫。室曹氏，生于康熙三十三年八月廿日，殁于康熙五十九年八月廿日；继俞氏。生子四：炳、煜、焜、炘。

> 黄焜，是黄恒松三子，生卒不载，国学生，室顾氏，顾临川之女，生子六：堂、廷珣、廷珏、尚瑜、瓒、廷璟；女三：长适国学生唐圣元，次适国学生曹润斋，三适国学生顾肖岩。七世伯祖黄炳，生雍正二年七月，殁于乾隆五十七年正月，年六十九岁。

> 黄堂，黄焜长子，字显，号轩如，府廪膳生，生于乾隆廿四年八月初五日，殁于嘉庆五年闰四月廿五日，年四十二岁。工吟咏，著有《秋风集》。室李氏，李天秀女，生于乾隆廿四年三月廿三日，殁于乾隆四十四年年八月廿七日，年二十一岁；继陈氏，陈念祖女，生于乾隆廿八年四月廿二日，殁于嘉庆八年十二月初二日，年四十一岁。子二：铭鼎、铭思、铭思殇；女一，适凌友琦，皆陈氏出。

> 黄铭鼎，字范夫，号恬畬，国学生，生于乾隆四十九年三月廿八日，殁于嘉庆十二年四月十五日，年廿四岁。室沈氏，沈树镛女，生于乾隆四十九年八月十六日，殁于同治元年四月十五日，年七十九岁。守志抚孤，道光十五年旌表。建坊于南汇县十七保，顾元燮撰节考略，娄县顾椿书事实。以同曾祖兄黄曾佑次子黄志渊，同祖弟黄铭震次子黄志澄并嗣。

> 黄志渊，字贞庐，号小恬，黄曾佑次子，生于嘉庆十一年正月十一日，殁于道光廿四年九月廿二日，年三十九岁。国学生，室赵氏，附贡生安徽亳州知州雪香公女，生于嘉庆十年十月三十日，殁于咸丰四年二月廿日，年五十岁。子二：仁荣、典谟、仁荣殇；女一适南汇国学生

---

① 黄士焕著《应岳堂》，《黄氏雪谷公支谱重辑》卷一，民国三十七年刊本。

盐运使知事奚贻谷。

黄典谟,字静山,号厚余,黄志渊次子,生于道光七年十月廿五日,殁于光绪四年十月初五日,年五十二岁。国学生。室沈氏,川沙沈昌绪长女,生于道光本年五月廿一日,殁于宣统三年九月廿一日,年八十五岁。子七:烨照、烨斌、烨林、烨凑、烨桂、烨元、烨圻;女五:次适南汇闵锡生,五适川沙沈毓庆。

黄烨林,字瑞甫,号叔材,黄典谟三子,生于咸丰六年十二月十七日,殁于光绪廿年九月廿九日,年三十九岁,邑庠生,补用知县,浙江试用府经历。室孟氏,南邑议叙八口衔荫余公女,生于咸丰七年四月初七日,殁于光绪十六年四月初八日。子一:炎培;女二:水佩、慧坚,水佩适泗泾张仲高,慧坚未字。黄烨林与仲兄黄烨斌、五弟黄烨桂居川沙南门。

观此,则黄炎培先世名讳、字号、妻室、子嗣、生卒、功名、职业、里居等可以一一考见。至黄炎培本人世系"小传",则不赘述。

第三节 黄炎培家庭的家学渊源与发展

(一)经史传家

雪谷公共有五子:岱松、衡松、华松、恒松和中松。其中黄中松(1701—1754),字宗嵒,号中岩,专治《诗经》,是著名的经学家,著有《诗疑辨证》六卷、《易粹》四卷、《春秋释例》八卷、《霞起楼诗文集》十二卷,后世学者称文瑞先生。沈德潜曾撰《文瑞先生小传》,赞曰:"余尝游上海,谒公村庄,第树参天,寒泉无底,不见一人,惟闻鸟声。与余啜茗论文,无一尘土语,而翛然自得,有不可一世之意。"①乾隆年间编纂《四库全书》,亦将《诗疑辨证》收入。纪昀云:"是书主于考订名物,折衷诸说之是非,故以辨证为名。然亦有间有疏舛……至全书之中考正讹谬,校定异同,其言多有依据,可谓详于陆玑,而典于蔡卞。瑕不掩瑜,亦近人中之留心考证者矣。"②

---

① (清)沈德潜撰《文瑞先生小传》,《黄氏雪谷公支谱重辑》卷八,民国三十七年刊本。
② (清)黄中松撰《诗疑辨证》,《文渊阁四库全书》第八八册,台湾商务印书馆1986年版,第212页。

黄烈(1718—1785),黄中松子,谱载二十一世,字右方,号淼亭,又号一斋,廪膳生,亦能秉承家学,博览群籍,工于说经,时人称为"黄经解"。曾得到礼部尚书彭启丰(1701—1784)特赏,而清代史学三大家之一的王鸣盛亦引其为同道中人,并誉其为"中流砥柱"。黄烈著有《书疑辨证》六卷,此外尚有《诗传拾遗》三十卷、《云间文献》二卷、《江夏著作林》二卷,并编有《江苏采辑遗书目录》二卷、《金堂县志》九卷等。民国《上海县志》载其"小传",述其生平较详①。此外,黄中松三子黄灼著有《礼耕堂诗古文集》、五子黄燿著有《易疑辨证》四卷、《霞起楼诗稿》二卷等,而黄燿夫人曹氏亦著有《茹荼集》及《女诫》等。

黄元吉(1751—1807),黄烈子,谱载二十二世,字廷翰,号西堂,廪膳生,亦克绍家学,撰有《诗经遵义》二十卷、《西堂遗稿》一卷。黄元丰,生卒无考,黄灼子,字协占,著有《海曲吟庐诗集》四卷、《应岳堂学古录》六卷、《话雨山庄乐府小令》一卷。

黄衔,黄元丰子,谱载二十四世,字凤韶,号远山,邑庠生。著述甚夥,有《四书汇说》十二卷、《五经汇说》十六卷、《沪渎文献录》十卷、《高行镇志》四卷、《古意轩文集》六卷、《养娱室诗集》四卷、《偶寄轩诗余》一卷。

川沙黄氏雪谷公第五子黄中松一支治经学,而第四子黄恒松一支则多著诗文小品,著作计有八部:黄协埙《鹤窠村人诗抄》、黄轩如《秋风集诗》,黄陶然《陶然诗存》和《金闾杂咏》、黄小涪《小涪诗稿》、黄丽泉《香草堂诗》、黄次香《延秋馆诗稿》、黄洁泉《洁泉诗存》等。此外,黄秀岩著有《字类标韵详注》一卷,黄沐三著有《小家语》四卷、《枭林小史》一卷,黄锡三著有《四音定切》四卷。而黄梦畹为申报主笔,富于著述,有《锄经书舍零墨》《爱愚公八股遗文》等。

民国以来,黄氏家学亦随国家形势而有变革,其学术亦有新变化。正如黄炎培《导言》所云:"自瀛海棣通,青年恣吸新知,学术为之一新。"②黄自(1877—1938),黄洪培长子,字今吾,清华大学毕业,留学美国,毕业于耶鲁大学音乐学院,归国后任上海国立音乐专科学校教务主任兼教授。黄炎培《导言》云黄自"专攻作曲,所制诸曲见重于中外专家,积稿甚多,如《音乐史》《和声学》《对位法》《怀旧曲》《幻想曲》等,俱未印行,仅印行

---

① 吴馨、姚文枬等纂修《上海县志》卷十五,民国二十四年铅印本。
② 黄炎培撰《雪谷公支谱导言》,《黄氏雪谷公支谱重辑》卷首,民国三十七年刊本。

《春思曲》《长恨歌》《爱国合唱歌集》及《复兴音乐教科书》等"。黄组方(1911—1944),黄洪培次子,专习经济,于会计及统计颇多创见,曾主编《立信会计丛书》,著有《决算表之分析会计名词汇译》《基本会计学决算之编制及内容》等。黄石(1901—1944),黄炎培长子,字方刚,学习哲学,美国哈佛大学哲学博士,著有《道德学》《苏格拉底》等。

(二)货殖起家

川沙黄氏经商历史悠久,早在明朝时即开始经商。如黄炎培十六世祖黄昇(1396—1472)在明初时即经商,主营布业,家业颇隆。"近青浦盐课司中间二十里,十九皆公业,自场司至海滩,延长三十余里。"因此,当时苏松人皆称黄昇为"黄半海",后因种种原因,家道中落。至清初,即黄炎培十一世祖黄学禄时,则迁居上海高行镇,亦是经营布业,后至十世祖黄锡周家道复隆。黄锡周(1625—1683)字令闻,擅长货殖,外出二十年,历九省。孙秉侃曾撰《令闻公传》,有文云:"公禀性孝友,尤善经营,先后出游,凡二十年,阅历九省,与人交尚气谊,重然诺,物我无间。"①

黄炎培先世货殖亦影响到黄炎培祖父辈,如黄梓,谱载二十五世,以营豆米为业;黄钟俊,谱载二十八世,先营米店,后营钟表、呢绒等;黄关生,谱载二十五世,营纸业;黄守楠,谱载二十五世,营花行、米行等;黄增和,谱载二十世,营染坊业;黄观九,谱载二十六世,营绸缎业;黄洽,谱载二十四世,营布业;黄佩珍,谱载二十七世,营药业等。黄天祥,谱载二十八世,营报业等。黄濬培,谱载二十七世,营布米业;黄荣培,谱载二十七世,营洋货;黄兆培,谱载二十七世,营豆米……比如黄佩珍,号杏园,善于经营药业,家业有成。《世经表》云:"光绪廿二年生,年十三,习六陈业(杂粮)。三载。年十七岁,从浦左胡达文夫子习针灸专科,得传临诊。然彼自觉不足,年二十二时,值第一次世界大战,吾国加入协约,彼志愿随工兵出国当护士之职。……和约成后,返国,年廿四,遍游大江南北及平津等地,行医十余年。年四十,八一三日军侵沪,专心从事祖传秘制养真栖肺露,营业蒸蒸日上,彼热心族事,捐资协同秋生重辑《雪谷公支谱》。"②可见,黄佩珍经历丰富,曾参加过第一次世界大战。他以祖传秘方经营药业,起家后,亦曾出资编辑家谱。

---

① 孙秉侃撰《令闻公传》,《黄氏雪谷公支谱》卷七,民国三十七年刊本。
② 黄炎培等纂《黄氏雪谷公支谱》卷六,民国三十七年刊本。

(三)以儒为商

由上文可知,黄炎培十世祖黄锡周以货殖为业,颇富商才,不数年即广积资财;又颇有义行,能"富而好礼",以儒为商,热心慈善。《上海县志》卷十五《人物传》亦载其"小传",其文云:"黄锡周,字令闻,幼习贾,慷慨尚义。尝客润州,有盛某为邂逅之识。后十五年游岭南时,时盛为岭南邑佐,被黜流离。以情告锡周,悯之,护送其家二十余口归润州,并出二百金为生计。盛感德以爱妾赠别,锡周艴然曰:'是鄙我也。'不顾而去。居乡,当明季之乱,东沟设木桩以御水寇。历数年,寇靖而桩木未撤,船户侍以为利,铺家苦之,锡周白于台宪,革其弊,远近感颂其勇于为义,类如此。子霖,字既雳,号雪谷,持躬敬慎,有三老佛之称。"①沈德潜所撰《文瑞先生小传》亦提及黄锡周相助盛某事。至黄霖,黄炎培九世祖,继承祖业经商,且慕义尚捐,"持躬敬慎",因此有"三老佛"之称。黄煜,黄炎培七世祖,陆锡熊(1734—1792)为其撰写《家传》,有文云:"黄君名煜,又名熙,字郁文,晚自号曰陶然。上海县东高行里,有笃行君子黄古存者,君之父也。……盖君负异才,意气踔厉,欲有以自见。而试有司,辄不中格,罢则从其父行贾吴中,间从吴老宿论文章源流……君所著曰《陶然诗集》二卷,《金闾杂咏》一卷。"②

黄炎培先世经商捐赈事,《上海县志·黄云师传》亦有文云:"云师从弟炳尝贾吴门,付家事于弟煜,而煜亦好施。乙亥岁歉,与弟煜、炘承父恒松志捐赈。"①故知,黄炎培先祖黄锡周、黄霖、黄煜等人,生活在清初至清中叶,兼具商才与文才,秉持儒家义行,以儒为商,以商养儒,堪谓"商才儒魂"的代表。而且,此种士商互动精神也成了上海黄氏的家风。余英时认为:"明清商人如此看重道德修养,最主要的原因是他们对商业经营看得很严肃,甚至很神圣。认为自己所承担的社会责任不在治国平天下的士之下。所谓'良贾何负闳儒'。"③无疑,这种家风对黄炎培会产生巨大影响。

民国时期,黄炎培先生与著名企业家如张謇、陈嘉庚、卢作孚等人关系都很密切,非常赞同他们从事公共事业。是故,朱宗震先生评价说:"黄炎培作为教育界的领袖人物,摆脱了传统儒生的傲慢,与民营企业家

---

① 吴馨、姚文枬等纂修《上海县志》卷十五,民国二十四年铅印本。
② (清)陆锡熊撰《宝奎堂集》卷九,《续修四库全书》第一四五一册,上海古籍出版社2002年版,第107页。
③ 余英时著《中国文化史通释》,三联书店2012年版,第64页。

建立广泛的联系。……希望他们为公不为私,为国家牺牲自己,为民众谋求福利。"①说黄炎培与商人、企业家交往是"摆脱了传统儒生的傲慢",似乎不妥,因为究其根源,乃是黄氏先祖的"以儒为商""富而好礼"的家风构建与价值诉求。

---

① 朱宗震著《黄炎培与近代中国的儒商》,广西师范大学出版社2007年版,第3页。

参考文献

[1] 马克思,恩格斯.马克思恩格斯选集[M].北京:人民出版社,1995.
[2] 习近平.习近平谈治国理政[M].北京:外文出版社,2014.
[3] 王沪宁.政治的人生[M].上海:上海人民出版社,1995.
[4] 夏敬渠.野叟曝言[M].//《古本小说集成》编委会.古本小说集成.上海:上海古籍出版社,1994.
[5] 屠绅.蟫史[M].//《古本小说集成》编委会.古本小说集成.上海:上海古籍出版社,1994.
[6] 屠绅.新野叟曝言[M].宣统三年小说进步社重刊本.
[7] 李汝珍.镜花缘[M].//《古本小说集成》编委会.古本小说集成.上海:上海古籍出版社,1994.
[8] 李汝珍.绘图镜花缘[M].清光绪十六年上海点石斋石印.
[9] 陈端生.再生缘[M].郑州:中州古籍出版社,1982.
[10] 曹雪芹,高鹗.红楼梦[M].北京:人民文学出版社,1992.
[11] 彭定求.全唐诗[M].北京:中华书局,1985.
[12] 董诰.全唐文[M].北京:中华书局,2013.
[13] 司马迁.史记[M].北京:中华书局,1959.
[14] 赵晔.吴越春秋[M].四部丛刊本.
[15] 袁康,吴平.越绝书[M].四部丛刊本.
[16] 旧唐书[M].北京:中华书局,1974.
[17] 新唐书[M].北京:中华书局,1974.
[18] 脱脱儿.宋史[M].北京:中华书局,1974.
[19] 赵尔巽.清史稿[M].北京:中华书局,1977.
[20] 王绍曾.清史稿艺文志拾遗[M].北京:中华书局,2000.
[21] 周骏富.清代传纪丛刊[M].台北:明文书局,1985.
[22] 王钟翰.清史列传[M].北京:中华书局,1987.
[23] 张廷玉.明史[M].北京:中华书局,1974.
[24] 宫中档乾隆朝奏折[Z].台北:台北故宫博物院,1982.
[25] 缪荃孙.民国江阴县续志[M].民国十年刊本.
[26] 赵昕修.康熙嘉定县志[M].康熙十二年刊本.
[27] 闻在上.康熙嘉定县续志[M].康熙二十三年刻本.

[28] 金武祥.江阴艺文志[M].光绪粟香室刊本.
[29] 吴仰贤.嘉兴府志[M].光绪五年刊本.
[30] 季念贻.光绪江阴县志[M].光绪四年刊本.
[31] 沈燮元.屠绅年谱[M].上海:古典文学出版社,1958.
[32] 王琼玲.野叟曝言作者夏敬渠年谱[M].台北:学生书局,2005.
[33] 夏子沐.源远堂江阴夏氏宗谱[Z].光绪十六年刊本.
[34] 夏敬渠.纲目举正[M].//丛书集成·续编·史地类.台北:新文丰书局,1989.
[35] 夏敬渠.浣玉轩集[M].光绪十六年刊本.
[36] 屠绅.笏岩诗钞[M].光绪粟香室刊本.
[37] 黍余裔孙.六合内外琐言[M].光绪丙子秋申报馆重印.
[38] 李汝珍.李氏音鉴.续修四库全书[M].上海:上海古籍出版社,2002.
[39] 屠绅.鹗亭诗话[M].光绪粟香室刊本.
[40] 清华大学图书馆科技史暨古文献研究所.清代缙绅录集成[M].郑州:大象出版社,2008.
[41] 徐世昌.晚晴簃诗汇[M].//《续修四库全书》编委会.续修四库全书.上海:上海古籍出版社,2002.
[42] 张维屏.国朝诗人征略[M].//《续修四库全书》编委会.续修四库全书.上海:上海古籍出版社,2002.
[43] 顾廷龙.清代朱卷集成[M].台北:成文出版社,1992.
[44] 秦国经.清代官员履历档案全编[M].上海:华东师范大学出版社,1997.
[45] 郑鹤声.近世中西史日对照表[M].北京:中华书局,1981.
[46] 江庆柏.清代人物生卒年表[M].北京:人民文学出版社,2005.
[47] 周和平.北京图书馆藏珍本年谱丛刊[M].北京:北京图书馆出版社,1998.
[48] 朱保炯.明清进士题名碑录索引[Z].上海:上海古籍出版社,1980.
[49] 刘子杨.清代地方官制考[M].北京:紫禁城出版社,1988.
[50] 杨廷福.清人室名别称字号索引[Z].上海:上海古籍出版社,2001.
[51] 谭其骧.中国历史地图集[M].中国地图出版社,1996.
[52] 鲁迅.中国小说史略[M].//鲁迅.鲁迅全集(第九卷).北京:人民文学出版社,2005.
[53] 孙楷第.中国通俗小说书目[M].北京:人民文学出版社,1982.

[54] 赵景深.中国小说丛考[M].济南:齐鲁书社,1980.

[55] 袁行霈.中国文言小说书目[M].北京:北京大学出版社,1981.

[56] 张锦池.中国四大古典小说论稿[M].北京:华艺出版社,1993.

[57] 关四平.三国演义源流研究[M].哈尔滨:黑龙江教育出版社,2009.

[58] 刘敬圻.明清小说补论[M].北京:三联书店,2004.

[59] 石昌渝.中国小说源流论[M].北京:三联书店,1994.

[60] 谭邦和.明清小说史[M].上海:上海古籍出版社,2006.

[61] 张俊.清代小说史[M].杭州:浙江古籍出版社,1997.

[62] 杨子坚.新编中国古代小说史[M].南京:南京大学出版社,1990.

[63] 吴功正.小说美学[M].南京:江苏文艺出版社,1985.

[64] 齐裕焜.中国古代小说演变史[M].兰州:敦煌文艺出版社,1990.

[65] 杜桂萍.文献与文心[M].北京:中华书局,2009.

[66] 陆林.知非集[M].合肥:黄山书社,2006.

[67] 李剑国.唐前志怪小说史[M].天津:南开大学出版社,1984.

[68] 朱一玄.明清小说资料选编[M].天津:南开大学出版社,2006.

[69] 孙逊.中国古典小说美学资料汇粹[M].上海:上海古籍出版社,1991.

[70] 叶朗.中国小说美学[M].北京:北京大学出版社,1982.

[71] 王平.中国古代小说叙事研究[M].石家庄:河北人民出版社,2001.

[72] 黄霖.中国古代小说叙事三维论[M].上海:上海书店出版社,2009.

[73] 陈文新.明清章回小说流派研究[M].武汉:武汉大学出版社,2003.

[74] 孙佳讯.镜花缘公案辨疑[M].济南:齐鲁书社,1984.

[75] 王琼玲.清代四大才学小说[M].台北:台湾商务印书馆,1999.

[76] 余英时.中国文化史通释[M].北京:三联书店,2011.

[77] 余英时.中国思想传统的现代诠释[M].南京:江苏人民出版社,1998.

[78] 陈文新,闵宽东.韩国所见中国古代小说史料[M].武汉:武汉大学出版社,2011.

[79] 杜贵晨.传统文化与古典小说[M].石家庄:河北大学出版社,2001.

[80] 1993年中国古代小说国际研讨会论文集[M].香港:开明出版社,1996.

[81] 钱穆.中国文学论丛[M].北京:三联书店,2005.

[82] 龚书铎.清代理学史[M].广州:广东教育出版社,2007.

[83] 冯友兰.中国哲学史[M].北京:三联书店,2009.

[84] 梁启超.清代学术概论[M].上海:上海古籍出版社,1998.
[85] 张立文.中国学术通史[M].北京:人民出版社,2003.
[86] 浦安迪.中国叙事学[M].北京:北京大学出版社,1996.
[87] 勒内·韦勒克,奥斯汀·沃伦.文学理论[M].刘若愚,刑培明,译.北京:三联书店,1984.
[88] 夏志清.中国古典小说导论[M].合肥:安徽文艺出版社.1994.
[89] 刘若愚.中国文学理论[M].杜国清,译.南京:江苏教育出版社,2006.
[90] 苏珊·朗格.艺术问题[M].滕守尧,译.北京:中国社会科学出版社,1983.
[91] 黑格尔.美学[M].朱光潜,译.北京:商务印书馆,2008.
[92] 鲍桑葵.美学史[M].张今,译.北京:商务印书馆,1985.
[93] 中野美代子.从小说看中国人的思考样式[M].若竹,译.北京:十月文艺出版社,1989.
[94] 内田道夫.中国小说世界[M].李庆,译.上海:上海古籍出版社,1992.
[95] 普列汉诺夫.没有地址的信[M].曹葆华,译.北京:人民出版社,1983.
[96] 亚里士多德.诗学[M].罗念生,译.北京:人民文学出版社,1982.
[97] 桑塔耶纳.美感[M].缪灵珠,译.北京:中国社会科学出版社,1982.
[98] 史徒华.文化变迁的理论[M].张恭启,译.台北:远流出版社,1989.
[99] 福斯特.小说面面观[M].苏炳文,译.广州:花城出版社,1984.
[100] 伍尔夫.论小说与小说家[M].瞿世镜,译.上海:上海译文出版社,1987.
[101] 卢卡奇.小说理论[M].燕宏远,译.北京:商务印书馆,2012.
[102] 胡适.镜花缘引论[M].//胡适.胡适文存二集.北京:北京大学出版社,1998.
[103] 赵春辉.论家谱在齐家中的价值及对家风的记忆——以黄炎培所撰谱序及《黄氏雪谷公家谱》为考察中心[J].哈尔滨工业大学学报(社会科学版),2017,19(01):85-91.
[104] 陈寅恪.长恨歌笺证(元白诗笺证稿之一)[J].清华大学学报(自然科学版),1947(00):1-34.
[105] 陈平原.中国小说中的文人叙事——明清章回小说研究[J].郑州大学学报(哲学社会科学版),1996(05):9-17.

[106] 何满子.古代小说退潮期的别格:杂家小说——《镜花缘》肤说[J].社会科学战线,1987(01):267-271.

[107] 郭豫适.文人小说和平民小说的分野与兼容——论清代嘉道时期章回小说的创作格局[J].学术月刊,2006(02):115-123.

[108] 关四平.唐传奇《霍小玉》新解[J].文学遗产,2005(04):88-99,159.

[109] 张锦池.论吴敬梓心目中的理想国——说儒林外史的思想性质及其文化沿革[J].北方论丛,1998(04):64-74.

[110] 杜桂萍.清杂剧之研究及其戏曲史定位[J].文艺研究,2003(04):92-100.

[111] 许隽超.《蟫史》作者屠绅佚诗九首考释——兼辨其若干生平事迹[J].文献,2012(01):114-119.

[112] 许隽超.屠绅三运京铜行程考——兼辨其抵寻甸州任的日期[J].明清小说研究,2012(01):228-236.

[113] 傅道彬.月令模式与中国文学的四时抒情结构[J].学术交流,2010(07):161-172.

[114] 潘建国."稗官"说[J].文学评论,1999(02):76-84.

[115] 石昌渝."小说"界说[J].文学遗产,1994(01):85-92.

[116] 葛兆光.十八世纪的学术与思想[J].读书,1996(06):48-56.

[117] 王进驹.从文字狱档案材料看清代盛世中下层文人的病态心理[J].北方论丛,2002(06):91-94.

[118] 施媛.清代作家屠绅写作风格的成因[J].南京师范大学文学院学报,2007(04):40-43.

[119] 赵春辉.《红楼梦赋》作者沈谦新考[J].红楼梦学刊,2014(06):130-143.

[120] 廖可斌.陈寅恪《论〈再生缘〉》《柳如是别传》的研究旨趣[J].中国文化研究,2011(03):93-105.

[121] 陈文新.《儒林外史》与科举时代的士人心态[J].福州大学学报(哲学社会科学版),2014,28(01):91-97.

[122] 常博睿.赵用贤年谱[D].上海:上海师范大学,2017.

[123] 赵春辉.索绰络氏家族文化与文学源流[J].学术交流,2017(01):159-166.

[124] 吕贤平.全椒吴敬梓家族"西墅草堂"发微——兼论《儒林外史》中泰伯祠叙事之本源[J].东南学术,2016(02):221-227.

[125] 胡文彬.清代《红楼梦》评点家王希廉生平考述[J].红楼梦学刊,1991(03):211-229,346.

[126] 李永泉.王希廉家世生平补考[J].红楼梦学刊,2013(02):122-135.

[127] 武全全,赵春辉.王希廉、王朝忠兄弟刊刻小说名著及其先世货殖考[J].明清小说研究,2014(01):217-225.

[128] 吴书荫.《再生缘》杂剧作者考辨[J].文学遗产,2004(01):112-118,160.

[129] 武砺兴.陈寅恪《论再生缘》学术精神转向释证[J].中国古代小说戏剧研究丛刊,2007(02):225-251.

[130] 蔡继钊.蔡悉述论[J].安徽史学,2008(03):123-124.

[131] 陈来.从传统家训家规中汲取优良家风滋养[J].学习月刊,2017(02):9-11.

[132] 葛剑雄.中国家谱的总汇 家谱研究的津梁——《中国家谱总目》评介[J].安徽史学,2010(01):126-128.